# 강산처럼 누워 산처럼 서다

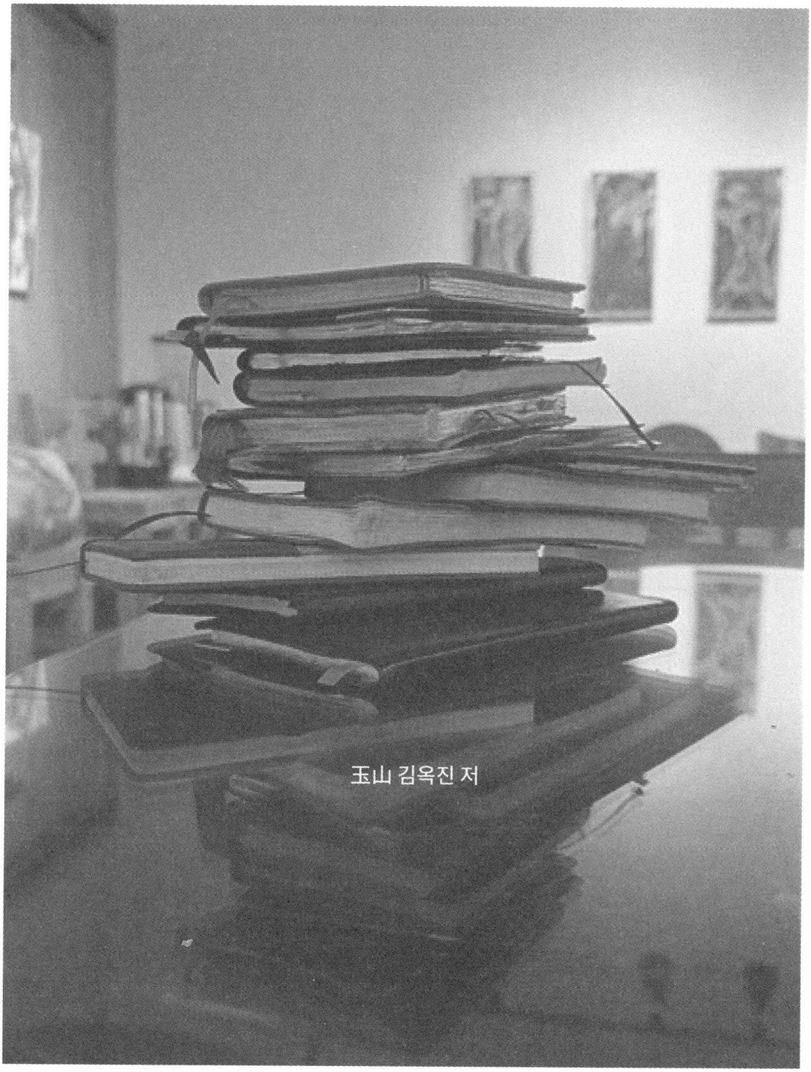

玉山 김옥진 저

알까기 출판사

## 프롤로그

　수많은 세월이 강처럼 산을 휘감고 흐르는 동안 내 가슴에 고인 내 생각과 이야기를 책으로 발간한다고 하니 참으로 감개무량하다. 필자는 1974년 와부면 사무소 재무계 실습생으로 들어가 사회에 첫발을 내딛고, 1976년 미금농협에 정식 입사하며 금융업과의 인연이 시작되었다. 40여 년의 직장생활 중 대부분을 현재의 다산새마을금고에서 근무해 왔으며, 현재 이사장직만 3연임 째 재직하고 있다. 서민금융이라는 협동조합을 운영하면서 지역발전과 복지 사각지대의 저소득층을 아우르는 새마을금고의 정체성을 실현하기 위해 지역과 소통하고 협조하는 역할에 큰 보람을 느낀다. 긴 세월 새마을금고와 공동운명체가 되어 지금에 오기까지 돌이켜보니 참 많은 일이 있었다. 김영수라는 백마 탄 왕자를 만나 이 세상에서 엄마라고 불러줄 단 하나의 보석 같은 소중한 딸 김주희를 얻고 2022년 곰실곰실 귀여운 사위 지윤환이라는 아들 하나를 얻는 감사하고도 행복한 인생, 여러 대소사도 있었지만, 인생이 어디 기쁘고 좋은 일만 가득하겠는가? IMF 때의 대우채 사건, 동남은행 퇴출과 관련한 그때의 시간은 지금 생각해도 너무나 힘든 시간이었고 지금의 다산새마을금고가 있기까지 참 시련도 많았다. 한 회사의 수장으로서, 엄마로서, 아내로서 감당해야 할 무게가 어깨를 짓누를 때도 있었지만 그때마다 무너지지 않고 더 강단 있고 더 멋진 삶을 살아내기 위해 수없이 스스로 질문을 던졌고 내게 던진 질문들의 답이 모아졌다. 그냥 흐르는 물처럼 끌리는 대로 살라고. '맞다. 한번 사는 인생 끌리는 대로 사는 거지!' 라며 질풍 같은 용기를 내어 이 책을 출간하기로 마음을 먹었던 것은 무려 10년간 틈틈이 소녀 감성으로 메모한 세월의 흔적이 쌓인 12권의 작은 수첩이 있었기 때문이다. 이 보물 같은 수첩은 필자가 힘들 때마다 내 마음을 위로해 주고, 갈 길 잃은 나의 방향을 인도해 주었다. 좋은 글귀들을 읽다 보면 해결할 수 없을 것만 같았던 시련들도 쉽게 이겨낼 수 있는 자신감을 불러일으키고 나를 더 단단하게 만들어 내실 있는 성장을 할 수 있게 만든다. 이 수필집이 독자들의 인생길에 힘들고 지치는 순간에는 훌훌 털고 힘을 얻어갔으면 좋겠다는 소망으로 필자가 메모한 수첩의 좋은 글귀들을 바탕으로 엮었다. 한 직원이 이런 얘기를 한 적이 있다. "이사장님, 이사장님은 지붕 같아요. 안에 있는 직원들이 모진 비바람과 태풍에 젖지 않게 큰 지붕이 되어 주셔서, 무너질 일 없이 지붕 위에 든든히 버텨줘서 감사한 마음으로 다녀요."라고 말이다. 그 말을 듣고 이 책 또한 독자들에게 지붕이 되면 좋겠다는 생각이 들었다. 이 책이 여러분의 마음속 큰 지붕이 되어 마음에 큰 소용돌이와 비바람이 몰아쳐도 무너지지 않고 버텨 살아가는 큰 힘이 되길 바란다.
<2023년 어느 설레는 날 김옥진 드림>

◆ 객원 추천사

주광덕 남양주시장

"실패는 성공하는 사람에게는 과정일 뿐 결코 장애가 될 수 없다. 내가 여자라고 나는 여자로만 머물지 않았다. 여자이기에 더욱 프로가 되기 위해 노력해 왔다." 본문에 있는 작가의 글이다.

독자들이 읽기 쉽게 쓴 글이지만 김옥진 작가의 수필집 '강처럼 누워 산처럼 서다'의 글 한 두 줄만 읽어봐도 지혜와 용기 등 그녀만의 내공이 느껴진다. 「삶의 시작은 바로 오늘」과 「황금산에서 바라보는 풍경」 등은 최상의 '행복론'이자, 최고의 '성공론'이다.

그녀는 이미 인생 고수의 반열에 도달한 분이시다. 한강의 정기를 받고 성장한 작가가 여성 금융경제인 및 지역사회 여성 리더로서 오랜 기간 직장생활과 사회생활을 통해 느끼고, 경험한 일들에 대하여 틈틈이 메모해 온 인생 국보급 수첩 12권을 바탕으로 저술한 수필집은 그 자체만으로도 감동이고 모두의 귀감이 되는 인생 명작이다.

책 속에 담긴 작가의 세상살이에 대한 혜안, 삶에 대한 진정성과 열정, 자연의 이치와 우주의 섭리도 깨달은 높은 경지 및 수려한 표현력과 작문 능력에도 놀라울 뿐이다.

그녀의 남다른 경험과 삶의 지혜가 담긴 이 에세이를 만나는 것은 커다란 행운이고 마음의 양식을 듬뿍 섭취하는 것이 아닌가? 다시 한번 김옥진 작가의 수필집 발간을 축하드리며, 남녀노소 막론하고 모든 분들에게 일독을 권한다.

객원 추천사

## 독자에게 드리는 편지

 부족한 제가 첫 책을 출간하게 되어 무척이나 떨리네요. 누군가를 만나 대화를 건네고, 이끄는 것에 큰 어려움을 느낀 적이 없었는데, 글로 제 마음을 전하고자 하니 여간 긴장되지 않을 수 없습니다. 무엇이든 처음은 늘 어렵고 어색하지만 용기를 내어 한 마디 한 마디에 진심을 담아 집필한 이 책이 부디 독자들의 마음에 큰 울림이 되기를 소망합니다.

 인생은 희로애락이 교차하는 여행 같다고 생각해요. 저 또한 많은 어려움과 위기가 있었고 그 순간들은 아직도 기억에 선명합니다. 그 어려움을 이겨내고 극복할 수 있었던 것은 좋은 말들과 글귀들을 접할 때마다 기록하고 마음에 되새기는 것, 그리고 주변에 있는 좋은 사람들 덕분이었습니다. 이는 마치 어둠 속에서 비추는 등불처럼 방향을 헤매고 있을 때 길을 알려주고 앞으로 나아갈 수 있는 용기를 주었습니다. 그 등불은 제 마음을 따뜻하게 만들어 힘든 순간에 많은 위로가 되었습니다. 또한 주변에 정말 좋은 사람들이 앞에서 이끌고, 뒤에서 밀어주며, 치유의 손길을 내밀고, 지지와 응원을 아끼지 않으셨습니다. 이런 소중한 내 사람이 있었기에 저는 더 강해질 수 있었기에 책을 읽는 많은 분께도 이 마음을 꼭 전하고 싶습니다.

어떤 어려움이 닥쳐도 좌절하거나 포기하지 마세요. 스스로 할 수 있다고 나 자신을 믿고, 좋은 글귀와 명언들로 자신을 다독이고 단단하게 만들어 가며 주변의 좋은 분들과 함께하여 위로받고 치유받으십시오. 혼자가 아닌 함께라면 어떤 어려움도 극복하고 마음속 깊은 고민과 걱정을 훌훌 털어 버릴 수 있을 거예요.

저 대신 이 책이 언제나 늘 여러분 옆에서 힘을 주는 좋은 친구가 되길 바래봅니다. 이 책이 여러분들에게 큰 울림과 영감, 위로와 희망을 줄 수 있기를 진심으로 바라며, 독서의 시간이 즐거운 시간이기를 기대합니다. 친구나 인생 선후배와 같은 마음으로 때로는 엄마와 같은 마음으로 이 편지를 씁니다. 여러분들의 앞날을 응원하고 행복을 빌며 이만 글을 마칩니다. 감사합니다. 항상 행복하세요.

〈작가 김옥진〉

## ◆ 차　　례 ◆

프롤로그 / 객원 추천사 / 독자에게 드리는 편지

## 제1장 꿈꾸는 한강

황금산에서 바라보는 풍경 / 삶의 시작은 바로 오늘
추억도 삶의 에너지다 / 봄의 교향악
꿈꾸는 여름 해변의 낭만 / 자기 삶을 사랑하면 행복한 사람
바빌론과 한강의 인연 / 갈등 해소는 의지가 결정한다
인생 최고의 삶이란! / 삶은 누구에게나 치열하고 특별하다
여자인 덕분에 / 메모와 수첩은 내 인생
그리움도 넘치면 위태롭다 / '나다움'이 내 재산
수많은 인생 길동무 / 팀 웍과 조직의 힘
칸트의 행복 / 구름 한 조각의 인생
점이 선이 되고, 면이 되고, 공간이 되고
소소한 일상이 진짜 보물 / 채우기보다 버리기, 결과보다 과정
감사하는 마음은 생존 전략
배우면 행복해 / 수필집 발간, 내 인생 최고의 결정

## 제2장 열정과 도전

메모는 내 인생 나침반이자 위로
관점이 운명을 만든다
용서는 최고의 복수 / 매너리즘은 '적'
커피는 내게 그리움이고 사랑이며 힐링
어렵다면 그게 '기회'다 / 내게 주어진 사명
티끌 모아 태산 / 삼라만상의 조화
지혜가 삶을 윤택하게 한다 / 소중한 세월의 조각
삶은 순간이니 기다리지 말고 저질러라
위기의식은 최고의 자산
필링&센스, '촉'이 중요하다 / 웃음은 에너지
벽! '기회의 문(門)'이다 / 베르사체의 좌절
실패는 인생 교두보 / 인내가 정답
재테크와 우(友)테크 / 행복은 습관이고 선택이다
가장 공평한 선물 '오늘' / 포기는 진짜 실패
찐 부자는 시간 부자

## 제3장 편견과 위로

분노와 오만 / 봄은 일탈 에너지

뿌린 대로 거두는 삶 / 변화는 선택 아닌 필수

세월이 주는 치유의 선물 / 편견의 질곡

인내와 억누름의 조화 / 최고의 컨디션 유지

침묵하는 연습 / 가장 완벽한 스승은 자기 자신

내 안에 있는 행복 / 꼴리는 대로 끌리는 대로

미쳐야 미친다 / 인간의 가장 위대한 발명은 여행

왕재봉 흑돼지 연탄구이집 벽의 낙서

인생도 일도 스톱 오버 / 잘못된 소통과 오해

자신과의 전쟁 / 시간을 내 편으로 만들기

하루하루가 기적 / 마귀 노는 골에 백로야 가지 마라

오늘은 오늘뿐 / 화려한 실패

고난의 무게는 인생 필수품

마음이 사무치면 꽃이 핀다

# 제4장 다산과 옥산

MG 다산새마을금고 / 같이 꿈꾸는 세상
옥산, 옥산, 옥산(玉山) / JYP 박진영의 일갈
진정한 지혜란 / 직원이 행복해야 고객이 행복하다
위기에 빛나는 낙관주의 리더쉽
하쿠나 마타타 / 새해 소망은 늘 금고의 발전
"천재 한 사람이 10만을 먹여 살린다"
사라지기 위해 밀려오는 파도
사람은 변하지 않지만 마음먹으면 한순간
말 한마디에 / 위기는 최대의 기회 / 갈등 해결 능력
고난은 기회다 / 운길산과 한강(漢江)
황금 가을은 일탈 여행 / 인색하지 마라
결혼은 모험이자 축복 / 말은 혀를 베는 칼
삶을 소녀의 소풍처럼 / 1등 협의회

## 제5장 강(江)처럼 누워

내가 성공한 이유는 '실패'다
남을 위하는 건 나를 위한 것
지혜의 삶과 최고의 친구 / 도태기업 0순위
미치도록 혁신하라 / 완벽한 사랑의 환상 / 관점 디자인
'한계'는 부정적인 마음의 금지선
고난이 심할수록 내 가슴은 뛴다
멋지게 화내기 / 사랑과 번민이 흐르는 강
시간을 놓치면 인생을 잃는 것 / 실수 인정은 당당함
불완전이 완전함 / 행복 선택권 / 웃음과 자유의 가치
듣는 것은 이기는 것 / 나이가 들수록 꼭 필요한 친구
참 재미있는 우리 몸의 신비 / 3초 공학의 삶
변화와 도전이 필수인 시대 / 행복이라는 비타민
관점의 변환은 가치의 변환

## 제6장 산(山)처럼 서다

당신이 찾는 행복은 어디에 있을까? / 멍때리며 살
탈무드 지혜 / 노후생활 도전 / 줄수록 많이 받는다
부자 되는 다양한 비결 / 인생 배낭 / THINK DIFFERENT
진정으로 자식을 위한다면 / 계속 날씨가 맑으면 사막이 된다
걱정하는 게 힘들어 걱정 안 하기로 / 경영자의 지혜와 시각
감옥과 수도원, 지구와 태양의 관점
꿈이 열정을 만들고, 열정이 성취를 만든다
마을, 마을, 마을 / 이제는 인생 다모작
리더는 통제를 풀어주는 것 / 지도자는 길을 비추는 사람
자신을 지혜롭다고 생각하는 사람은 바보다
말하기와 듣기, 보는 것과 보이는 것 / 오늘 지금, 이 순간
추(秋)한 상념의 편견 / 소소한 일상의 소중함
흔들리지 않고 피는 꽃이 없듯이


에필로그 / 엄마소나타
편집실_12척의 배 / 지혜와 용기를 주는 수필집

# 제1장 꿈꾸는 한강

 두 물이 만나 큰 강이 되어 유유히 흐르는 남양주 덕소리와 수석동에서 바라보는 한강은 나를 키우고, 나를 만들어 준 곳이다. 그리고 내 인생의 추억과 내 철학이 응축된 나의 소중한 '메모 수첩' 12권! 나는 그 수첩을 "지금 신(臣)에게는 아직 12척의 배가 남아 있습니다."라고 했던 이순신 장군의 말처럼 보물같이 간직해 왔다. 나는 이 수첩과 함께 평생을 배우고, 꿈을 꾸며 살아온 시간의 궤적처럼 아직도 메모하고 있다. 그 수첩들은 내 삶이자 내 위대한 보물이다.

## 황금산에서 바라보는 풍경

　바다와 강이 수백 개의 산골짜기 물줄기에 복종하는 이유는 그 것들이 항상 낮은 곳에 있기 때문이라고 한다. 따라서 다른 사람들보다 높은 곳에 있고 싶다면 사람들보다 아래에 있어야 하고, 사람들보다 앞서기 바란다면 그들 뒤에 위치하라고 옛 현인 노자는 말했다. 천지의 이치와 자연의 섭리가 있으니, 거문고와 피리만이 음악이 아니고, 종이 위의 글만이 글이 아니라는 것이다. 즉 자연의 소리를 들을 줄 아는 마음의 귀를 열고, 자연의 문장을 읽는 마음의 눈을 가져야 지혜로운 사람이라는 의미다. 미련이란 놈은 두 눈을 딱 감고 버려야 자신이 살 수 있으며, 부질없는 자존심은 열등감일 뿐이니 무조건 버려야 한다. 싸구려 자존심을 버리는 것이 싫으면 고이 접어 장롱 깊은 곳에 두는 사람이 지혜로운 사람이고, 또 자기가 살 수 있는 길이다. 물속의 달은 그물에도 걸리지 않고, 밧줄에도 묶이지 않는 것처럼 내 마음속의 '지혜'는 우주를 넘나들 수 있다. 좋은 과일을 맛보고 고르기 위해 술과 담배, 커피도 하지 않는 사람들을 보면 그 프로 근성에 존경심이 생긴다. 돌을 던져 강물에 물수제비를 하던 때가 엊그제 같은데 벌써 많은 시간이 강물 따라 흘러갔다. 황금산에 올라 바라보는 풍경과 한강은 아직도 유유히 흐르며 내 모든 치부의 흔적을 지워 버린 것 같다. 모름지기 살아간다는 것은 가득 채워져 더 들어갈 수 없는 상태가 아니라 비워가며 닦은 마음이다. 비워내지도 않고 담으려고만 하는 욕심. 내 안엔 그 욕심이 너무 많아 이리도 고생인가? 언제나 내 가슴속에 이웃에게 열어 보여도 부끄럽지 않은 수수한 마음이 들어와 둥지를 틀고 내가 나를 채찍질한다. 그리고 모든 장애물을 뜀틀로 여기며 대응한다. 그러나 강처럼 누워 흐르는 강물의 교훈을 먼저 되새겨야겠다. 강물은 서로 다투거나 시샘하지 않고 오직 주어진 그대로 감사하며 열심히 흘러 사라질 뿐이기에 인간들에게 비우라고, 버리라고 외치는 듯하다. 그냥 상대를 존중하고, 배려하며, 헌신하며 살기만 하면 좋은 인연은 별처럼 쏟아지겠지. 그 사람이 있을 때는 존중을 하고, 또 그 사람이 없을 때는 칭찬을 하고, 그 사람이 곤란할 때는 도와주고, 받은 은혜는 잊지 말되 베푼 것은 생각하지 말고, 서운한 것은 잊어버리라고 한다. 연잎은 자신이 감당할 만한 빗방울만 싣고 있다가 그 이상이 되면 미련 없이 비워 버린다. 그 물방울은 결국 강물로 흘러 바다로 가거나 하늘로 증발할 것이다. 황금산에서 바라보는 한강, 강처럼 누워 삶을 살아온 시간에 대한 회억은 늘 별빛처럼 빛난다.

## 삶의 시작은 바로 오늘

행복하기 위해서는 나는 나로부터 자유로워야 한다. 늘 오늘은 새로운 내 삶이 시작되는 날이다. 모든 좋은 일들이 오늘 내게 펼쳐진다는 믿음을 가지고, 살아있음에 감사한다. 또 주위의 모두에게 아름다움을 느끼며, 열정과 목표를 가지고, 매일매일 웃고 즐기는 노력을 한다. 나는 늘 에너지 충만하여 생기 넘치고, 깨어있어, 인생에서 좋은 것에 집중한다. 그리고 이 모든 일에 감사하며, 평화로움을 만끽한다. 사랑과 기쁨과 풍요를 느끼며, 자신으로부터 자유로워 오늘은 최고의 날이라고 할 수 있다. 타인과의 관계에서도 늘 서로의 의견을 존중하고, 서로의 개인 생활을 존중해 주고, 타인들에게 봉사하는 것을 귀하게 여기고 가족들이 같이 식사하는 시간과 이야기하는 시간을 갖는다. 특히 내 옆에 있는 사람을 진정으로 알아주고 인정해 주는 것만큼 아름답고 좋은 일도 없을 것이다. 타인의 장점은 인정하고 약점은 있는 그대로 수용할 때 그 관계는 더없이 친해지고 믿음이 생긴다. B.프랭클린이 말했다. "고통을 겪어야 강하게 된다는 것이 얼마나 숭고한 일인가를 알라. 인내할 수 있는 사람은 그가 바라는 것이 무엇이든지 손에 넣을 수 있다." 뼈빠지게 올인해야만 겨우 앞으로 나갈 수 있다. 견딜 수 있는 사람이 끝까지 실천할 수 있는 사람이기 때문이다. 끝까지 참지 못하고 포기하거나, 참지 못해 감정을 폭발하면 이성적이지 못하다는 뜻이고, 어리석은 사람이 격분하고 있을 때 냉정을 잃지 않는 사람은 이기는 것은 당연한 결과다. 마치 넓고 깊은 강물은 돌을 던져도 변화가 없지만 작은 웅덩이에 돌을 던지면 금방 흙탕물이 되는 것과 같지 않을까? 특히 자신을 아는 일이 가장 어렵고, 다른 사람에게 충고하는 일이 가장 쉽다고 하는데 늘 자신이 자신에게 지기 때문에 분노와 질투를 하게 되는 것이다. 일찍이 노자는 '누군가를 정복할 수 있는 사람은 강한 사람이지만, 자신을 정복할 수 있는 사람은 위대한 사람이다'고 말했다고 한다. 자동차 왕 헨리 포드 또한 '성공의 유일한 비결은 다른 사람의 생각을 이해하고, 자신의 입장과 상대방의 입장에서 동시에 사물을 바라볼 줄 아는 능력이다'고 지적했다. 자신을 제대로 알기, 타인에게 충고하기, 둘 다 신중에 신중을 기해야 하는 것이기에 참 어려운 듯하다.


## 추억도 삶의 에너지다

　추억은 인생의 가장 아름다운 양식이며, 몸과 마음의 비타민이자 삶의 활력소다. 추억은 외로운 이웃에게 사랑을 선사하고 꿈을 잃은 벗에게 푸른 희망을 심어주는 묘약이다. 고단한 삶의 피로를 견딜 수 있는 보약이며 노쇠한 삶을 꽃피울 수 있는 햇볕이다. 추억은 인생의 부활이며 환한 생명, 절망을 깨우는 새싹이자 삶의 밑거름이다. 추억은 잃어버린 꿈을 되살려 주며 길 잃은 자에게 푸른 희망을 안내하는 이정표다. 지친 삶의 뜨거운 열정을 심어주는 힘이며 가난한 삶을 풍성하게 하는 넓은 가슴이다. 누구나 살면서 인생을 되돌아볼 기회가 온다. 지난 시절을 회상하며 무거운 회한에 빠지는 사람이 있는 반면에 지금의 현재를 반성하고 깨달아 어제의 각오와 다짐을 되새겨 마음을 추스르는 사람이 있다. 추억이 낭비가 아니라, 제2의 인생을 계획하기 위한 디딤돌이자 에너지다. 인간이 생각하여 존재한다면 추억으로 존재의 가치를 드높여야 할 것이다. 누구나 자기 '마음속의 또 다른 나'가 있다. 이 '마음속의 또 다른 나'는 본래의 내 모습이지만 우리가 모르고 그냥 살아가고 있다. 당신은 혹시 누구에게 책망보다는 이해를 해준 일이 있는가? 또는 증오보다는 용서를 해준 일이 있는가? 또는 절망 속에서도 끝내 이겨낸 일이 있는가? 그런 일들이 있었다면 그 일은 바로 당신 안에 있는 '마음속의 또 다른 진짜의 나'가 저지른 일이다. 화가 치미는 일을 잘 참아 냈거나 어려운 사람을 그냥 돕게 됐다거나 거짓보다는 진실을 선택했거나 부정적이기보다 긍정적이기를 노력한다면 그런 것은 '진짜 나'가 하는 거다. '진짜 나'는 지금도 당신을 행복하게 만들려고 애쓰고 있다. 내 안에 있는 '진짜 나'를 찾아보자. 진짜의 나를 앞세워 살면 추억을 늘 머금고, 나와 내 주변이 모두 행복해진다. 또 어떤 말이든 자꾸자꾸 반복하면 그것은 진언이 되어 현실도 그렇게 된다고 한다. "미치겠네, 짜증이다, 싫어, 죽고 싶어" 등 생각 없이 내뱉는 그 말들이 나를 우울하게 만들지는 않는지? "괜찮아, 고마워, 이쁘다, 좋아, 잘될 거야!" 이렇게 일부러라도 밝고 바르고 착한 말들을 쓰자. 모든 말은 뜻밖에도 오해를 불러일으킬 때가 많고, 해명의 말을 거듭할수록 해결보다는 더 얽힐 때가 많다. 그러므로 소리로서의 언어 못지않게 침묵으로서의 언어 또한 필요하고 소중하다. 사람들은 대부분 자기가 화를 내는 것은 늘 이유가 있음을 정당화시키고 남이 자기에게 화를 내는 것은 사소한 부분이라도 못 견디며 억울해하는 경향이 있어, 어디까지나 자기중심적일 때가 많다. 나이가 들수록 온유해지기는커녕 그 반대가 되어가는 사람들이 많다. 추억의 에너지로 용서, 관용, 인내, 아량이 더 많아지도록 노력하자.

## 봄의 교향악

꽃 피는 봄이 되면 나도 모르게 가슴이 부풀어 오르고, 따스운 햇살이 피부를 자극하면 나는 가끔 가슴 속으로 '봄의 교향악'을 부른다. 아~ 마음은 아직 소녀인데 시간은 이미 먼 길을 달려왔다. 그러나 콧노래를 부를 때면 나도 모르게 다시 소녀의 감성에 빠져 춤추고 있는 나를 발견하게 된다. 아직도 소녀 마음인 나는 새들이 즐겁게 노래하고 시냇물이 졸졸 흐르는 봄이 되면 포도밭 포도나무에 새순이 움트기 시작하는 계절이 온다는 걸 느낀다. 삶은 언제나 봄이 될 수는 없지만 잘 생각해 보면 힘든 일을 겪을 때마다 누군가로부터 위로를 받았던 기억, 어려움을 견디며 이겨낸 경험도 떠오른다. 그렇게 지나온 힘들었던 시간을 돌이켜보면 그때가 봄이고, 그것이 행복이며, 평범한 일상에도 낭만은 늘 존재하기에 봄은 교향악처럼 아름답다. "삶이 그대를 속일지라도 슬퍼하거나 노여워하지 말라. 슬픔의 날을 견디면 기쁨의 날이 찾아 오리니"(알렉산드로 세르게예비치 푸시킨). 오래된 울퉁불퉁 옹이투성이 나무에도 새싹이 움튼다. 학창 시절 흥얼거리며 불렀던 고향의 언덕과 친구를 그리워하는 가곡 동무 생각이 있다. 이 가곡은 가사 내용이나 리듬이 동요와 흡사해서 동요 같은 가곡이라고 할 수 있을 것이다. 이은상 시인의 시에 박태준 작곡가가 곡을 붙여 만든 가곡으로, 원래 제목은 '사우(思友)'였으나 뒤에 '동무 생각'으로 바뀌었다고 한다. 작곡가 박태준은 학창 시절 대구 계성중·고등학교(기독교)에 다니면서 선교사들로부터 교회 음악과 합창을 배우며 가곡 창작에 영향을 받아 고향 생각과 친구에 대한 추억을 녹여낸 작품이 가곡 '동무 생각'이었다는 것이다. 그는 학창 시절에 짝사랑하던 여학생이 있었는데 가사에 나오는 백합은 청라언덕을 넘어 다니던 그 여학생을 비유했다고 알려져 있는데 청라언덕은 20세기 초 개신교 선교사들이 거주하던 곳으로 선교사들 집이 푸른 담쟁이덩굴로 뒤덮여 있었기 때문에 푸른(靑) 담쟁이(蘿)란 뜻의 '청라언덕'으로 불리게 되었다고 한다. 청라언덕에는 가곡 '동무 생각' 노래비가 세워져 있으며, 최근에는 드라마 촬영지로도 이용된다고 한다. 나의 첫 수필집은 청라언덕에 봄이 오고, 교향악이 울려 퍼지는 새순처럼 솟아나는 청춘의 시작이다. 그래 '지금'이라는 시간이 얼마나 내게 축복인가? 내 청춘의 교향악이 이제 더 뜨겁고, 감미롭게 울려 퍼지는 듯하다. 아~ 봄의 교향악!

## 꿈꾸는 여름 해변의 낭만

오랜 직장생활에서도 여름휴가를 여유롭게 즐겨 본 기억은 별로 없지만 그래도 휴가철 로맨틱한 해변의 낭만과 휴가의 추억을 만들고, 특히 푸른 바다의 넘실거리는 파도에 빠져, 파도 소리를 배경 삼아 휴가를 만끽하는 여름 해변의 낭만은 모든 여정의 클라이맥스를 장식하게 된다. 아침 일찍 일어나 해변을 거닐며, 모래사장 위에 남기는 발자국의 즐거움과 해안가 카페에서 느긋하게 커피를 맛보며 해변의 정취를 만끽하는 시간 그리고 낮의 뜨거운 태양을 피해 소나무 그늘 아래, 서로의 이야기에 귀 기울이는 평화로운 휴식과 저녁노을 짙어가는 바다를 바라보며, 해변 레스토랑에서 신선한 해산물 요리로 입맛을 돋우고 마지막으로 밤하늘에 쏟아지는 별을 보며 손을 맞잡고, 로맨틱한 밤바다 산책으로 하루를 마무리하면 관통하는 감성과 함께 발길 닿는 곳곳에 숨겨진 이야기들로 가득한 여름휴가는 그 자체로 특별한 여정의 장이 된다. 여름 바닷가의 낭만에 편승해 그려나갈 무수한 추억들, 사랑하는 이들과 나누기에 더없이 완벽한 순간들이기에, 모든 여행자의 마음속에 영원한 여름으로 기억될 여행이다. 무더운 여름, 잊지 못할 추억을 만들고 싶다면 요트투어를 떠나보자. 매년 떠나던 해수욕장과 계곡을 대신해 새로운 선택지가 될 수 있다. 낭만 가득 싣고 바다 위에서 만끽하는 여유는 바쁜 일상에 지친 현대인의 가슴을 다시 뛰게 만든다. 낮에 즐겨도 좋고, 밤에 즐기면 조명과 바다가 만들어 내는 이국적 사진 풍경 속으로 자신을 밀어 넣는다. 가격에 따라 이용 시간은 다르지만 짧으면 짧은 대로, 길면 긴 대로 매력이 넘친다. 매년 오는 여름이지만 이제 새로운 무대에서 맞이하는 길고 긴 휴가를 얻으면 여름 바다 낭만의 향연이라는 '작은 사치'를 부려보는 건 어떨까? 나는 오늘도 감성 꽃을 피우며 꿈을 꾼다.

## 자기 삶을 사랑하면 행복한 사람

행복한 사람은 고통스러운 경험에서 지혜를 배운다. 정영진의 저서 "사람이 따르는 리더 행복을 부르는 리더"에 언급된 글 중에서 <행복한 사람>에 관한 글이 있다. 행복한 사람은 절망, 비극, 슬픔까지도 받아들이며 삶을 사랑한다. 행복한 사람은 외적인 조건이 아니라 삶이 지치지 않는 내면의 성실성이다. 기쁨은 불꽃과 같은 흥분이 있으나 행복은 성취로 얻어지는 조용한 만족감이 있다. 행복한 사람은 중대한 실수와 실패 속에서 배우며 성장하며 발전하는 기회로 삼는다. 고되고 어려운 시련을 통해서도 새로운 자신을 창조해 나간다. 행복한 사람은 있는 그대로를 받아들이고 많이 이해하고 많이 나눈다. 자신의 발전과 성장을 위해 자기와 끊임없이 갈등하며 싸우는 사람이 바로 행복한 사람이다. 소싯적 많이 부르던 노래 가사! '두둥실 떠가는 구름 한 점은 내 작은 마음이어라, 아무도 찾아오지 않는 산기슭 외딴 그늘에 이름도 없이 피어있는 꽃, 내 작은 기쁨이어라~' 이 노랫말처럼 가을은, 가을은 언제나 상쾌한 바람이 기분 좋게 얼굴을 스친다. 그럴 때 나는 크게 숨을 폐부로 들이킨다. 고개를 들어 하늘을 바라보면 빛깔이 바다처럼 푸르다. 천고마비의 계절, 아~ 가을이구나! 가을은 추수의 계절, 어느새 내 삶도 수확의 계절이 되었구나! 아리스토텔레스는 '자기를 행복하다고 생각하는 사람이 가장 행복한 사람이다.'라고 말했다. 우리는 삶을 행복하게 살기 위해서 휴머니즘 즉 '인간애'가 있어야 한다. 우리는 학교를 졸업했다고 끝이 아니다. 정년퇴직했다고 끝도 아니다. 초고령화 시대의 주인공은 어쩌면 나이들 만큼 들어서 잘 익은(잘 숙성된) 청년 노인 즉 스트롱 시니어(골든 시니어)들이 새로운 무대의 주인공이자, 자신이 삶의 주인공으로 살아갈 수 있는 시대를 살고 있다는 사실을 기억하자. 나이 들어 지혜로운 이의 삶이란 유리하다고 교만하지 말고, 불리하다고 비굴하지 말며, 무엇을 들었다고 쉽게 행동하지 말고, 그것이 사실인지 깊이 생각하여 이치에 맞을 때 행동하라는 것이다. 때로는 벙어리처럼 침묵하고, 임금님처럼 말하며, 눈처럼 냉정하고 불처럼 뜨겁게, 태산 같은 자부심으로, 저 엎드린 풀처럼 나를 낮추면 되지 않을까?

## 바빌론과 한강의 인연

 인류 4대 문명의 하나인 메소포타미아 문명은 유프라테스강과 티그리스강에서 일어난 문명이다. 그는 바빌론에서 왔다고 한다. 그는 1층 영업점의 우리 직원을 칭찬하려고 일부러 2층에 있는 내 집무실로 들어왔고, 그때 나는 그를 처음 만났다. 그냥 지나칠 수 있는 사안을 자신의 중요한? 모티브로 만들어 내고는 나와 모닝커피 한잔으로 우리는 소위 '지인'이 되었다. 그의 오랜 근무지 중 하나는 이란, 이라크 전쟁이 한창일 때 아바단 근처 '아와즈'라는 도시 즉 바빌론 문명(메소포타미아 문명) 부근에서 수년간 근무했던 경력을 가진 분인데 선물 같은 인연이 되었다. 바빌론에서 온 그분이 내게 말했다. '젖과 꿀이 흐르는 강은 바빌론에만 있지 않다'고. 수석동에서 바라보이는 한강은 훨씬 더 아름답고, 훨씬 더 낭만적이며, 훨씬 더 풍요롭다고! 삶의 여정에서 스치는 모든 이가 선물이듯 그도 내 인생에서 '가치 있는 선물' 중 하나다. 다만 사람은 마주치는 사람들의 가치를 모르거나, 알면서도 준비하지 않아 그냥 그 가치를 흘려보낼 뿐, 우리 인생에 만나는 사람들은 선물이 되어 유유히 흐른다는 것이다. 그런 시간을 나는 서울 근교 남양주시에서 평생 같이 한강과 같이해 온 행운아다. 신이 만든 바빌론 강과 한강의 인연은 시간과 공간의 연결이자 값진 선물이며, 시간이 공간을 연결하는 것을 깨우치게 된 중요한 티핑 포인트가 되었다. 즉 시간은 내 자신이고, 시간이야말로 유일한 내 동행자이자 동반자다. 그래서 나는 어느 이 명언을 늘 음미한다. "누군가에게 주는 가장 최고의 선물은 당신이 갖고 있는 시간이다. 왜냐하면 시간은 다시는 돌려받을 수 없는 당신 인생의 일부분이기 때문이다."(The greatest gift for someone is your time. Because time is a portion of your life that you will never get back). 바빌론 강에서 온 그 역시 내 삶의 시간 한강에서 만난 소중한 인연으로 생각하며, 더욱더 내 직장 다산 마을금고를 사랑하고, 고객분들을 사랑하며, 우리 직원을 사랑하게 된 계기가 되었음을 확신하며, 아직도 그 작은 인연을 신뢰의 끈으로 이어가고 있다.

## 갈등은 현상일 뿐이고 해소는 의지다

〈마야 안젤루〉는 '인생은 숨을 쉰 횟수가 아니라 숨 막힐 정도로 멋진 순간을 얼마나 가졌는가로 평가된다.' 라고 했다.(Life is not measured by the number of breaths we take but by the moments that take our breath away). 늘 멋진 순간은 갈등과 갈등의 충돌을 극복하는 과정의 결과물이라고 생각하기 때문이다. 이른 아침 출근해서 모닝커피 한잔 마시며 작은 명상에 잠기게 되면 문득 험한 세상의 갈등을 생각한다. 이 세상을 살아가는 모두 다 각자 독립된 개체이고, 각자 다른 생각과 다른 모양, 다른 행동과 다른 습관, 다른 성격과 다른 문화, 다른 속도와 다른 길을 가고 있어도 우리 모두의 목표는 같다. 전 세계가 난리를 치며 겪어왔던 '코비드 19'의 우울한 사회 현상에도 월급 삭감 없는 공무원들이 출, 퇴근 시간 만원 지하철 등에 대한 방역 의무는 놔둔 채 특히 자영업자와 개인의 사회 활동을 임의로 제한하며 강요와 단속으로 불만을 만들어왔던 것도 결국은 자신의 프레임과 관점에서 문제를 바라보고 해결하려는 일방통행식의 전횡이었기에 더 큰 갈등과 갈등의 충돌을 겪어온 것이다. 그리고 우리 정치문화 역시 자신과 상대를 가르며 서로 다른 프레임에 넣고, 갈등과 분쟁이 끊임없이 난무하는 것을 보는 일은 이제 지겹도록 일상이 되었다. 그것은 국제 관계도 마찬가지이다. 한, 일간의 시각차에 의한 분쟁은 물론, 러시아, 우크라이나 전쟁과 이스라엘 하마스 전쟁 역시 갈등과 갈등의 연속적인 충돌이며, 그 충돌에서도 멋진 순간이 있다는 사실이 우리에게 조금 위로를 줄 뿐이다. 이렇게 어려울 때일수록 존중과 신뢰, 해학과 풍자, 배려와 응원, 용서와 화해 등이 치료 약이지만 우리의 상처받은 감정은 쉽게 치유되기보다 갈등이 깊어지는 경우가 많다.

영어 선생님 출신으로 최고의 성공한 사업가인 알리바바 〈마윈〉도 그 갈등과 갈등의 충돌에서 빚어지는 모든 어려움을 극복하고 멋진 순간을 만들어 낼 수 있었던 이유는 의외로 단순하다. "남들이 가장 어려운 고비를 넘기지 못할 때 나는 그저 1~2초 더 견뎌냈을 뿐이다." 책임자는 모두가 좋고 옳다고 하여도 반드시 다시 살펴보아야 하고, 다 악하고 나쁘다고 하여도 역시 꼭 다시 살펴보아야 할 것이다. 갈등과 갈등의 충돌은 사회와 관계 속에서 늘 존재하는 소위 '병가지상사'이지만 그런 상황을 피하고, 갈등을 줄이고, 해소하는 것이야말로 가장 소중한 지혜다.

## 인생 최고의 삶이란!

누구나 늘 세모가 되면 지나온 한해를 되돌아보게 된다. 나도 송년회 시즌이 오면 나도 역시 마찬가지로 나 자신을 돌아보는 시간을 가진다. 삶과 세상이 너무 소음들로 가득 차 있었다는 것을 생각하면 답답하기 그지없지만 내 가슴에 욕망을 채우기보다 이성이 욕망을 잠재울 때까지 멍때리며 비우는 것이 가장 평화로운 일이다. 시간과 세월은 사람을 다독이는 힐링이기에 나도 역시 멍때리기의 의학적 처방을 믿는다. 그 무엇이 멍때리며 바라보는 저녁노을처럼 아름다우랴! 잔잔한 강물에 반사되는 석양빛을 보면 그 빛은 우아

함의 극치이자 찬란함의 무게다. 엎드린 석양의 빛은 열정과 갈망의 조화이기에 송년의 시간 마디에서 노을은 또 다른 느낌으로 다가온다. 그래 저 석양의 노을과 함께 새해에도 내 삶의 철길을 따라 같이 가보자. 어쩌면 그것이 내 인생 최고의 삶이 아니겠는가? 따뜻했던 겨울밤, 어느 모임의 송년회에서든지 축하와 고마움의 삶을 담는 그릇이라는 시간과 공간에서 이렇게 환하게 웃고 행복하면 다 된 거야. 이보다 무엇이 더 중요할까? 세모에 받는 문자 하나를 보고도 기도한다. 아스라이 잡힐 듯한데 신들의 고향이 머릿속에 금방 떠오르지 않으나 그곳은 틀림없이 행복의 도가니일 것이다. 그래 그 행복의 도가니를 맞으러 파도를 건너 두둥실 구름을 밟고 꽃들의 낙원을 떠올리며 나아간다. 농익은 그리움이 익어갈수록 행복이 더 깊어지길 기도하는 것이다. 저만치 홀로 파도를 가르고 있다. 세상이 아무리 빨라도 삶은 늘 일정한 속도(速度)로 혼자 노를 젓는 것이고, 아무리 급해도 아인슈타인 시각에서 보면 삶은 홀로 시공(時空)으로 노 저어가는 아주 작은 쪽 배일 뿐 삶은 언제나, 누구에게나, 어디에서나, 어떻게든 꿈틀대고 있으며, 그래서 인생은 아직도 아름답고, 늘 순간순간은 최고의 삶이 된다. '환경을 당신이 항상 통제할 수 없지만, 그 대응은 항상 당신이 컨트롤할 수 있다'(You don't always control your circumstances but you can always control your response.)고 했던 마티스 장군 명언처럼 성급하지도, 멈추지도 말고 순간을 즐기는 것이 최고의 삶이 될 것이다. 오늘도 나는 어김없이 삶의 노를 젓는다.

## 삶은 누구에게나 치열하고 특별하다

인간은 누구나 특별한 존재이고 특별한 삶을 살아간다. 아무리 평범하게 살아온 필부라도 인생을 건너는 산과 계곡을 지나는 과정에는 늘 희로애락과 삶의 애환이 순간순간 나무의 나이테처럼 저며 있는 것이다. 그러다 보니 누구나 자신의 삶은 치열하고, 특별하다고 생각하지만, 사실은 금수저인 사람도 나름의 어려움과 극단적인 생각을 하는 경우가 많은 것이다. 노동운동가 장기표의 아내가 한 말이 생각난다. "옛날엔 내가 특별하게 살고 있다고 생각했어요. 근데 나이 드니 누구나 다 특별하게 살고 있다는 걸 알게 되었어요. 누구나 우리 못지않게 산전수전 겪으며 저마다의 인생을 치열하게 산다는 걸." 수많은 사람이 공정과 정의를 외치며 세상을 평평하게 만들려고 하지만 오는 비를 고르게 분배하기 위해 모든 대지를 평평하게 만들면 정의이고 공정일까? 아니면 산이든, 계곡이든 어떤 곳은 물이 흐르고, 어떤 곳은 물이 고이고, 어떤 곳은 물이 마르게 두는 것이 더 공정할까? 가지치기로 모든 나무 키를 똑같이 하는 것이 정의이고 공정일까? 아니면 있는 대로 놔두는 것이 공정일까? 철이 되니 숭어도 뛰고 망둥이도 뛸 수 있다. 다만 뛰면서 공정, 정의, 복지, 민주 등의 아젠다로 자기가 마치 신이나 군주처럼 도깨비 방망이를 쥐고 있는 듯이 재단하고, 관리 통제하겠다는 발상이 오히려 독재적이고, 우습기만 한 것은 기우일까? 사람들은 모두 평평하고, 같은 것처럼 보이지만 사실은 모두가 개성이 다르고, 독특하며, 특별한 존재이기 때문이다. 사랑이 넘칠 때 가장 인간적이고 '가장 인간적인 게 가장 진보적인 것'이라는 말처럼 우리는 사랑과 헌신과 봉사가 필요하다. 특히 무슨 일이든 항상 절실하고, 간절하고, 끈질긴 정신을 견지해야 한다. 그러나 진정한 성공이란 어쩌면 인간관계에서 자주 발생하는 원한을 싹 털어 버리는 것이 아닐까?. 살다 보면 수많은 질시와 원한을 품게 되는데 그런 감정을 없애는 가장 좋은 방법은 역시 용서하는 것이다. 용서란 참 묘한 약이다. 용서라는 이 약을 다른 사람에게 베풀면 맘속의 상처들을 치유해 준다. 용서는 예술작품처럼 창작하는 것이고, 그것은 미쳐야 창조되는 것이다. "크리에이티브는 끝났다. 이제부터는 크레이지티브다!"(Crazytive, Beyond Creative!) 요즘 세상 미치지 않고 되는 일이 있는가? 만약 사람들이 그대에게 미쳤다고 하지 않으면 어쩌면 당신은 그저 그런 사람일 뿐일지도 모른다.

## 여자인 덕분에

심술 궂은 호기심으로 당사자에게 있어서는 아픈 상처와 같은 말을 하는 사람이 있다. 그렇게 함으로써 자기 우월감을 만족시키려는 것은 자제되어야 한다. 남의 소소한 과실을 들추어내거나, 극이 개인적인 얘기를 아무렇지 않게 말하며 지난날의 상처를 긁는 일 등은 스스로 품성을 떨어뜨리고, 남으로부터 원한을 사게 된다. 결국 그런 말들은 모두에게 해로움만 있을 뿐 득은 없는 것이다. 남의 약점을 건드리며 비난하는 것은 부메랑 효과로 자신에게 되돌아온다는 것을 명심해야 한다. 우리 삶은 희로애락의 고단한 인생길을 가다가 서로 마음 기댈 수 있는 사람이 되어야 하고, 아픔과 슬픔이 있을 때 언제든지 부르면 달려올 수 있는 거리에 있어야 보배 같은 존재다. 누구에게나 늘 공평하게 찾아오는 삶의 원칙이 바로 오늘 열망하는 삶보다 한결같은 삶이 더 아름답다. 독자 여러분도 가까이 있는 사람의 소중함을 생각하는 나날이 되기를 기대하며 살면 어떨까? 우리들의 삶에 어떤 우여곡절이 있다고 해도 시간과 자연 속에서 소멸해 가기 마련이고, 사람들 간에 우월도 결국은 부질없는 것인데 그런 걸 따지다 보면 우리는 그 프레임의 노예가 될 뿐이다. 특히 여성이라고 해도 여성이라는 성별에 머물지 말고 남성보다 더 나은 최고가 되도록 노력해야 한다. 오히려 여자인 덕분에라는 긍정적인 프레임의 주인이 되어야 한다. 그저 주어진 삶이 아니라 하루, 하루가 도전인 인생이 되고, 가슴 뛰는 삶을 설계하자. 삶의 작은 순간들이 우리의 삶이 되므로, 작은 것 하나에서 기쁨을 발견하고 주변의 작은 사물 하나에서 감사할 이유를 찾아내는 것이 바로 인생을 천국으로 만드는 지름길이다. 진정한 아름다움은 내면에서 우러나는 것이라며 언제나 마음을 곱게 가꾸려 애쓰고 때로는 침묵과 미소로 말할 줄 알기에 늘 따뜻한 가슴과 순수한 열정으로 하루를 채워가기 때문이다. 지혜롭고 총명함은 머리를 쓸 때가 아니라 마음을 쓸 때 발휘되는 것을 잘 알며 삶은 그 어느 특정한 부분이 아니라 그 자체가 가치 있다는 것을 알고 있기 때문이다. 처염상정(處染常淨)이란 세속에 물들지 않고 항상 맑고 깨끗하게 살아가는 삶이다.

## 메모와 수첩은 내 인생

기업의 경영활동에 있어 광고는 '방식'이 아니라 '의미'라고 한다. 관객, 대중, 청중, 시장 등 사람들이 있지만 수많은 관련자 즉 퍼블릭 릴레이션(PR) 중에서도 소비자라는 주체가 광고의 핵심이기 때문이라고 한다. 세상 사람들의 관점이 소비자 또는 고객 중심으로 바뀌었기 때문에, 성공할 수 있는 가장 중요한 요소 하나가 광고이기 때문이다. 광고는 '익숙한 것은 새롭게 표현하고, 낯선 것은 익숙하게 표현해야 한다'고 말한다. 일반인들에게 각인 되어있는 이미지나 내용에 새로운 의미를 부여하는 과정이 있어야 한다는 것. 이러한 사고방식을 '통섭적 사고'라고 한다. 누군가를 웃게 만들면서도 여운과 새로운 감동을 주기 위해서는 일반적인 맥락을 깨야 하고, 일상적인 장면과 새로운 장면을 엮어보고, 다른 방법으로도 생각해 보는 것이 광고이며, 특별하고, 색다름으로 차별적 이미지와 서비스를 고객에게 어필해야 하는 것이다. 광고는 곧 기업이나 상품의 이미지이므로, 신선함을 주기 위해 새로운 맥락을 만들어 내야 하고, '어떻게 그런 생각을 했나?'라는 질문을 받을 수 있어야 한다는 것이다. 이를 위해서 경영자나 기획자는 끊임없이 비즈니스 프로세스는 물론 상품과 소비자 그리고 라이프스타일의 변화에 관한 지속적인 스크랩이 중요하다. 즉 메모는 위대한 마케팅 시작을 의미하는 것이다. 지식이 아니라 스크랩(메모)의 잇기와 나열, 즉 편집처럼 구슬이 서 말이라도 꿰어야 보배가 되는 것이다. 그런 스크랩을 꿰매기에 따라 즉 나열과 텔링에 따라 관심과 가치는 천양지차가 되기 때문이다. 성공한 경영자나 리더는 오랜 시간 지켜온 습관 중 하나가 스크랩이라고 한다. 스크랩은 노트에 메모하며 출발한다. 내 수첩의 메모도 스크랩이고, 이 수첩(스크랩)은 내 인생 그 자체이자 위대한 내 보물 창고다. 나는 평생 매일 매일 일어나는 좋은 말, 좋은 글, 좋은 상황, 좋은 사람, 좋은 스크랩을 '발견', 꼭 적어둔다. 퇴근길이든 출근길이든 무언가를 발견하면 그 끈을 놓지 않고 작은 수첩에 적는다. 잠잘 때도 머리맡에 노트를 두고, 좋은 꿈도 적어두는 습관이 나라는 존재다. 내가 메모하는 것은 내 생각뿐만이 아니라 타인의 사고와 스타일을 적을 수도 있다. 회사 일이든 사회생활에서도 뭔가 풀리지 않을 때마다 이 노트를 뒤적이다 보면 의외로 좋은 답이 나올 때가 있다. 복잡다단하고, 너무 빠른 세상에서 메모와 스크랩은 열쇠이자 창조의 모티브가 되었음은 물론 홍보와 광고는 비용이나 낭비가 아니라, 투자이자 경영이라고 생각한다. 독자들도 메모하고 있지 않다면 오늘부터 실천하면 어떨까?

## 그리움도 넘치면 위태롭다

평생 친구는 생각만으로도 힘이 되는 친구이고, 돌아보면 늘 그 자리에 있는 친구이며, 언제나 위로와 격려가 되는 친구다. 말없이 바라보고 있어도 마음속의 말을 모두 들을 수 있는 친구처럼 내가 언제나 친구 곁에 있다는 것을 기억하면 건강하고 행복한 삶에 가까워지지 않을까? 같은 물이라도 독사가 먹으면 독이 되고, 벌이 먹으면 꿀이 되듯 인생에서 돈을 잃는 것은 적은 것을 잃는 것이고, 용기를 잃는 것은 많이 잃는 것이며, 건강을 잃는 것은 인생의 전부를 잃는 것이다. 그러나 친구를 잃는 것은 행복을 잃는 것이라고 했다. 카타르시스는 비극을 봄으로써 마음속에 쌓인 우울감, 불안감 따위가 해소되고 마음이 정화되는 일이다. 그러나 아무리 카타르시스라고 해도 말은 가려야 하며, 세 치의 혀를 잘못 놀리면 오랜 친구를 놓치는 뼈아픈 결과를 낳게 된다. 장기판의 훈수는 쉽지만 자기가 두면 어려운 법, 축구를 보면 자신이 선수가 되면 잘할 것 같지만 정작 자신이 게임에 참여하면 마음대로 되지 않는다. 보기만 하는 것과 실제로 하는 것은 전혀 다른 것이기 때문이다. 친구와의 관계도 생각과 현실은 다르다. 정말 어려울 때 자신을 도와준 사람에게 보답하는 것이야말로 진정한 친구를 생각하는 것이다. 특히 진정한 친구란 유능하면서도 자신에 대해 거침없이 쓴 말을 할 수 있는 사람이자, 쓴 말과 바른말을 할 수 있는 능력자이면 금상첨화가 아니겠는가? 유능한 척 행동하고, 실수를 떠벌리지 말고, 시합이 재미없어도 그만두지 말고. 감정을 드러내지 말고 팀의 일원임을 명심하며, 선량한 사람과 사귀는 것은 마치 안개 속을 가는 것 같아서 흠뻑 젖지는 않는다고 하더라도 모르는 사이에 촉촉해진다. 마치 삶에 대해 유연한 자세를 되찾는 계기일 것이다. 그리움이 차면 오히려 위태롭다는 뜻의 만정유위(滿情猶危)와 정도가 지나침은 미치지 못한 것과 같다는 뜻의 과유불급(過猶不及)은 늘 필자를 끊임없이 충고하는 삶의 채찍이었다. 조화란 길고, 짧고, 다른 것들의 어우러짐이지, 모두가 같은 모양과 색깔로 된 것이 아니라는 것이며, 그래서 어려운 삶 속에서도 유쾌하게 모든 일을 하면 건강과 행복을 얻을 수 있다는 것이다.


## '나다움'이 내 재산

가장 나답게 사는 것은 어떤 삶일까? 김유정의 '슬픔에 잠긴 약자를 위한 노트'에 이런 말이 있다. '나다움'이 있으면 그것으로 충분하다. 항상 자신다움을 잃지 않는 일관성을 갖고, 조금 부족하고 조금 마음에 들지 않지만 '나다움'을 유지한다면 그런대로 사람들과 같이 사이좋게 살아갈 수 있다고. 가장 나다운 것이 가장 위대하고, 가장 세계적인 거다. 내가 '나다움'을 잃으면 그 밖의 모든 걸 얻는다고 해도 아무런 의미가 없다. 매사 자신있게 사는 것이 자신답게 사는 것이고, 자신답게 사는 것이 곧 자신있게 사는 것이다. 한 번밖에 없는 인연, 인연을 소중히 여기지 못했던 탓으로 내 곁을 떠나가려 했던 사람들, 나를 속이지 않으려는 신뢰, 서로 해를 끼치지 않으려는 정직, 확신을 주는 사람이 둘만 있어도 인생은 부자가 된다. 언제나 인연은 한 번밖에 오지 않는다는 사실을 믿고 생각하며 살았더라면 지금은 더 행복한 인간관계를 가질 수 있을 수 있다. 인생의 스승은 책보다는 더 도움이 되는 연륜이 있다. 언제나 나를 가르치는 것은 말없이 흐르는 시간이었다. 풀리지 않는 일에 대한 정답은 흐르는 시간 속에서 찾게 되어있고, 이해하기 어려운 사랑의 메시지도 거짓 없는 시간을 통해서 찾았다. 언제부터인가. 흐르는 시간을 통해서 삶의 정답을 찾아가고 있는 내게도 어제의 시간이 오늘의 스승이듯 언제나 시간은 내 스승이다. 마음의 평화를 얻는 것은 나이가 들면서 마음 평화롭게 살아가는 저절로 얻어지는 것이 아니다. 사람의 감정도 응어리지지 않으면 구름처럼 사라진다. 사회생활과 인간관계에서 만들어지는 수많은 오해와 갈등과 분쟁은 구성원들이 가끔 회식이나 매년 년말 망년회 자리 등에서 풀어지는 경우가 많다. 회식에서는 특히 음식과 반주를 하며

제1장 꿈꾸는 한강

건배사를 하는 것이 문화가 된 지 오래다. 그런 자리에 그런 기회가 갑자기 오면 유행하는 재치 있는 '건배사'에 관한 책을 읽은 적이 있다. 짧은 건배사에 의미가 듬뿍 담겨 있어 울림을 주는 건배사를 예를 들어보면 〈고감사〉 "고맙습니다. 감사합니다. 사랑합니다.", 〈뚝배기〉 "뚝심 있게. 배짱 있게. 기운차게." 〈오징어〉 "오래도록. 징그럽게. 어울리자.", 〈통마늘〉 "통하는 마음. 늘 한결같이.", 〈항아리〉 "항상. 아름다운. 이 자리를 위하여.", 〈해당화〉 "해가 갈수록. 당당하게"... 수많은 건배사가 있지만 이런 건배사도 앞으로는 없어질 수도 있겠다는 생각이 든다. 이제 술 문화도 감정을 배설하는 소란한 회식문화에서 우아하게 즐기는 것으로 빠르게 변모하고 있다. 하지만 회식의 진정한 의미는 모여서 식사하고, 마시며, 묵은 감정을 자연스럽게 표출하여, 타협하는 과정을 통해 오해를 풀고, 이해를 넓히고, 새로운 방향을 찾아내는 행위이자 결속을 다지는 행위다. 그래서 건배사는 그런 의미를 내포한 단합의 단추가 되곤 했다. 세상이 아무리 바뀌어도 정말 가끔은 '나다움'의 재산을 갖고 '나다움'의 건배사를 할 기회가 남아 있기를 기대해 본다.

## 수많은 인생 길동무

사람들은 누구나 자신이 어디서 와서 어디로 가는지 궁금해하며 살아갈 것이다. 나 역시 그런 의문을 품고 살아왔다. 여름 휴가지에서 밤하늘에 고개를 들어 하늘을 바라보면 수많은 별이 반짝이는 것을 볼 수 있다. 저 별들이 반짝이고 있는 것은 나에게 누군가 신호를 보내고 있다는 뜻이 아닐까? 나는 절대 혼자가 아니다. 왜 결혼해야 할까? 왜 이혼하면 사람들에게 부끄러운 일일까? 그러나 지금은 여성들도 결혼은 선택, 직업은 필수인 시대가 되었다. 자신의 현 상황에 도취 되기보다 가시나무처럼 마지막에 가장 아름다운 노래를 부르기 위해, 백조처럼 마지막에 가장 아름답게 춤추기 위해 끊임없이 정진하며 새로워져야 한다. 아무리 좋은 일로 자랑할 일이 있어도 자만도 하지 말고, 교만도 하지 말 것이며, 어떤 절박한 상황이 되어 어려움에 빠져도 낙망하지도 말아야 한다. 특히 확인되지 않은 추측들과 사람들의 손가락질, 뒷담화에도 흔들리거나 힘들어하지 말아야 한다. 이 말은 곧 그 자리에 놓여있는 모습이 현재의 내 모습을 유지해야 한다는 것이다. 나는 누가 만들어 주는 것이 아니라, 내가 만들어 가는 것이다. 법정 스님의 말씀대로 복더위에 일을 열심히 하면서도 그 일에 노예가 되지 않는 사람, 일에 눈멀지 않고 그 일을 통해서 자유로워진 사람, 자신의 존재를 있는 그대로 받아들이지 못하면 불행해진다. 남과 비교하지 말라. 역지로 꾸미려 하지도 말자. 아름다움이란 꾸며서 되는 것이 아니다. 본래 모습 그대로가 그만이 지닌 그 특성의 아름다움이 아니겠는가? 다시 고개 들어 밤하늘을 봐도 무수한 별들이 반짝인다. 모두가 내 인생의 길동무들이다.

## 팀 웍과 조직의 힘

이강인이 주장 손흥민의 지시를 따르지 않아 생긴 카타르 아시안컵 요르단과의 4강전에서 한국 축구 국가대표팀 패배의 뒷배경에 있었던 팀원 간의 분란 사태를 보며 선팀후사((先팀後私) 정신의 팀웍이 얼마나 중요한가를 우리는 목격했다. 도요타는 목표를 절대 개인이 아니라, 팀에게 부여한다고 한다. 100엔이 드는 일을 50엔으로 하는 일은 개인이 못해도 팀은 할 수 있다는 거다. '빨리 가고 싶다면 혼자 가고, 멀리 가고 싶다면 함께 가라'는 아프리카 속담이 있다. 탁월한 성과를 창출하는 조직은 늘 팀을 개인보다 우선하는 것이다. 맨유의 퍼거슨 감독은 '팀이 가장 뛰어난 선수다'라고 말했고, 오케스트라 지휘자로 나선 첼리스트 장한나 역시 '오케스트라가 최고의 악기다'라고 말한다. 모두가 함께하면 더 많은 것을 이룰 수 있다는 데 팀의 묘미가 있다는 얘기다. 실보다 실로 잘 실로 직조된 조직, 즉 천이 훨씬 강하고, 가치가 높으며, 쓸모가 다양한 것이다. 회사의 조직도 마찬가지이다. 회사의 목표를 개인이 아닌 팀에게 목표를 부여하라고 많은 경영자가 조언한다. 즉 업무나 작업이 복잡할수록 생산과 매출의 단위가 커질수록 개인의 능력보다는 팀웍이 작동해야 효율이 높다는 것은 더 말할 나위가 없다. 사람들 간의 차이는 미미하고, 작업 하나는 점이지만 더 큰 발전을 위해서는 선이 되고, 면이 되고, 3D가 되어야 성과가 크다. 그러나 그 미미한 차이가 팀이 되면 큰 차이를 만들어 낸다. 3D란 팀은 물론 열정, 긍정적 태도, 적극적 사고방식 등 복합적인 요인들이 합치는 것이 성공의 핵심 동력임은 의심의 여지가 없고, 개인의 태도가 조직의 태도를 결정짓는다. 지금 상황이 자신의 성격과 실력을 시험하는 테스트하는 도전으로 생각하면 지식과 지혜를 얻는 기회가 된다. 산속의 적 1만 명은 잡기 쉬워도 내 마음속에 있는 적 한 사람은 정말 잡기 힘들다고 한다. 그만큼 자신을 버리는 것이 중요하다. 인간은 이성적인 것처럼 보이지만 사실은 매우 세속적이고 감정적이어서 하나뿐인 입에서 노래도 나오고 욕도 나오는 것이 아닐까? 따라서 개인은 별것 아니지만 자신을 버리고 팀이 되면 그 성과물이 달라지는 것이다. 무지한 사람은 상대방을 별것 아니게 보고, 지혜로운 사람은 자신을 별것 아니게 본다. 그러나 자비로운 사람은 나와 상대방을 똑같게 본다. 그것이 팀 구성원으로서 갖추어야 할 자세이고, 팀웍은 개인의 헌신으로 강화되기 때문이다.

## 칸트의 행복

 철학자 '칸트'는 행복의 세 가지 조건에 대하여 이렇게 말했다. 첫째 할 일이 있고, 둘째 사랑하는 사람이 있고, 셋째 희망이 있다면, 그 사람은 지금 행복한 사람이다. 우리가 행복하지 않은 것은 내가 가지고 있는 것을 감사하기보다 내가 가지고 있지 않은 걸 탐내기 때문이다. 좋은 친구란 무엇으로 알아볼 수 있을까? 같이 있는 시간이 지루하게 느껴지면 아니고, 벌써 이렇게 좋은 친구와 시간과 공간 밖에서 살고 있기 때문이다. 말이 없어도 지루하거나 따분하지 않은 그런 사이일 것이다. 내가 너를 대함에 있어 이유가 없고, 계산이 없고, 조건이 없고, 어제와 오늘이 다르지 않은 흐르는 물의 한결같음으로 흔들림이 없어야 하겠지. 말은 의사소통의 구실을 하지만 때로는 불필요한 잡음의 역기능도 하고 있다. 묵언이 필요할 때도 있지만 할 말은 해야 한다. 묵언은 미덕일 수도 있지만 비겁한 회피, 비겁한 침묵일 수도 있다. 당당한 것이 갈등을 부추길 수도 있지만 가장 아름다울 수도 있는 것이다. 사람과의 만남은 또 다른 우주와의 만남이다. 어떤 사람과 인연이 되는지에 따라 삶의 질은 극명하게 달라질 수 있다. 삶의 질은 관계의 질에 의해 상승하기도 하락하기도 한다. 느린 것을 걱정하지 말고, 가다가 쉬었다 가는 것(스톱 오버)을 주저하지 말아야 한다. 재산의 과소가 아니라, 우리 기대치를 낮추면 편해지지 않을까?. 남이 가는 길을 가면 수많은 사람 중의 하나이지만 남이 가지 않은 길을 가면 적어도 내가 특이한 존재가 되는 것처럼 타인의 눈과 귀를 걱정하면 자신의 존재 가치를 떨어뜨리는 것이다. 가장 중요한 것은 눈에는 잘 보이지 않는 법인데 사람들은 눈앞에 보여야지 된다고 한다. 남의 눈이 아니라 내가 하고 싶은 것을 내가 즐기고 싶은 것이 나의 다음 무대에서 기대하는 것이다.

## 구름 한 조각의 인생

사람은 적어도 하루에 한 번은 노래를 듣고, 좋은 시를 읽고, 예쁜 그림을 봐야 한다. 그리고 가능하다면 논리적인 말을 몇 마디씩 해야 한다. 이 말은 향기와 매력이 느껴지는 사람에 대한 괴테의 말이다. 누구의 눈을 닮고 누구의 코를 닮은 얼굴보다 평범하거나 좀 못생겼다고 하더라도 어쩐지 맑고 지혜롭고 따뜻한 마음이 느껴지는 사람, 만나면 만날수록 그 사람만의 향기와 매력이 느껴지는 내면이 아름다운 사람이야말로 이 세상을 아름답게 할 사람이다. "삶은 한 조각 구름이 일어난 것이요, 죽음은 한 조각 구름이 스러지는 것이다. 새가 날아오기를 바라거든 나무를 심어라, 씨앗에서 새소리를 들어라" 눈에 보이는 현재보다 눈에 보이지 않는 미래를 생각하며 최선을 다 해라는 뜻이다. 세상이 모든 일이 다 같지는 않겠지만 사람들은 運七起三(운칠기삼)이라고 한다. 아무리 실력을 갈고, 닦아도 운이 따라주지 않으면 큰 성공은 어렵다. 운을 좋게 하려면 덕을 쌓고 선을 행하며 늘 마음공부를 해야 한다는 것이 선조들의 지혜다. 위험한 곳에 가면 몸을 낮추고 더욱 조심하듯이 어려움이 닥치면 더욱 겸손해지고 조심스럽게 행동하는 사람이 되기 위해 노력하겠지만 그 어느 것도 쉬운 것이 없는 듯하다. 비즈니스도 성공적인 시장 선점을 위해서는 홍보나 마케팅은 물론이고 차별화된 상품과 서비스로 우선 인지도부터 높여야 하듯이 우공이산(愚公移山)이란 말처럼 산을 옮기는 것은 어리석은 일처럼 보이지만 한 가지 일을 끝까지 밀고 나가면 언젠가는 이룰 수 있는 것을 믿어야 성공할 수 있는 세상이다.

## 점이 선이 되고, 면이 되고, 공간이 되고

상대방을 존중하고 세워주라. 사람에게는 인정받고 대접받고 싶은 욕구가 있다. 상대를 높여 주어라. 인정해 주어라. 칭찬을 아끼지 말아라. 낚시를 갈 때 아이스크림을 가져가지 않고 물고기가 원하는 미끼를 가져가는 것처럼 사람의 마음을 얻으려면 내 주장만 하지 말고 상대방이 원하는 것으로 채워주어라. 집단의 일원은 점이지만 결국 모든 형태로 바뀔 수 있다. 점이 선이 되고, 면이 되고, 공간이 된다. 나는 집단의 일원으로 일할 때 최선을 다한다. 여러 사람과 함께 집단으로 어떤 일을 해야 할 때 나는 그 집단의 한 구성원으로서 책임감을 지니고 협동적인 공동작업을 잘하는 편이다. 나는 모든 사람을 동등하게 대하려고 노력하는 공정성을 중요시한다. 모든 사람의 의견을 경청하는 것은 가치 있는 일이다. 비록 내가 어떤 사람을 좋아하지 않더라도 나는 그 사람을 공평하게 대한다. 나는 내가 하지 않은 일에 대해서 공로를 인정받는 것을 거부한다. 어떤 모임에 참석하면 필자가 리더가 되는 경향이 있다. 나는 집단에서 모든 구성원이 소속감을 느끼도록 애를 쓰며, 리더로서 필자는 모든 구성원이 행복하도록 노력한다. 어떤 집단에 속하게 되면 자발적으로 나서서 집단의 방향을 제시하거나 리더의 역할을 즐겨 잘 맡는 편이다. 나는 일반인이 모르고 지나가는 것에서 아름다움을 발견한다. 나는 자연의 아름다움을 항상 느끼면서 살아간다. 나는 매일 깊은 감사를 느낀다. 내 삶은 돌이켜볼 때 감사해야 할 일들이 많다. 나는 평소에 다른 사람의 도움이나 배려에 감사함을 잘 느끼고 감사의 표현을 잘하는 편이다. 어려움에도 불구하고 난 미래에 대해서 항상 희망적이라고 생각한다. 나는 언제나 잘 될 것이라고 한 것을 믿는다. 나는 실패나 좌절을 경험하더라도 희망을 잃지 않고 미래를 낙관적으로 보는 편이다. 유머 감각이 중요하다는 걸 알고 있다. 나는 내가 무슨 일을 하든지 유머를 들이려고 노력한다. 난 다른 사람들을 웃게 하고 즐겁게 하는 것에서 만족을 느낀다. 관료 경영자가 아니라 현장을 아는 실무경영자가 더 현실적이다. 실무를 아는 경영자의 뛰어난 역량과 안목 그리고 서민 금융기관으로서 역할, 자부심과 가치 향상, 다산새마을금고와의 운명적 만남, 신속한 의사결정, 집중력, 시간 관리 능력, 경영자의 역할이 내 사명이 된 날들이 아스라이 떠오른다.

## 소소한 일상이 진짜 보물

  살면서 가장 존경받은 사람은 덕을 베풀고 남을 생각하는 사람이며, 살면서 가장 아름다운 사람은 세상을 욕심 없이 바라보는 마음의 눈과 맑은 샘물처럼 깨끗하고 아랫목처럼 따뜻한 가슴을 지닌 사람이라고 하는데 이 역시 내게는 늘 목표만 하며 살아왔던 게 아닌가 하는 생각이 든다. 행복은 목적지가 아니라 여행길이고, 행복의 범위는 처음부터 끝까지 자신이 만들어 가는 것이며, 상황을 어떻게 받아들이느냐가 중요하다고 한다. 물론 이러한 상황도 언젠가는 바뀌겠지만 그래도 나는 활동적인 삶을 살기 위해 끊임없이 달려왔다. 그래서 우리는 마음먹은 만큼 행복해진다고 한다. 내 마음은 그렇게 하기로 하고 살아왔는데도 마음먹은 대로 되지 않는 것은 나 역시 나약한 인간일 뿐이기 때문이리라. 나를 배려하는 것이 타인을 배려하는 것이고, 타인을 배려하는 것이 나를 배려하는 것이다. 특히 잘난 체도, 있는 체도, 아는 체도 하지 말고 겸손하게 처신하면서도, 없어도 없는 티를 내지 않고, 힘든 일이 있어도 의연하게 대처하는 것이며, 매사에 넓은 마음으로 너그럽게 임하며 웬만한 일에는 화를 내지 않는 것이라고 한다. 과연 나는 이렇게 할 수 있을까? 그리고 다른 사람을 배려하며 신중하게 행동하고, 나의 이야기를 늘어놓기보다는 남의 말을 경청하는 것이 더 필요한 것이다. 또 소원이 이루어지지 않았다고 불평하기보다는 오히려 삶이 이끄는 대로, 일이 일어나는 대로 받아들이며 사는 것이 나를 배려하고, 타인을 배려하는 것이리라. 그러면 너는 어떤 상황에서도 행복하게 살 수 있는 현실 수용의 지혜가 있는 사람이 되지 않을까? 뜻을 품고 달리는 만 리 길에는 산과 물이 벗이 되어주고, 해와 달이 벗이 되어 주리라 믿기 때문이다. 덕을 온 천하에 베풀면 해와 달도 내 벗이 되고, 온 천지 바람은 내 가슴을 시원하게 씻어주며, 용기와 기운을 얻게 된다고 한다. 물이 맑으면 달이 와서 쉬고, 나무를 심으면 새가 날아와서 둥지를 튼다. 나무는 그늘을 만들고, 구름은 비를 만들고, 청초하게 피어 있는 들꽃은 온갖 꿀벌에게 아름다움과 꿀을 선물한다. 지금 내 삶을 이루고 있는 건강과 어디든 걸어 다닐 수 있는 튼튼한 두 다리, 아침 햇살 아래 마시는 향긋한 모닝커피, 전화기를 타고 흐르는 그리운 사람의 목소리, 이렇게 당연하고 사소한 것들이 커다란 행복을 만들어 내는 소소한 일상들이 이 얼마나 소중한 것인가? 내 마음속에 모든 문제의 답이 있다는 것으로 늘 나는 내가 내게 묻고, 묻고, 또 묻는다. 그리고 말은 적게 하고 행동은 크게 해서 자신만의 탑을 높이 세워

두고, 조금은 겸손한 마음으로 살아갈 수 있었으면 좋겠다. 물론 희망 사항일 뿐이겠지만.

## 채우기보다 버리기, 결과보다 과정

허창수 GS 회장이 어느 해 임원 교육을 위해 강조한 말이다. '아집과 독선은 남김없이 버려야 하며 성과를 내는 것은 개인이 아니라, 조직이라는 걸 잊지 말아야 한다. 과거보다 더 빠르게 혁신해야 하며 철저한 분석을 토대로 실패를 두려워하지 말고 과감히 도전해야 한다. 일과 삶을 조화시키는 훌륭한 경영자가 되어야 재미있고 즐거운 직장을 만들어 후배들이 들어오고 싶어 하는 LS를 만드는 데 노력해야 한다.' 위대한 일을 하는 유일한 방법은 당신이 하는 일을 사랑하는 것이다. 우리는 '결과'보다 목표를 향해 나아가는 '과정'에서 행복을 느낄 수 있으며, 자신이 계획했던 일들을 이룰 때 느끼는 성취감, 기쁨 등 이런 감정들이 바로 행복이기 때문이다. 진정한 행복은 힘든 시련 속에서도 목표를 향해 나아가는 노력 속에 있으며, 부자보다 가난한 사람들이 더 행복하게 보이는 것은 꼭 이루고 싶은 꿈이 있기에 고마운 하루에 감사하며 살아갈 수 있도록 마음을 조금은 비워두며 살고 싶다. 그것이 바로 큰 그릇이 아닐까? 어떤 한 시대 사람들의 견해나 사고를 근본적으로 규제하고 있는 테두리로서의 인식의 체계 또는 사물에 대한 이론적인 틀이나 체계를 패러다임이라고 하는데 어떤 인물에 대한 이해는 그가 살았던 시대의 패러다임 안에서 이루어져야 한다고 생각한다. 허창수 회장의 성과론도 결국 각자가 자기 자신을 버리고 팀을 위하는 큰 그릇이 될 때 진정한 성과를 이룰 수 있다고 강조하는 것이며, 무엇이든지 즐기려는 사람은 이길 수 없다. 천재가 가장 두려워하는 사람은 노력하는 사람이라고 하는데 그것 또한 큰 그릇이 되는 지름길이다. 우리는 어디서 어떻게 태어났던 자기가 잘할 수 있는 것을 찾아내고 꾸준히 노력하며 열정을 바치는 것이 큰 그릇이 아닐까? 진짜 큰 그릇은 개인이 아니라 소속된 조직의 분위기, 조직의 열정, 조직의 철학, 조직의 문화를 만드는 거다. 채우기보다 버리기와 결과 보다 과정이 중요한 조직문화를 만들어 가자.

## 감사하는 마음은 생존 전략

그리스신화에서 남자보다 더 뛰어난 운동 실력을 보여준 아탈란테라는 공주는 '처녀 사냥꾼'이자 천부적인 달리기 선수였다. 그 어떤 동물도 그를 따라올 수 없었다. 달리기를 잘했을 뿐 아니라 외모도 빼어났다. 아탈란테의 아름다움에 빠진 남자들은 경쟁적으로 구혼 행렬에 뛰어들었다. 그러나 결혼하면 동물로 변할 것이라는 신탁을 들은 아탈란테는 영원히 결혼하지 않기로 한다. 속히 결혼하여 행복하게 살기를 바랐던 왕과 왕비의 집요한 설득을 무시할 수는 없었던 공주는 자신보다 달리기를 잘하는 남자가 나타나면 결혼을 승낙하겠다고 하였다. 많은 이들이 그녀를 찾아와 달리기 시합에 응했으나 누구도 그녀를 앞지르지 못했다. 그러던 어느 날, 히포메네스라는 청년이 그 소문을 듣고 궁전을 찾아가 시합에 응하기로 했다. 그는 공주를 보고 첫눈에 반하고 말았다. 반드시 그녀와의 달리기에서 승리하여 그녀와 결혼하기로 결심했다. 그는 아프로디테에게 지혜를 구했다. 다음 날 시합이 시작되었다. 그는 품 안에 황금 사과 3개를 감추고 경주를 했다. 공주가 앞서는 순간이었다. 청년은 공주 앞에 황금 사과를 한 개 떨어뜨렸다. 공주는 달리다 말고 자기 앞에 떨어진 황금 사과를 주웠다. 공주가 사과를 줍는 사이에 청년은 저만큼 달려 앞서갔다. 계속 달리다가 또 뒤 쳐지면 황금사과를 던져 공주의 뜀박질을 중단시켰다. 이렇게 해서 그 청년은 공주를 이겼고 결국 공주와 결혼했다. 하지만 그는 아프로디테에게 감사의 인사를 드리지 않았다. 화가 난 아프로디테는 공주와 히포메네스에게 벌을 주었다. 공주는 암사자, 히포메네스는 숫사자가 되었다. 반드시 감사할 만한 일이 있어야만 감사할 수 있는 것은 아니다. 감사는 습관이다. 감사할 줄 모르면 결국 무엇을 성취하고도 기뻐할 줄 모르게 된다. 그리스 신화를 인용하지 않더라도 우리는 늘 매사에 감사가 생활의 습관이 되도록 해야 한다. 그러나 감사의 표현은 시간을 놓치면 의미를 잃게 된다. 감사할 일이 생겼을 때 바로 표현하는 것이 좋다. 늘 그래왔듯이 내 남은 시간도 감사하는 마음으로 살려고 노력할 것이다. 감사가 생존 전략이기 때문이다.


## 배우면 행복해

 오늘만큼은 기분 좋게 살자. 남에게 상냥한 미소를 짓고, 어울리는 복장으로 조용히 이야기하며, 오늘만큼은 계획을 세우자. 매시간의 예정을 만들자. 조급함과 망설임이라는 두 가지 해충을 없애도록 마음을 다지자. 할 수 있는 데까지 해 보자. "사람은 스스로 행복해지려고 결심하는 정도만큼 행복해진다"고 했던 링컨의 말처럼 오늘만이라도 행복하게 살자. 그러기 위해서는 학습과 배움이 중요한 동기가 된다. '학이시습지 불역열호아(學而時習之不亦說乎兒)'라는 말이 있다. '배우고 때때로 익히니 이 어찌 즐겁지 아니한가' 공자의 말씀이 중요한 것은 배우고 학습하게 되면 깨우치는 것인데 깨우쳤을 때 인간이 그 존재감의 발로가 되어 가장 희열을 느끼기 때문이 아닐까? 공부가 뭐냐는 정의부터 사실은 상당히 어려운 부분인데 한국에서는 이 공부에 대한 정의가 좀 왜곡되어 있다고 생각한다. 공부 자체를 너무나 좁은 의미에서 시험 잘 보는 거 대학 잘 가는 거 입시 이걸 공부인 양 착각하고 있다는 거다. 시험 잘 보는 것은 공부에 있어서 극히 일부분이며, 공부를 가장 잘

정의한 사람은 공자이고, 공자의 말처럼 공부는 공부의 과정을 통해서 진짜 공부하는 것은 기쁨을 느끼고 자기 감동이 될 때 그게 진짜 공부가 아닐까? 존재 방식 자체가 '나는 공부한다. 고로 나는 존재한다.'가 아니라면 공부 아니라는 것이다. 세상이 너무 빨리, 너무 많이 바뀌고 있어서 어쩌면 매 순간순간, 인생 전체가 공부라고 해야 하지 않을까? 별이 빛나는 것은 어둠이 배경이 되어주기 때문이고, 꽃이 아름다운 것은 땅이 배경이 되어주기 때문이지만 무지개란 금방 사라지는 허망한 일일 뿐이다. 세상을 아름답게 볼 줄 아는 눈을 가진 연어만이 사랑에 빠질 수 있는 것처럼 마음으로 세상을 볼 줄 아는 사람들은 눈이 맑고, 연어처럼 은빛으로 빛난다. 그리움이라고 일컫기엔 너무나 크고, 기다림이라고 부르기엔 너무나 넓은, 보고 싶은 삶이란 게 견딜 수 있는 것이면서 견딜 수 없는, 우리 삶은 속수무책일 뿐이다. 연어가 아름다운 것은 떼를 지어 거슬러 오를 줄 알기 때문이고, 강이 하류를 흐르는 것은 연어들을 거슬러 오르게 하기 위해서이고, 거슬러 오르는 것은 희망을 찾아가는 것이리라. 오직 삶의 이유인 알을 낳기 위해 상류로 가는 연어의 생존과 번식 본능을 보며 삶의 진정한 가치를 깨닫는다. 나는 오늘도 배우기 위해 한 줄 메모를 한다.

## 수필집 발간, 내 인생 최고의 결정

내 버킷리스트 중의 하나는 언젠가 사회생활을 그만두고 시간적인 여유가 있을 때 나만의 책을 출간하는 것이었다. 즉, 늘 출간하겠다고 생각은 했지만 재임 중에는 절대 '불가능' 하다고 생각하고, 아예 시도하지 못했다. 콘크리트 같던 내 생각을 깨기 시작한 것은 '꼬빌 망치 포럼'이었다. 이 '망치 포럼'은 세상이 럭비공처럼 예측 불가로 급변하니 늘 타성과 매너리즘, 고정관념을 깨어야 비로소 새로운 것을 받아들일 수 있다는 생각으로, 다른 생각을 할 수 있게 행동하는 실행 워크숍이다. 나의 처녀 수필집이 세상에 나온 계기도 필자가 이 포럼에 참가하면서 갑자기 찾아온 신?의 계시(제안)가 여러 차례 있었기 때문이다. 어쩔 수 없이 습관화되고 고착된 관념을 망치로 깨어야 아찔한 속도로 변하는 이 세상에서 낙오되지 않고 생존할 수 있다는 것으로, 매너리즘에 빠진 자신의 사고와 습관의 파괴를 통해 '인간 재건축'을 해야 한다는 철학으로, 매너리즘이 자신의 가장 큰 적(敵)이라고 그는 내게 말했다. "인생에 있어서 '언젠가' 또는 '나중에'라는 말은 거의 존재하지 않습니다, 싸이의 노래 제목 '롸잇나우(right now)'처럼 지금 당장 하지 않으면 인생은 결국 생각만 하다가 사라져가는 미물의 존재일 뿐이기 때문입니다." 사실 나는 내 작은 수첩에 '생을 마치기 전에 꼭 하고 싶은 일들을 적어 만든 목록 즉 나만의 버킷리스트(bucket list)를 만들어 두었다. 하루, 하루 바쁜 일상에 쫓겨 자신이 진정 원하는 것을 간과하고 있다면 잠시 멈춰 내 생에 꼭 하고 싶은 일이 무엇인지 한번 고민해 볼 필요가 있기 때문이다. 그중의 하나는 모든 사람의 꿈처럼 당연히 나도 자신만의 책을 쓰고, 그것을 출간하는 것이었다. 그래서 늘 생각 해오던 글이 생각났다. 즉 '일기가성(一氣呵成)'! 이 말은 일을 단숨에 매끄럽게 해낸다는 의미로 좋은 기회가 주어졌을 때 미루지 않고 이뤄내야 한다는 뜻이다. 재임 중에 나만의 책을 세상에 발간한다는 것은 참으로 어려운 결정이었다. 책 발간을 조언한 그는 필자가 금융인으로서 평생을 살아온 점을 생각해서 '옥빛처럼 믿음직한 산' 즉, 옥산(玉山)이라는 호를 지어주었다. 부족한 내게 거부감이 컸으나, 첫 수필집을 출간하면서 결국 '옥산(玉山)'이라는 호를 받아들이기로 했다. 누구나 일생을 살아가면서 수많은 일을 겪게 되지만 호를 갖는다는 것은 또 다른 내 정체성을 나타내는 의미 있는 변화이자 새로운 인생의 시작이라고 생각했기 때문이다. 옥산(玉山)! 독자들께서도 필자를 옥산(玉山)으로 불러 주시리라 생각한다. 출간은 내 변신의 시작이자 변모의 과정이 되어 내 인생에서 가장 잘한 결정이라고 생각한다.

◆ 감성과 열정의 씨앗

    꽃샘 추위와 바람, 눈 속에서도 아주 작고 작은 눈망울이 깨어날 준비를 합니다. 살랑이는 바람이 나무의 잎을 간지럽히고 속삭이고 노래하려 합니다. 흐르는 물은 작은 골짜기를 지나 커다란 강을 만나기 위해 여행을 떠나고, 작은 일렁임은 커다란 물결이 되기 위해 여행을 떠나고, 작은 눈망울은 무성한 거목이 되기 위해 부단히 인내하며 노력하며 시간을 아낌없이 씁니다. 흐르는 물처럼 흘러 쌓이고 쌓여 만물이 소생한다는 봄의 출발점에서 내가 아닌 내가 되어 나를 바라봅니다. 나는 언어의 유희를 모르지만 깊고 깊은 암흑의 마리아나 해구에서 들끓는 용암으로 활화산이 되어 폭발하여 분출하는 뜨거운 용암으로 크고 작은 캔버스 위를 미친 듯이 달리며 춤추며 모든 열정과 에너지를 태우기도 합니다. 옥산(玉山) 김옥진 작가님은 저보다 깊은 마음과 저와 남다른 열정을 자신의 언어로 녹여 강처럼 고요히 누워 산처럼 우뚝 선 분입니다. 같은 듯 다른 작가의 열정과 감성의 씨앗이 활짝 피어난 처녀 수필집 발간을 진심으로 축하하며, '바람난 누드', '불타는 헤라'가 응원합니다.

HERA_NAH 헤라갤러리 관장

# 제2장 열정과 도전

　나는 지금껏 정직함과 열정을 갖고 살아왔다. 오늘이라는 날이 과거와 미래를 잇는 가장 소중한 시간 고리인 것처럼 나는 타인과 타인을 잇는 인간 고리 역할을 곧 잘한다. 이 글을 쓰면서도 나는 '오늘'이라는 시간을 행복한 순간으로 살아가고 있고, 하루하루 최선을 다해 살다 보니 공든 탑이 되었다. 좋든 나쁘든 내게 닥친 모든 상황과 나의 모든 경험은 내 소중한 자산이다. 큰 산이 티끌을 가리지 않고 큰 바다가 이슬도 가리지 않는 것처럼 나도 미물로 출발하였으나 그 끝은 든든한 옥산(玉山)의 꿈을 안고 살 것이다.

## 메모는 내 인생 나침반이자 위로

　수첩에 메모하는 습관은 내 직장생활의 밑바탕도 되었지만 내 인생의 나침반이 되었다. 필요한 내용은 물론이고, 해야 할 일과 기억해야 할 것들, 특히 마음을 울리는 인생 위로 문장을 만나면 메모했다. 나를 다독이는 글의 위로는 내게 필요하고, 내게 해주고 싶은 이야기, 어쩌면 듣고 싶은 말들이다. 오늘 나를 위로해 준 것은 어떤 글일까? 독자 모두에게도 울림이 전해졌으면 좋을 듯하다. 삶이라는 초대로 이 세상에 온 우리 모두 열정과 도전으로 살아야 하고, 그 과정에서 수많은 위기와 난관이 있기 마련인데 좋은 글귀 하나가 가져다주는 위로는 좋은 보약이며, 우리 마음을 따뜻하게 다독여 준다. 위로와 큰 울림이 전해지길 바라는 마음으로 내가 읽은 좋은 글들이 독자에게도 힘이 되면 좋겠다. 지치고 힘든 날, 치유해 줄 인생 글귀는 흔하다. '가지게 되었다면 본래가 있었던 것이고, 잃게 되었다면 본래 없던 것'이라고 한다. 무엇이든지 영원한 것은 없다는 뜻이다. 언제 어디라도 떠나야 할 여행을 준비하는 아름다운 모습을 생각하며 시간의 감옥을 벗어나기 위해 몸부림치는 것인지 아니면 시간을 즐기기 위해 시간을 운전하는 것인지 모르지만 흐름을 읽는 지혜를 공부하고, 세월의 길목을 추억하며 서성이는 것도 더 나은지 모르겠다. 삶도 사랑도. 늘 함께할 때는 그 소중함을 모르고 잃어버린 후에야 비로소 알게 된다. 영화 '그래도 삶은 계속된다.' 중에는 이런 말이 있다고 한다. "늙기 전엔 아무도 젊음이, 삶이 좋은 줄을 몰라. 죽기 전엔 삶이 얼마나 고마운 건지 모르지. 무덤에서 살아 돌아온다면 사람들은 누구나 전보다는 훨씬 더 열심히 살아갈 거야." 우리 앞에 펼쳐진 삶은 항상 풍성하게 펼쳐진 잔치 같은 것이다. 그럼에도 곧잘 삶이 아름답지도, 살아 볼 가치도 없다고 느껴지는 것은 왜일까? 그건 결코 삶이 빈약한 잔치이거나 황폐한 잔치이기 때문이 아니다. 삶에 초대된 우리들이 그 잔치를 즐기려 하지 않기 때문이라고 한다. 아무리 좋은 음식과 재미있고 볼거리가 있는 잔치라고 하더라도 우리가 흥미가 없다면 그 잔치는 결코 아름다울 수도, 재미있을 수도 없다는 것이다. 지금 나는 나를 초대한 그 잔치에 흥미를 갖고 휘파람을 불며 임하고 있느냐, 아니면 무관심해 시큰둥한 반응으로 억지로 임하고 있느냐에 따라 초대받은 삶도 즐겁고 기쁘게 살 수 있다. 작은 메모가 내 인생의 나침반이자 내 인생의 위로자라는 환상은 더 이상 환상이 아니라 현실이다.

## 관점이 운명을 만든다

생각의 차이가 만들어 내는 운명의 차이에 관한 사례는 수없이 많다. 꿈을 가진 사람과 꿈이 없다고 비관하는 사람은 하늘과 땅 차이만큼이나 큰 것이다. 또 문장을 어떻게 해석하느냐에 따라 의미의 차이는 지대하다. 이를 비유한 영어 문장을 보라. Dream is nowhere.(꿈은 아무 데도 없다.)의 문장에서 띄어쓰기를 어떻게 하느냐에 따라 그 의미는 반대가 되며, 그 의미를 부여하는 해석에 따라 운명은 달라질 수 있다. Dream is now here. (꿈은 지금 여기에 있어!). 독자들도 이미 듣거나 읽어서 잘 알고 있겠지만 시각과 해석의 차이가 운명을 바꿔놓는 글은 또 있다. Impossible! 대신 I'm possible! 독자들은 어떻게 바라볼 것인가? 내 지인 중 작은 집 등의 건축과 부동산 개발사업을 하는 분이 있는데 그의 사무실은 카페와 갤러리로 꾸며져 있다. 누가 봐도 사무실이라기보다는 카페 또는 갤러리다. 그 자체가 파격적이다. 그런데 그 갤러리의 벽에 이런 글이 있다. 미쳤다는 것은 칭찬이다. 모두가 앞으로 나아갈 때 옆으로 가보는 힘 그것은 미친 것이 아니다. 사람들이 당신에게 미쳤다고 하지 않는다면 그건 당신 생각이 혁신적이지 않다는 뜻이다. 미쳤다고 하면 그곳에는 기회가 무궁무진하다는 것이다. 미친 생각이 여럿 모이면 더 이상 미친 생각이 아닌 실현 가능한 무언가 될 수 있다. 미역에 뿌린 소금, 배추에 뿌린 소금! 똑같은 소금도 대상에 따라 완전히 달라진다. 미역에 뿌리면 팔팔 살아나고, 배추에 뿌리면 시들시들 죽어 버린다고 한다. 인생도 마찬가지다. 즐겁게 사는 사람에겐 즐거움, 불평하며 사는 사람에겐 괴로움, 지난 한 해를 되돌아보며 내 인생의 소금은 어디에 뿌려졌는가를 점검해 보게 된다. 관점에 따라, 프레임에 따라, 믿음에 따라 그 방향과 절

차 그리고 결과는 다르다는 것이다. 우리 가끔 인생 소금을 언제, 어디에, 어떻게 뿌리며 살아야 하는지 생각하자. 곧 죽는다고 사과나무 심기를 포기하기보다는 내일 죽더라도 사과나무를 심는 것은 분명히 가치 있고, 유익하며, 위대한 일이 될 것이다. 아무리 남은 시간이 짧다고 포기하기보다는 새로운 관점으로 헛되이 보내지 않도록 해야 한다. 사람의 생명이란 유구한 우주 속에서 보면 여간 짧지 않다. 그러기에 우리는 그 짧은 시간을 당당하게 하고 싶은 일을 다 하면서 새로운 관점과 새로운 시각으로 더욱 가치 있게 살아가야 하는 게 아닐까? 석가모니의 諸行無常(제행무상)이라는 말의 의미처럼 우주 만물은 생사와 인과(因果)가 끊임없이 윤회하므로, 하나의 상태로 머물러 있지 아니한다는 것, 즉 다시 말해 항상 변한다는 뜻으로 어떤 시각과 어떤 관점과 어떤 해석과 어떤 용도로 쓰느냐에 따라 운명은 달라지는 것이다. 보이는 것이 아니라 보는 내 관점이 내 운명이다. 지구의 중심은 내가 서 있는 곳이고, 내 인생의 주인공은 바로 나 자신이기 때문에 더욱 즐겁고 재미있게 살아야겠다.

## 용서는 최고의 복수

이야기 한 토막을 소개한다. 주인공 '레이디'는 양조장과 과수원을 경영하는 아버지와 함께 부유하게 살았다. 그런데 어느 날, 한 젊은이가 과수원에 불을 질러 레이디의 아버지는 불행하게도 불에 타 죽고 말았다. 세월이 흘러 성숙한 처녀가 된 '레이디'는 결혼해서 오붓하게 가정을 이루고, 귀여운 아이도 낳아서 매일매일 행복한 삶을 살아가던 중, 수년 전 과수원에 불을 질러 아버지를 죽게 한 사람이 바로 자기의 남편이었다는 청천벽력 같은 사실을 알게 된다. 그때부터 사랑은 분노로 변했고, 복수심에 불타는 심정을 감출 수가 없었다. 그로부터 얼마 후, 레이디의 남편이 불치병에 걸려서 병상에 앓아눕게 되었습니다. 이글이글 복수심에 불타던 '레이디'는 치료는 고사하고 먹을 것도 주지 않았고, 남편에게 이렇게 말했다. "아직 멀었어. 너는 고통 속에서 서서히 잔인하게 죽어가야 해." 결국 두려움에 떨던 남편은 권총으로 아내 레이디를 죽이고 자기도 자결하면서 이야기는 끝이 난다. 이 이야기는 '욕망의 이름이라는 전차', '내일은 내일의 태양이 뜬다' 등의 작품으로 우리에게 잘 알려진 미국의 극작가 '테네시 윌리암스'의 희곡 〈올훼〉의 줄거리다. "용서는 최고의 복수다."라는 말처럼 세상이 복수의 당위성으로 무장되어 있지만 용서만큼 무서운 무장은 없다고 한다. 세상을 이기는 힘은 바로 용서에서 나오기 때문이다. 내 인생 대부분을 보낸 지금의 내 직장은 무엇보다도 내 생활의 안정을 확실히 보장해 주었다. 비록 작은 조직이라고 하여도 비교적 안정적인 직장이라고 할 수 있다는 의미다. 그만큼 세파에 바람막이 역할과 안정감을 주는 직장인 것이다. 그러나 작은 조직에서도 갈등과 모함, 언쟁과 분쟁이 있을 수 있다. 어떤 것도 가장 최선의 무기는 용서와 아량이고, 사랑과 헌신이며, 봉사회 희생이다.

## 매너리즘은 '적'

직장생활이 편안할수록 안주하게 되고, 안정적일수록 도전을 미루거나, 하지 않는다는 것이 문제이다. 인간의 문제는 대부분 나의 밖에 있다고 하지만 사실은 외부 환경은 모든 사람에게 동일한 환경이고, 그런 환경을 내가 어떻게 적응하고, 극복하느냐의 문제인데, 직장이 편안하고, 안정적일수록, 즉, 위기의식이 없을수록 나는 점점 쇠락하거나, 시간을 놓치고 있다는 뜻이다. 아무리 호랑이 같은 맹수라고 해도 동물원에서 사육된다면 방사하는 순간(퇴직하는 순간) 자생력, 생존력이 없어 굶어 죽는다는 것이다. 내 인생의 문제는 타인이나 환경보다도 내 속에 있는 '나의 나' 즉, 매너리즘(타성)은 내 인생의 적이다. 놓지 않으면 다른 것을 잡을 수 없고, 비우지 않고 다른 것을 채울 수 없듯이 까부수지 않고 새로 지을 수 없고, 기존 것을 버리지 않고, 창조할 수 없듯이 타성과 고정관념이 변화와 창조를 막는다는 것을 우리는 빨리 알아야 한다. 비 오고 바람 부는 세상에는 아름다워지려고 해도 비 오고 바람 불 따름이다. 비는 나를 적시고 바람은 나를 흔들.뿐이다. 지혜로운 사람은 단편적인 상식을 무조건 맹신하는 것은 금물로 여기며, 힘이 센 장군은 지혜 있는 장군만 못하고, 지혜 있는 장군은 덕이 있는 장군만 못하다는 것이다. 지금 실패했다고 낙오자가 아니다. 아직 성공하지 못했음을 의미할 뿐이고, 또 실패했다고 성취하지 못했다는 것이 아니라 무엇인가를 새로 배웠음을 의미한다. 실패했다고 내 위신이 손상된 것이 아니라, 오히려 무엇인가 용감히 시도한 것이다. 실패했다고 틀렸다거나, 열등하다거나, 인생을 낭비했다는 것도 아니다. 더 열심히 해야 한다는 것을 의미한다. 늘 나는 실수로부터 끊임없이 배워 왔다. 두려워하는 마음 외에는 두려워할 것이 없기 때문이다. 가장 큰 적은 바로 나 자신이고, 열등감과 자포자기 역시 내 마음이다. 성공을 위해서는 인간과 사물을 보는 관점을 바꿔야만 쉽게 성취될 수 있다. 콜럼버스가 지구를 둥글게 만든 것이 아니라, 사람들의 인식과 관점을 '지구는 평평하다'는 생각을 '지구는 둥글다'는 생각으로 바꾼 것이다. 생각한 것을 모두 다 행동으로 옮길 수는 없지만 행동하는 것은 본인의 의지에 달려있다. 이문불여목견목견불여족천지(耳聞不如目見目見不如足踐之)란 말이 있다. 이 말은 귀로 듣는 것은 눈으로 보는 것만 못하고, 눈으로 보는 것은 직접 찾아가 보는 것만 못하다는 뜻인데 어떤 일이든 생각만 하기보다 실패를 두려워 말고, 도전하고 실천하라는 의미일 것이다.

## 커피는 내게 그리움이고, 사랑이며, 힐링

　사랑하는 사람들이 못 견디게 그리운 날엔 까맣게 탄 커피콩 알갱이 가루에 뜨거운 물을 부으면 커피가 빈 잔 가득 차오르는 그리움과 사랑이다. 그리워서 한 잔, 보고파서 한 잔, 쓸쓸해서 또 한 잔, 심심해서 한 잔 이렇게 마시는 커피는 온몸 가득 향으로 맺힌다. 쓴맛의 커피 한 잔으로도 그리운 이를 삼킬 수 있고, 사랑할 수 있으며, 힐링할 수 있다는 것이다. 이 선량한 커피와 사귀는 것은 마치 은은한 안개 속을 가는 것 같아 오히려 빗속을 달리는 것처럼 흠뻑 젖지도 않고, 안갯속 커피 한잔은 모르는 사이에 두뇌가 총명해지고, 가슴이 촉촉해진다. 정권을 잡는 데는 뜨거운 가슴의 동지가 필요하지만, 과거를 다스리는 데는 차가운 머리의 인재가 필요하다. 즉 뜨거운 가슴에 냉철한 머리가 필요한 것이다. 삶은 궁극적으로 자신이 만들어 나가는 것이며 그것을 적극적으로 수용할 때 인생은 더욱 즐거울 수 있는 것이다, 마치 아침에 보는 한강이 저녁의 한강과 전혀 다르게 느껴지듯이 나이에 구속되지 않는 자유로운 사고를 지닌다면 삶의 색깔은 판이하게 바뀔 것이고 새로운 세계를 접하면서 훨씬 즐거울 수 있을 것이기 때문에 삶에 대해 유연한 자세를 되찾는 계기가 되는 게 좋다. 그 어떤 관계 속에서도 커피 한잔은 삶의 촉매제가 된다. 사람들은 대부분 과정을 기다리지 않고 결과만 기대하겠지만 커피를 마시겠다고 생각하는 순간부터 커피를 마시고 나서까지 모든 과정이 힐링이고, 그리움이다. 성공 역시 백화점에서 쇼핑하듯 성공을 쇼핑하려고 하니까 그것은 이미 틀린 발상이다. 그래서 자기 밭에서 홀로 열심히 씨를 뿌리는 자가 가장 아름답다. 그 씨가 아무리 하찮은 씨앗이라 하여도 열심히 자기의 밭을 갈고 자기의 밭을 덮을 날개를 보듬는 자 그리고 땀으로 꿈을 적시는 자는 아름답다. 이 지독히 경쟁적인 세상, 남보다 특별하지 않으면 그냥 그렇다고 생각한다. 프로가 되어야 조금 명함을 내밀 수 있지 않을까? 방관자나 구경꾼이 되기보다 책임감 있는 사람으로, 항상 새로운 것에 도전하는 사람이 되고 싶다. 그러나 이 모든 게 열정과 인내심이 없으면 아무것도 이뤄지지 않겠지. 적선삼년지지자소(積善三年知之者少) 위악일일문어천하(爲惡一日聞於天下)라는 글이 있다. 이 글의 뜻은 3년 동안 선을 쌓아도 이를 알아주는 사람은 적지만 단 하루 나쁜 짓을 해도 그 소문은 온 세상에 금방 퍼진다는 뜻으로, 쌓기는 어렵지만 무너지는 것은 한순간이기 때문에 늘 돌아보며 반성하며, 작은 실수라도 조심하며 사는 것이 더 중요하지 않을까? 오늘은 쓴 커피를 마시자.

## 어렵다면 그게 '기회'다

경기가 하강 국면으로 치달으면서 침체기에 빠져 있고, 모두가 어렵다고 입을 모은다. 이럴 때일수록 과감한 발상의 전환이 필요하다. 전문가들은 그 발상도 고객에 대한 것부터 시도해 보라고 한다. 고객이 없는 기업은 생각할 수 없을 것이다. 매출의 관점에서 본다면 고객을 많이 확보하는 것도 좋지만 발상의 전환을 통해 현재 고객을 영원한 고객으로 유지해 가는 게 효과적인지 모른다. 똑같은 현상을 보더라도 남들과 달리 보고, 바꿔보고, 삐딱하게 보고, 그렇게 새로운 솔루션을 만들어야 한다는 것이다. 왜냐하면 고객은 신(神)이니까. 역량 강화를 위해서는 자기 계발에는 끝없이 투자해야 한다. 특히 경쟁이 있는 곳에는 반드시 발전이 있다. 빠르고, 비용이 들지 않고, 즉각적이고 아주 쉽게 하는 것은 바람직하지 않다. 자신에 대한 작은 약속부터 시작하라. 배우지 않고 상상만 하는 사람은 발은 없고 날개만 있는 사람이다. 자신의 성품과 역량의 결함은 생각지도 않고 단지 자신이 원하는 목적을 달성하기 위해 조작적인 전략과 전술로 다른 사람들은 도토리를 보면서도 머릿속에는 참나무를 그리며 성장할 수 있도록 도와줄 수 있는 전략이 필요한 것이다. 카우보이의 모자가 크다고 소가 많은 것 아니다. 오늘을 위해 살고 내일을 위해 계획하자. 성공하는 사람은 1%의 희망이 99%의 절망을 이길 수 있다. 개혁이란 그릇된 제도와 관행을 바르게 바꾼다는 명분으로 추진해야 성공할 수 있다고 한다. 성실하고 꾸준한 사람, 최선을 다하는 사람, 지도력 있고 솔선수범하는 사람, 창의력을 갖춘 사람, 운동을 즐기고 사회성이 뛰어난 사람, 특별한 능력을 지닌 사람이 되기 위해 부단한 노력을 해

보자. 유비와 제갈량, 예수와 바울, 부처와 마하가섭의 관계처럼 상하 관계가 아니라 상호 파트너 쉽으로 맺어지는 것이 가장 합리적이며, 상호 보완적이며, 가장 효과적이다. <타고난 보스>의 저자 데일 도튼은 저서에서 '실제로 어떤 사람이 진정한 보스를 만나면 단순히 금전(Cash) 이상으로 중요한 것들을 얻게 되는데 그것은 바로 기회(Chance)이며, 그것이 바로 변화(Change)다. 타고난 보스는 뛰어난 직원을 찾아다니고 훌륭한 직원은 위대한 보스를 찾아다니기 마련이다. 똑똑한 직원은 노예가 되려고 직장에 들어가는 게 아니라 위대한 파트너를 찾아 자기를 실현하기 위해 직장에 입사하는 것이리라. 이를 아는 보스라야 진정 위대한 보스다.'라고 말했다. 하늘과 땅은 큰 아름다움을 지니고 있지만 말하지 아니하고, 봄, 여름, 가을, 겨울은 분명한 경계가 있지만 따지지 아니하며, 온갖 것은 정해진 이치를 지니고 있지만 너스레를 늘어놓지 않는다. 천지자연은 말이 없지만 아름답고 분명하여 합당하다. 그런데 사람들 사는 세상은 왜 이리도 말만 많고 추악한가.

## 내게 주어진 사명

일은 그 일을 해낼 만한 사람에게 맡겨지며, 맡겨진 일을 제대로 해낸 사람에게는 그에 상응하는 보수가 지급된다. 맡겨진 일을 제대로 해내지도 못하면서 그 자리에 눌러 앉아있다면 그는 그 자리에 합당한 사람이 아니며, 주어진 벼슬자리를 제대로 감당하지도 못하면서 꼬박꼬박 봉록이나 받아 간다면 그는 그 봉록을 받을만한 사람이 아니다. 현재를 충실하게 사는 것이 과거에 대한 가장 훌륭한 반성이며, 현재를 충실하게 사는 것이 미래에 대한 가장 훌륭한 준비다. 처치세의방처란세의원(處治世宜方處亂世宜圓)이란 글이 있다. 이것은 잘 다스려지고 있는 때에는 반듯한 태도로 살고, 세상이 어지러울 때는 둥글둥글하게 살아야 한다. 또 계획적이고 신빙성 있는 방법론이 중요하며, 막연한 추상론은 현실적이지도, 적극적이지도 않다. 최고 지휘자는 직책을 감당할 수 있는 준비가 된 사람으로서, 광범위한 지식을 축적하고, 실행력을 가진 사람이면 좋다. 특히 많은 사람의 존경을 받을만한 덕을 겸비하고, 설득력이 있는 능변을 가지면 금상첨화이다. 개인의 영화나 가문의 영광을 위해서 노력하듯이 조직은 조직의 보스(오너)와 멤버 그리고 공급자와 수요자, 주체와 객체에 의해 조화롭고, 능률적이며, 창의적인 가치를 만들어 내어야만 한다. 일체유심조(一切唯心造)라는 고사성어처럼 이 세상의 모든 일은 마음먹기에 달렸다. 계획이 없으면 결과도 없다고 한다. 오직 하나밖에 없고 오직 하나뿐인 율로 인생이다. 하나의 어려움이 가면 다른 어려움이 또 오기 때문에 자기의 생명을 아끼고 사랑하고 보호하고 존중해야 한다. 가득 차게 되면 오히려 위태롭다. 특히 여성의 가치를 발견하고, 끌어내어 좀 더 광범위한 가치를 발견하고 고무시키는 것이 필요하다. 여성의 역할은 부인, 어머니, 누님, 애인, 딸 등 최소 4개의 프레임(정체성)이 있다. 그러나 어떤 프레임 즉 어떤 관점과 역할의 사명을 가진 브랜드가 되느냐에 따라 자신의 가치와 역할 그리고 성과는 천양지차가 된다. 사명이라는 프레임의 주인으로 살자.

## 티끌 모아 태산

　인간에게는 다섯 개의 자본이 있다고 한다. 그것은 생물학적 자본인 건강, 물리적 자본인 시간, 정신적 자본인 재능, 도덕적 자본인 신용, 경제적 자본인 금전이라고 한다. 그러나 돈을 잃어버리는 것은 인생에서 적은 것을 잃어버리는 것이고, 용기를 잃어버리는 것은 많은 걸 잃는 것이며, 건강을 잃어버리는 것은 인생 전부를 잃는 것이라고 했다. 맹자는 '무항산이면 무항심(無恒産而無恒心)이라고 했다. 경제적으로 어려워도 항상 바른 마음을 가질 수 있는 것은 뜻있는 선비만이 가능하며, 일반 백성들은 가난해지면 항상 바른 마음을 가질 수 없다는 것이다. 신은 천상을 지배하고 돈은 지상을 지배하지만 돈은 인간의 수단이지 목적은 아니다. 새가 궁지에 몰리면 쪼고, 짐승이 궁지에 몰리면 할퀴며, 사람이 궁지에 몰리면 거짓을 부린다. 예로부터 지금까지 아랫것을 궁지에 몰아넣고서도 위태로움이 없을 수 있었던 사람은 없었다. 늘 생각만으로도 힘이 되는 친구, 돌아보면 늘 그 자리에 있는 친구야 말라 평생 친구다. 언제나 위로와 격려가 되는 친구 말없이 바라보고 있어도 마음속의 말을 모두 들을 수 있는 친구처럼 내가 언제나 당신 곁에 있다는 것을 기억해야 한다. 주는 자가 받는 자보다 복이 있다. 힘을 모아서 경쟁력을 쌓아온 한국도 이제는 창조적인 개인들의 능력을 통해서 새로운 경쟁우위를 확보하는 노력이 필요하다. 선비가 되든 백성이 되든 각자의 선택이지만 현대사회에 있어서 일과 배움은 불가분의 관계이다. 특히 책이나, 강의로 배우기보다는 일하며 배우는 '온 더 잡 트레이닝'(OJT, 직무교육)은 가장 효과적이고, 현실적인 '배움'이다. 즉 일 속에서 의미와 재미를 찾으면 늘 최고의 배움이 되는 것이다. 먼저 해야 할 일부터 하면 뒷일도 반드시 잘 풀리지만, 뒤에 해야 할 일부터 먼저 손을 대면 앞뒤 모두를 망치게 된다. 즉 무슨 일이든 순서에 따라 하면 수월하게 진행되고 쉽게 목적을 달성할 수 있다. 하루 계획은 아침에 짜고 일 년 계획은 연초에 짠다. 필자는 평생 메모를 해왔다. 그 메모가 내 직무 수행의 기본이었고, 내 삶의 지표가 되었으며, 그것이 원고가 되어 쓴 것이 이 책이다. 한 방울의 물이 모여 도랑이 되고, 냇물이 되며, 강이 되고, 바다가 되듯이 동전을 모든 돼지 저금통이라도 모이면 은행이 된다. 티끌을 우습게 보는 것은 산도, 은행도, 강도 우습게 보는 것이고, 그런 사람은 그냥 죽을 때까지 티끌일 뿐이다.

## 삼라만상의 조화

자연의 들판이 아름다운 것은 올망졸망한 꽃들이 서로 다르게 피어나기 때문이고, 오케스트라 소리가 웅장한 것도 서로 다른 악기가 한데 어우러지기 때문이다. 우리는 추억이나 향수 없이 살 수 없다. 꽃밭에 가보면 누가 부르지 않아도 벌과 나비가 날아든다. 그런데 벌과 나비가 있는 곳에 분뇨를 뿌리면 똥파리가 날아들기 마련이다. 이 말은 곧 그 자리에 놓여있는 모습이 현재의 내 모습이다. 나는 누가 만들어 주는 게 아니라 내가 만들어 가는 거다. 복더위에 일을 열심히 하면서도 그 일에 빠져들지 않는 사람, 일에 눈멀지 않고 그 일을 통해서 자유로워진 사람, 자신의 존재를 있는 그대로 받아들이지 못하면 불행해진다. 남과 비교하지 말라. 억지로 꾸미려 하지 않는다. 아름다움이란 꾸며서 되는 것이 아니다. 본래 모습 그대로가 그만이 지닌 그 특성의 아름다움이 아니겠는가? 일과 휴식은 인간의 삶을 지탱해 가는 두 산맥이며, 일을 열심히 하는 사람만이 아니라, 휴식을 멋지게 취할 수 있어야 한다. 말은 의사소통의 구실을 하지만 때로는 불필요한 잡음의 역기능도 하고 있다. 묵언, 할 말은 해야 한다. 미덕이 아니라 비겁한 회피, 비겁한 침묵, 절절한 체험, 아름다움이란 떨림이요, 기쁨이다. 생떽쥐베리의 '어린 왕자'에 나오는 글이 있다. "네 장미꽃이 그렇게 소중한 것은 그 꽃을 위해 네가 소비한 시간 때문이야." 똑같은 물을 마시는데도 소가 마시면 우유를 만들고, 뱀이 마시면 독을 만든다. 나, 너 사이에 우리 육신을 묶은 허물로 비유하면서 죽음을 조금도 두려워하지 않노라. 삶은 한 조각 구름이 일어난 것이요, 죽음은 한 조각 구름이 스러지는 것이다. 올망졸망 꽃들이 수다를 떠는 것처럼 보이지만 각자의 경우와 특성에 따라 살아가고 있는 것이 삼라만상이다.

## 지혜가 삶을 윤택하게 한다

괴테는 '사람은 적어도 하루에 한 번은 노래를 듣고, 좋은 시를 읽고, 아름다운 그림을 봐야 한다. 그리고 가능하다면 논리적인 말을 몇 마디씩 해야 한다.'고 했다. 누구의 눈을 닮고 누구의 코를 닮은 얼굴보다 평범하거나 좀 못생겼다고 하더라도 어쩐지 맑고 지혜롭고 따뜻한 마음이 느껴지는 사람, 만나면 만날수록 그 사람만의 향기와 매력이 느껴지는 내면이 아름다운 사람이야말로 이 세상을 아름답게 할 사람들이다. 인간의 본성은 늘 나약하기에 노래와 시와 좋은 말을 들어야 위안을 받고, 자존감이 생기며, 살아야 할 분명한 이유를 갖게 되는 것이다. 특히 진정 아름다운 사람은 좋은 말을 나누고, 노래를 부르며, 자신은 물론, 상대가 즐거울 수 있도록 노력한다. 우리는 죽음을 한치도 예측할 수 없는 인간이지만 때로는 자기도 모르게 지상에서의 마지막 행동을 하게 되는 인간은 강한 것 같으면서도 사실은 얼마나 무력하고 유한한 존재인가. 사람의 향기와 매력도 미소와 웃음, 시와 노래, 긍정적인 말과 행복감이 있으면 그만큼 아름답다. 그 외에도 가끔은 일부러 시간을 내서라도 죽음에 대하여 묵상함으로써 좀 더 겸허하고 온유한 하루하루를 살아야 할 것이다. 나무는 고요해지려고 하나 바람이 기다려 주지 않고, 자식은 효도하려 하나 부모가 기다려 주지 않는다고 한다. 또 잡은 물고기에게 미끼를 주지 않지만, 어항이나 연못에서 기르는 물고기는 분명히 모이를 준다. 빛이 밝으면 그림자도 진하다. 일 자체를 사랑하면 그 행복은 소유와 성취에서 오는 것이 아니라 아름다움을 발견하는 마음의 눈에 있다. 모든 걸 당연하게 여기고 어제의 습관적인 눈으로 바라본다면 아무리 좋은 일이 있어도 결코 행복을 느낄 수 없을 것이다. 비슷하게 되풀이되는 습관적인 일상의 반복에서 삶에 녹이 스는 것이다. 사람은 저마다 따로따로 자기 세계를 가꾸면서도 공유하는 만남이 있어야 한다. 거문고 줄은 서로 적당한 거리를 두고 있어 아름다운 소리를 내는 것이지 함께 붙어있으면 소리를 낼 수 없다, 행복은 더 말할 것도 없이 절제에 뿌리를 두고 있다. 사람끼리 만나는 일에도 이런 절제가 있어야 한다. 행복이란 가슴속에 사랑을 채움으로써 오는 것이고 신뢰와 희망으로부터 오고 따뜻한 마음을 나누는 데서 움이 튼다. 좋은 친구는 인생에서 가장 큰 보배이다. 친구를 통해 삶의 바탕을 가꾸고 살아가며, 게처럼 꽉 물고 놓지 않으려는 마음을 갖고 싶고, 또 게 발처럼 뚝뚝 끊어버리고, 아무런 것에도 구애

받지 않고 편한 마음으로 살고 싶을 때도 많다. 마음의 찌꺼기들을 쓰레기통에 버리고, 게 다리처럼 뚝뚝 잘라 쏟아버릴 수만 있다면 얼마나 좋을까? 결국 지혜가 삶을 윤택하게 만들 수 있다는 확신이 필자의 생각이다.

## 소중한 세월의 조각

너무나 중요한 오늘이라는 세월의 조각을 맞이하고서 시선과 마음은 멀리 그리고 높이 바라보고 있어야 하기에 언제 어디라도 떠날 때를 준비하고, 아름다운 뒷모습을 생각하며 세월의 길목을 추억하며 서성이면 삶은 고즈넉 해진다. 이 세상에 영원한 것은 없으며, 세월의 흐름을 읽는 지혜를 공부해야 한다. 사라지는 것이 얼마나 당연하고 바로 코앞에 와 있는지는 우리 자신만 느끼고 있지 못할 뿐, 오늘이란 너무 평범한 날인 동시에 과거와 미래를 잇는 가장 소중한 시간이다. 비 오고 바람 부는 세상에 비는 우리를 적시고 바람은 우리를 흔들 뿐이지만 그래도 우리는 인간이기에 매우 특별하다. 죽음을 한치도 예측할 수 없는 인간이 때로는 자기도 모르게 지상에서의 마지막 행동을 하는 무기력하고 유한한 존재일 뿐, 거창한 결단이나 요란한 구호보다는 생활 속의 작은 실천이 중요하다. 생각한 것을 모두 다 행동으로 옮기기는 어렵지만 행동하는 것은 본인의 의지에 달려있다. 지혜는 늘 자신을 멀리 둘 때 생기는 것이며, 힘이 센 장군은 지혜로운 장군만 못하고 지혜로운 장군은 덕이 있는 장군만 못하다. 늘 우리는 실수로부터 배워야 한다. 넓은 집에서 살고 싶다고 벽도 없이 지붕부터 올릴 수 없는 것처럼 순서와 과정은 결과를 얻기 위한 필연적이다. 성공은 쇼핑이 아니라, 나와의 부단한 전쟁이라고 한다. 큰 적은 바로 나 자신이기에 세상을 바라보는 관점을 바꿔야 한다. 콜럼버스가 지구를 둥글게 만든 것 아니라, 평평하다는 생각을 둥글다는 것으로 관점을 바꾼 것이다. 창조적인 노력을 기울여 변화하지 않고 그저 맨날 불평만 한다면 아무것도 나아지는 것이 없다. 역경과 어려움에 도전하는 사람에게는 그 도전과 역경은 하나의 과정일 뿐 결코 장애가 될 수 없다고 한다. 마크 트웨인은 멋진 칭찬을 들으면 그것만 먹어도 두 달은 살 수 있다고 했다. 아름다운 말에는 향기가 분명히 있다. 한 사람을 이해하는 것은 진정으로 어려운 일이라는 걸 잘 알기 때문이다. 상대편은 내가 아니므로, 나처럼 되라고 말하지 말고, 늘 따뜻한 가슴과 순수한 열정으로 하루를 채워가자. 지혜롭고 총명함은 머리를 쓸 때가 아니라 마음을 쓸 때 발휘되는 것이기에 오늘이라는 세월의 조각을 소중히 만들자.

## 삶은 순간이니 기다리지 말고 저질러라

감성이 가득한 필자는 가을이 되면 가을 가을한 소녀가 된다. 가을이 훔친 사랑은 바람결부터 다르다. 가을이 노래한 것은 투명한 시냇물이고, 가을이 그린 그림은 파란 하늘의 구름이다. 가을이 빠진 사랑은 나뭇가지에 앙상하게 달린 잎부터 다르다. 가을이 속삭이는 것은 설익은 단풍이고, 가을이 만든 상처는 떨어진 낙엽이리라. 가을밤은 포도주 적시는 소리처럼 아름답고 시월의 마지막 밤을 기다리는 나는 패티킴 노래를 LP판으로 들으며 사색에 잠겨본다. 역시 나는 나이가 들어도 감성 충만한 소녀인가 보다. 앙상한 나뭇가지의 가을 잎이 미련을 남길 때까지 나는 삶이 익어가는 모습만 생각했었다. 가을은 겨울이 지나는 듯한 움츠림이 아니라, 새로운 봄을 위해 마지막 열정을 태우는 계절인 것처럼, 가을은 혹독한 겨울을 견디기 위한 예행연습이 아닐까? 앙상한 나뭇가지가 을씨년스러운 늦가을에도 시간이 분명히 존재하고 있고, 겨울이 가을을 몰아내기 전에 혹 여행을 떠나고 싶을 때가 많다. 그러면 가을이 남긴 사랑을 노래한다. 노래를 부르면 삶은 선, 면, 마디의 연속처럼 봄, 여름, 가을, 겨울로 윤회하며 이어진 사랑의 노예가 된단다. '얇은 사 하얀 고깔은 고이 접어서 나빌레라' 조지훈의 시를 연상하게 만드는 너울거리는 선과 면의 디자인을 만나면 선의 예술인지 예술의 선인지는 모를 사랑이 꿈틀거린다. 너울거리는 곡선의 감성은 내 가슴을 두근거리게 만드는 사랑일지도 모른다. 보이는 게 사랑이고, 만나는 가을 풍경이 나를 꿈꾸게 하니, 나이가 들어도 삶은 열정이다. 우리는 시간의 화살을 타고, 시간의 방향과 시간의 속도를 디자인하는 주인으로 살아야 하는지도 모른다. 내가 찾는 사랑은 도대체 어디에 있을까? 사람과 시간과 공간이 함께하는 사랑은 파도의 포말처럼 사라지는 것인가? 누가 말했다. 'Life is about moments. Do not wait for them, just create them.' 삶은 순간일 뿐, 기다릴 게 아니라 들이대서 만들어야 한다고.

## 위기의식은 최고의 자산

경제 상황이 너무 어렵다고 입을 모은다. 이럴 때일수록 과감한 발상의 전환이 필요하다. 우선 고객에 대한 것부터 시도해 보자. 고객이 없는 기업은 생각할 수 없을 것이다. 영업적 측면에서 본다면 고객을 많이 확보하는 것도 좋지만 발상의 전환을 통해 현재 고객을 영원한 고객으로 유지해 가는 게 효과적인지 모른다. 똑같은 현상을 보더라도 남들과 달리 보고, 바꿔보고, 삐딱하게 보고, 뒤집어 보는 것이 필요하다. 특히 경기가 어려울수록 충성고객은 가장 소중하며, 그런 고객은 신(神)이다. 돌아가신 삼성 이건희 회장의 말이 생각난다. '지금이 진짜 위기다. 글로벌 일류 기업이 무너지고 있다. 삼성도 어떻게 될지 모른다. 앞으로 10년 내에 삼성을 대표하는 사업과 제품은 대부분 사라질 것이다. 다시 시작해야 한다.' 싱가포르의 리센룽 총리와 한국 매체와의 인터뷰 기사를 본 적이 있다. '왜 이렇게 작은 싱가포르가 아시아 4마리 용(한국, 대만, 홍콩, 싱가포르) 중 유일하게 가장 빨리 선진국에 도달하고, 끊임없이 진화하고, 진보해 온 이유가 무엇인가'에 대한 물음에 "우리는 너무 작은 나라여서 아무리 어제 성공했다고 하더라도 금방 망할 수 있습니다. 따라서 싱가포르가 계속해서 성공할 수 있었던 원인은 '금방 망할 수도 있다'는 '위기의식'입니다"라고 말했다. 리 총리는 기업도 우리 인생도 마찬가지다. '부자가 3대를 못간다'는 말처럼 늘 풍족하고, 넘치면 타성에 젖어 위기의식을 상실하게 된다. 그것이 폭망의 지름길이다. 비커에서 서서히 데워지는 개구리보다 끓는 물에 넣은 위기를 알아차린 개구리가 뛰쳐나와 생존하게 되는 것과 같은 이치다. 늘 위기의식으로 고객을 신처럼 모시게 되면 정말 어려울 때는 그 위기 탈출의 디딤돌이 되는 것이 바로 그 충성고객들이다. 김영삼 정부 시절 경기 좋다고 흥청망청 쓰면서 위기의식 없이 경제를 운용한 대한민국이 IMF 구제 금융으로 연명하며 어려웠던 것은 우리나라가 '위기의식의 실종'이 만든 것이다. 고객을 신으로 모실 때 그 고객은 특히 그 기업이 어려울 때 도와주는 진정 충성고객이 된다는 의미다. 따라서 지속 가능한 매출과 수익 시현을 위해서는 늘 위기의식을 갖고 기업을 경영하는 것이다.

## 필링&센스, '촉'이 중요하다

　촌음을 아껴 자연스럽고, 점진적이고, 매일매일 순차적으로 단계를 밟아 가는 것은 성공적인 자기 계발의 최선이자 지름길이며, 경쟁이 있는 곳에 반드시 발전이 있다. 쉽고, 빠르고, 비용이 들지 않고, 성급한 자기 계발은 바람직하지 않으며, 성공적인 자기 계발을 위해서는 자신에 대한 작은 약속부터 시작해야 한다. 현재를 충실하게 사는 것이 과거에 대한 가장 훌륭한 반성이며, 현재를 충실하게 사는 것이 미래에 대한 가장 훌륭한 준비다. 전부가 아니면 전무인 이분법 시각은 위험한 발상이며, 도토리를 보면서도 머릿속에는 참나무를 그리며 성장할 수 있도록 도와줄 수 있는 마음으로 고객과 교감해야 한다. 오케스트라 소리의 조화처럼 기업경영에서도 고객의 만족감을 끌어내는 교감 마케팅, 고객과 적극적으로 교감하고, 이들을 통해 급변하는 Trend를 감지해야 시장에서 뒤지지 않는 것이다. 이미 세계는 '생산의 시대→기술 정보의 시대→감성의 시대'로 접어들었다. 고객에게 더 친근하게 다가가는 감성의 시대에는 남다른 서비스로 고객의 니즈를 만족시켜야 살아남을 수 있다. 물질을 넘어 '교감'이 사회 인프라가 되는 시대로 진화되고 있다. 마부작침(磨斧作針)이란 말이 있다. 도끼를 갈아 바늘을 만든다는 말로 아무리 어려운 일이라도 꾸준히 하면 안 되는 일이 없다는 뜻이다. 내 본성에 충실한 삶, 능동적인 삶, 이것 아니면 저것, 좋은 것과 나쁜 것을 잘 파악해야 한다. 그것은 촉이라고 할 수 있다. 고객은 원하는 것이 무엇인지 우리에게 명쾌하게 말해주지 않는다. 혁신이 성공하려면 고객을 제대로 이해하는 것이 무엇보다 중요하다. 그러기 위해서는 촉이 가장 중요한 도구이며, 그 촉은 감성의 영역이다. 한 사람이 꾸면 그냥 꿈이지만 모두 함께 꾸면 현실이 된다. 골프에서도 '드라이버샷은 쇼이고, 퍼팅은 머니(Money)다.'라는 말이 있다. 그러나 드라이버든 퍼팅이든 기본은 Feeling & Sense가 중요하다. 필링 & 센스는 즉 '촉'이라고 하는 것이며, 감성의 다른 말이기도 하다. 감성 시대를 주도하려면 촉의 진화가 필수다. 소통하는 감성 파이프라인으로 참 주인 되어 사업 성공이나 멋진 직장인이 되는 것이다. 필링 & 센스가 내 삶의 재산이다.


## 웃음은 에너지

노블리스 오블리제란 높은 사회적 신분을 가진 자일수록 그에 상응하는 고도의 도덕적 의무를 져야 한다는 말이다. 모두 어렵고 힘든 시기, 긍정의 힘으로 많이 웃으면서 책임감과 지혜로, 이 더운 여름 잘 극복해야 회사 발전에 도움이 된다. 전설적인 자동차 판매왕 조지라드는 '웃음은 고객의 지갑을 열게 한다'고 말한다. 그가 고객들에게 보낸 엽서의 내용은 바로 'I Like you.' 감성마케팅으로 고객의 마음을 사로잡는 것이다. 고객의 마음을 사로잡는 감성마케팅! 오늘 소중한 사람에게 '나는 당신이 그냥 좋아요'라고 웃으며 말하면 긍정의 힘으로 웃음이 넘치고 성공의 꽃이 핀다. 누가 얘기했던 말이다. '연탄재 함부로 발로 차지 마라. 너는 누구에게 한 번이라도 뜨거운 사람이었느냐?' 훌륭한 교육 기회를 누린 사람으로서 자긍심과 사회에 대한 책임감을 지니고 열정적인 삶을 살되 미움과 교만을 버리고 다른 사람을 배려하며 더 좋은 세상으로 만들기 위해 힘써야 될 것이다. 그리고 적절한 유머와 시종일관 품위를 유지하는 일도 중요하지만 때로는 완벽주의자가 되려는 생각에서 벗어나야 할 필요가 있다. 자신을 재충전하는 시간도 가져야 가족에게도 충실하고 일에도 집중할 수 있다. 가끔 신 앞에서는 울고, 사람 앞에서는 웃어야 하는 것도 능력이자 에너지가 된다. 하루를 살아도 행복하게 살며, 홍분을 가라앉힐수록 평온한 기운이 온몸으로 퍼져 나간다. 마음이 평온해지면 어떤 상황에서든 침착하게 행동하게 된다. 늘 어떤 사업이든 들어갈 때보다 출구전략이 중요하다. 출구전략(exit strategy)이란 좋지 못한 상황에서 벗어나는 수단이라는 말이다. 정부가 취할 수 있는 출구전략은 금리 인상과 정부의 지출축소 그리고 채권 매각과 세원을 확대하는 정책의 실시, 그리고 그런 규제를 강화하여 과잉 공급된 통화를 환수하는 것이 핵심이다. 그러나 오만가지가 다 있어도 사회생활과 직장생활의 인간관계에 있어 유머가 없으면 허당이 된다. 이제 유머는 리더의 필살기이며, 유머는 타고 나는 게 아니라 후천적 스킬이 된 시대에 살고 있다. 따라서 리더들의 가장 강력한 무기는 바로 '말'이며, 상대방을 설득하기 위해 호감을 줘야 하고 호감을 주려면 인문학적 지식과 교양 그리고 유머가 필수다. 내가 전혀 미소 짓고 싶지 않은 사람에게도 한 번쯤 다가가 미소를 지어 보자. 자신의 미래와 자신의 건강을 위해 그렇게 해야 한다. 또한, 어제의 일로 후회하지 말며, 당장 일어나지 않는 일로 근심하지 말아야 한다. 웃으면 에너지도 능력도 높은 사람이다.

## 벽! '기회의 문(門)'이다

 힘든 시련 속에서도 목표를 향해 차근차근해 나가다 보면 행복과 보람이 찾아온다는 뜻의 우공이산(愚公移山). 즉, 남이 보기엔 어리석은 일처럼 보이지만 한 가지 일을 끝까지 밀고 나가면 언젠가는 목적을 달성할 수 있다는 뜻인데 우리는 꽉 막힌 벽이라고 느끼는 상황에서 사람에 따라 벽이라고 생각하는 사람과 그 벽도 문이 될 수 있다고 생각하는 사람과의 차이는 대단하다. '난 말이야 넘지 못할 벽은 없다고 생각해. 아니 오히려 뛰어오르라고, 도전하라고 벽은 높이 솟아 있는 게 아닐까? 벽 앞에서 절망하고 되돌아서는 이들을 위해 한번 덤벼들어 보라고, 주저앉지 말라고, 반드시 뛰어넘어야 한다고 벽은 말하고 있는 거야. 그래서 벽은 높고, 두껍고, 강하고, 오만한 것처럼 보이는 거지. 이 세상 어떤 벽도 하늘 위까지 막혀있진 않아. 그러니까 넘을 수 없는 벽이란 없는 거야.' 벽이 있어 더 높이 더 멀리 넘을 수 있는 문이 되는 것이다. 세월도 마찬가지다. 되찾을 수 없는 게 세월이니, 작은 일이나 의미가 없는 일에 시간을 낭비하지 말고, 순간순간을 후회 없이 살아야 한다. 인간의 끝없는 욕심으로 아무리 많이 가져도 만족할 줄 모르기 때문에 끝 없이 그 벽을 넘으려고 해도 그 욕망의 크기만큼 또 다른 벽이 끊임없이 나오는 것이다. 따라서 벽이 문이라는 생각을 깨는 일과 그 벽을 즐기는 마음 그리고 벽이 문이라는 관점의 변화가 가장 중요한 것이다. 행복은 마음에서 우러나오는 것이다. 가졌다고 가진 것만큼 행복한 것이 아니며, 가난하다고 불행하지도 않다고 생각한다. 그렇다고 가난은 결코 미덕도 아니며, 가진 것이 많든 적든 생각의 크기와 생각의 모양과 생각의 결을 다르게 하며 살아가는 덕을 닦는 것이 중요하다. 진정한 부자는 금전과 재산이 많은 것이 아니라, 상황을 즐길 줄 아는 사람이 잘사는 사람이다. 벽은 단절의 문제가 아니라 극복의 대상일 뿐이며, 기회의 문이다.

## 베르사체의 좌절

　패션 명가 베르사체가 승승장구하던 창업주 잔니가 피살된 후 상황 변화에 적응하지 못한 가족들의 경영 실패로 쇠락의 길 걸어온 도나텔라 베르사체는 어느 해 이탈리아 밀라노에 있는 테아트로 베르사체의 무대 뒤에 서 있었다. 남성복 패션쇼를 막 끝낸 뒤였다. 조각 같은 몸매는 여전했고 머리카락도 늘 그렇듯 백금색으로 빛났다. 그러나 몇몇 패션 잡지 편집인과 친구들이 그녀에게 정중하게 축하 인사를 건넸지만 오래전 베르사체 패션쇼와는 초라한 광경이었다. 파파라치 앞에서 그녀와 함께 포즈를 취할 유명 인사들도, 몰려드는 관객을 제지할 경호원들도, 샴페인 잔을 들어 축하해 줄 지인들도 없었다. 전체적으로 맥 빠지고 측은한 기분이 들게 하는 행사였고, 뭔가를 홍보하려는 속임수처럼 보였다. 이런 썰렁한 분위기는 창업주인 잔니 베르사체가 사망한 후 이 패션업체의 몰락을 의미했다. 잔니 베르사체의 화려한 패션 아이템들은 몸치장으로 부를 과시하려는 사람들에게 인기가 높았고, 잔니의 유명 인사 친구들과 호화스러운 생활방식도 그들의 관심을 끌었다. 베르사체는 구찌와 조르지오 아르마니, 루이 뷔통 같은 대형 명품 브랜드 반열에 진입할 수 있었지만 도나텔라는 심각한 마약중독에 빠졌고, 사업과 디자인을 이상한 방향으로 이끌었다. 경쟁 패션업체들이 세계적 브랜드로 뻗어나가는 동안 베르사체는 매출이 급감했다. 아무리 장래가 촉망되고 성장하는 기업도 오너 리스크를 피할 수 없는 것이다. 삼성 이재용회장도 박근혜 대통령 탄핵과 관련 오랫동안 감옥생활과 함께 공개적, 공격적 활동을 할 수 없었다. 그 사이 반도체 1위는 대만의 TSMC에 현격히 뒤지고 말았다. 경영자의 공백이 얼마나 큰가를 깨우쳐 준다. 가정도 기업도 국가도 주인이 버티고 있어야 든든하다는 것은 자명한 일이다.

## 실패는 인생 교두보

실패가 성공의 열쇠라는 건 많이 들어봤을 것이다. 영국의 유서 깊은 '베어링스 은행'은 1995년, 일본 주식에 투자했다가 13억 달러(현재 가치 기준 약 1조 4000억원)라는 거액을 날린 한 직원에 의해 하루아침에 허무하게 파산하고 만다. 이 사건으로 인해 '악마의 손'이란 별명까지 붙었던 파생상품 담당 딜러 닉 리슨은 지금 그 대가를 치르며 비참한 삶을 살았을까? 아니다. 그는 은행들을 다니며 무모한 투자의 위험성을 경고하는 강연을 하며 지냈는데 1회의 강의에 1만 달러를 받을 만큼 인기 강사로 많은 수입을 올렸다. 값비싼 실패를 한 그에게 사람들이 앞다투어 배우려고 하는 이유는 뭘까? 실패는 두 얼굴을 하고 있다. 즉, 계속 두면 더 큰 실패가 되지만 실패를 교두보로 거울삼아 배우면 성공의 초석이 되기 때문이다. 그런

데 이처럼 실패가 성공으로 이어지기 위해서 규칙이 있다. 먼저 실패가 숨거나 왜곡되지 않도록 드러내야 하고, 반복되지 않도록 해야 하며, 더 나아가 이를 활용해 성공의 초석으로 삼을 수 있도록 활용해야 한다 실패, '누가'가 아니라 '왜'를 먼저 물어야 한다. "이거 대체 누가 그랬어? 당장 담당자 데려와!" 조직 내에서 실패가 발생하면 가장 먼저 듣는 말 아닌가? 이처럼 실패 이후에는 책임추궁부터 하는 경우가 많아 사람들은 이를 숨기기 급급하게 된다. 하지만 실패를 성공의 기회로 만들기 위한 첫 단추는 '책임추궁'이 아닌 '원인 규명'이며, 실패가 가려지는 것을 피하려면 책임자를 비난하는 대신 오히려 격려하는 것이 좋다는 거다. 트위터의 본사에는 로비에 이렇게 적혀 있다고 한다. 내일은 더 나은 실패를 하자(Let's make a better mistake for tomorrow.) 이는 실패가 새로운 창조의 초석이 된다는 것이다. 전설적인 홈런왕 베이브 루스. 그는 통산 714개의 홈런을 쳤다. 그런데 그는 홈런 수의 2배 가까운 1300개 이상의 삼진을 당했다. 만약 베이브 루스가 삼진을 당하지 않기 위해 풀 스윙을 하지 않았다면, 그가 과연 위대한 홈런왕이 될 수 있었을까? 인류의 밤을 밝혀준 전구를 발명한 에디슨. 1000번째 도전에서 성공한 후 그는 이야기했다. 나는 999번의 실패를 한 것이 아니라 전구가 켜지지 않는 999가지의 이유를 안 것이라고. 이처럼 위대한 성공과 창조는 실패 없이는 불가능하다. 전쟁에서도 승리를 위해서는 반드시 교두보가 있어야 한다. 교두보는 다리를 엄호하기 위하여 쌓은 보루이며, 침략하기 위한 발판을 비유적으로 이르는 말이다. 실패는 우리 인생의 보루이며, 실패를 감사하게 생각하면 실패가 아름답게 보이고, 또 실패를 감사하게 생각하면 궁극적으로 행복해진다. 어제는 지나갔고 내일을 알 수 없다. 그러니까 우리는 바로 오늘을 살아야 한다. 그래서 지나간 실패는 보루이자 재산이다.

## 인내가 정답

매일 날씨가 맑으면 사막이 된다. 비바람은 거세고 귀찮은 것이지만 그로 인해 새싹이 돋는다. 내 앞에 비바람이 불 때 나의 소임이 무엇인가를 되물으며 참고 견디면 좋은 날이 반드시 온다. 지금 힘들다면 더 힘든 시절을 생각해 보고 지금 힘들다면 더 힘든 사람을 생각해 보자. 우리들의 굴곡이 많은 삶은 비, 바람이 지나면 맑은 날이 반드시 온다. 아무리 힘들어도 절대 자신을 포기하지 마라. 마음 편하고 행복한 길은 얼마든지 있다. 정말 힘들 때는 인내하라, 그것이 답이다. 어제 좋았던 것은 오늘이면 시들고, 오늘 부족한 것은 내일이면 더 영글어질 수 있기에 인내를 하는 것은 능력이고, 재능이며, 필수품이 아닐까! 똑같이 천재였지만 완전히 다른 삶을 살았던 피카소와 고흐의 차이에 대해 고민해 보면 둘 다 천재계열이지만 피카소는 사회와의 관계를 잘 맺으며, 인내와 인내를 거듭하여, 그 사회를 극복하고, 당대에 성공한 삶을 살았고, 고흐는 평생 한 점의 작품만 팔았으며, 인내하지 못하고, 자신을 학대하며, 실망과 절망에 절어 고독하게 죽어갔다. 인간의 성공에 있어 인내와 타협이 얼마나 중요한 것인지 알 수 있는 두 사람 인생이다. 그뿐만 아니라, 사회와의 연결(소셜 네트워크)이 얼마나 중요한가를 말해주는 단면이다. 특히 현재를 살아가는 데 있어서 사회적 관계망의 활용과 SNS 활동은 삶의 가장 기본이 되었다. 제레미 리프킨이 얘기한 '소유의 종말'도 원제목은 "The age of Access"다. 즉 '접속의 시대'라는 것이다. 이미 디지털 인프라와 디지털 플랫폼이 너무 잘 되어 있는 시대이다 보니 누구나, 언제, 어디서나 억세스할 수 있는 최적의 환경에 살고 있다. 오히려 인스타나 페이스북을 하지 않는 사람이 이상할 정도이다. 직장이나 조직의 간부가 되면 자신의 직무뿐만 아니라 네트워킹 능력이 아주 중요하게 된다. 즉, 연구, 개발, 관리 등 자신이 담당하는 업무에 대한 전문성도 중요하지만, 관련 부서 구성원들과의 소통 및 네트워킹 능력을 갖추어야 한다. 흔히들 과장급 직원을 "에스프레소", 즉 양은 적고 쓰지만 활용은 무궁무진하다. 에스프레소처럼 과장들로 각 조직에서 다양하고 중추적인 역할을 하는 사람들과 단소정한(短小精悍)이란 사자성어의 의미처럼 작은 것이 정밀하고 세차다. 우리는 이제 인내와 활발한 사회 활동이 현대사회의 성공과 밀접하게 연결되어 있다는 것을 깨우쳐야 한다.

## 재테크와 우(友)테크

집이 대궐 같아도 잘 때는 여덟 자일뿐이고, 논밭이 수만 평이 어도 하루 쌀 한 되면 살 수 있으니, 소주에 어울리는 안주를 놓고 삶을 쏟아내어 보자. 멀리 있는 친구도 좋지만 지금 내 옆에 이야기 나눌 수 있는 사람이 진정한 친구가 아닐까? 길든 짧든 우리 인생에서 진정 내 마음을 거울처럼 비춰줄 수 있는 그런 친구가 있다면 행복할 수 있다. 친구야 놀자. 이 빠르고 험한 세상, 인생의 길목에서 따뜻한 커피라도 한 잔 마시며, 추억을 나누며 웃을 수 있고 힘든 일 있어도 들어 줄 친구가 있어서 나는 전혀 외롭지 않다. 사랑도, 정도 가득 차면 넘치고, 비우면 채울 수 있다. 친구야, 힘들어도 슬퍼하지 말고, 든든한 친구와 놀자. 우리는 소중한 것들을 잃고 나서 후회하는 경우가 많고, 작은 실수 하나 때문에 좌절할 수도 있다. 그러나 진정한 친구가 있다면 그 자체만으로 든든해지는 것이다. 때론 나보다 여유롭고, 똑똑하고, 행복하고, 잘생기고, 더 유명한 친구가 있어도, 친구이기 때문에 나는 풍성해지고, 부자가 된다. 힘든 상황에서도 친구와 좋았던 일이 많고, 당장 눈앞이 아니라, 조금 더 멀리 보면서 친구와 먼 인생길을 갈 수 있어서 좋다. 내일 일은 내일 생각하고, 어떤 사정이 닥쳐도 친구가 있어 나는 놀랄 것 없이, 걸릴 것 없이, 든든하게 나는 길을 간다. 남에게 보여주는 삶이 아니라 스스로 가슴을 펴고, 험한 세상을 여유롭게 살아가는 삶의 여정을 선택하자. 처염상정(處染常淨)의 의미처럼 세속에 물들지 않고 항상 맑고 깨끗하게 살아가는 삶, 즉 연꽃처럼 도도한 자태로 살려고 노력하고, 힘들 땐 친구가 있으면 좋다. 재(財)테크에 쏟는 시간과 노력의 몇 분의 일만이라도 세상 끝까지 함께할 친구를 드는 우(友)테크 시대다. 친구가 있다는 것은 행복하게 사는 전략이다. 오늘도 누구를 만날까? 친구(友)야 놀자.

## 행복은 습관이고 선택이다

먼저 웃고, 먼저 사랑하고, 먼저 감사하는 것은 늘 삶을 아름답고 풍요롭게 가꾸어 주는 소중한 밑거름이다. 살아가면서 가장 아름다운 일은 누군가의 배경이 되어주는 일이며, 자신은 뒤로 물러서고, 상대를 주연으로 대우해 주는 것이다. 별을 빛나게 하는 까만 하늘처럼, 꽃을 더욱 돋보이게 하는 무딘 땅처럼 상대를 존중하고, 내세우는 것이야말로 진정한 가치가 아닐까? 타인의 허물은 덮어서 다독거리고 내 허물은 들춰서 다듬고 고치는 것이 가장 나를 위한 것이다. 내 삶에서 가장 행복했던 날은 바로 오늘이며, 그것이 내 삶의 가치를 극대화하는 시작점이다. 우리네 마음은 수천 개의 채널이 있다. 우리가 선택하는 채널대로 순간순간의 우리가 따로 존재하는 것이다. 분노를 켜면 자신이 분노가 되고, 평화와 기쁨의 채널을 켜면 우리 자신이 평화와 기쁨이 된다. 무엇을 남기며 얼마나 가치 있게 살 것인가를 생각하면 내가 가지고 떠날 것은 하나도 없다. 더 바라지도 않고 더 위하지도 않고, 작은 것에 행복할 줄 아는 눈빛으로 서로를 지켜주면 행복할 것이다. 직장생활을 통해서 받은 월급은 내가 받았지만 아무리 저축해도 죽을 때 가져가는 영원한 내 돈이 될 수 없다. 먹을 것과 집이 있으면 굿 이너프다. 생로병사 역시 너무 걱정할 필요가 없다. 어차피 자연의 섭리이기 때문이다. 돈은 수단일 뿐이고, 절대 돈이 목적이 되지 말아야 한다. 이 세상에서 제일 행복한 사람은 단 한 사람에게라도 사랑을 받는 사람이다. 이 세상에서 진실한 친구가 한 사람이라도 있는 사람은 행복한 사람이다. 이 세상에서 가장 아름다운 사람은 마음씨가 따뜻한 사람이다. 이 세상에서 가장 부유한 사람은 가슴이 넉넉한 사람이다. 이 세상에서 가장 착한 사람은 먼저 남을 생각하는 사람이다. 이 세상에서 가장 필요한 사람은 삶을 성실히 가꾸는 사람이다. 이 세상에서 가장 행복한 사람은 세상을 긍정적으로 생각하는 사람이다. 내 소망도 느낌과 의지대로 자연스럽게, 그리고 단순하고 평범하게 사는 것이다. 그 누구도 내 삶을 대신해서 살아줄 수 없으므로, 나는 나답게 살고 싶다. 빨리 가고 싶으면 혼자 가야 하지만 멀리 가고 싶으면 함께 가야 한다고 한다. 행복은 선택이고 습관이다.

## 가장 공평한 선물 '오늘'

누구에게나 늘 공평하게 찾아오는 선물은 '오늘'이다. '오늘'은 그 자체만으로도 우리 삶의 아름다운 미래로 가는 길목이자 최고의 인생 선물이다. 사람들은 누구나 아침에 눈을 뜨면 새로운 오늘을 맞이하고, 하루를 설계하는 사람의 모습은 한 송이 꽃보다 더 아름답고 싱그러운 것이다. 열광하는 삶보다 한결같은 삶이 훨씬 더 아름답다. 또 사람은 누구에게나 배운다. 부족한 사람에게는 부족함을 배울 수 있고, 넘치는 사람에게는 넘침을 배울 수 있다. 오늘은 그래서 아름답고, 소중한 보물이자 행복이다. 특히 오늘은 사람과의 관계에 있어서 '남'이 아니라, '나'와 같다. '나'를 남과 비교해 내가 가지지 못한 것을 찾아내고, 나를 깔보고, 질책하고, 나를 바보 취급하고, 때론 나의 능력을 과소평가하고, 시도해 보지도 않고, 포기해 버리는 경우가 많다. 내 삶을 바꾸는 힘은 내 안에 있는데, 내 안에는 상상할 수 없는 많은 힘이 내재해 있는데, 정작 내 안에 있는 것들은 살펴보지도 않고 남의 것에 눈을 돌리게 된다. 오늘은 내 안에 있는 것들을 살펴보며, 내 속에 무엇이 감춰져 있는지, 내가 무엇을 희망하고 있는지 알아보자. 에드워드 로렌초가 주창한 나비효과란 무시할 만큼 작은 변수지만 전혀 다른 결과를 일으킬 수 있다는 것을 말하는데 이렇게 나로부터 출발한 것이 내 운명과 세상을 바꾼다. 모든 이로움은 자기만 생각하는 이기심에서 오지만 모든 행복은 남을 먼저 생각하는 배려심에서 온다. 고요하게 흐르는 물줄기처럼 마음속에서도 철저히 부드럽게 흘러가는 편안함이 있다면 바로 그것이 행복이다. 사막이 아름다운 건 그 가운데 샘이 있어 그렇듯, 세상이 아름다운 건 사람 간의 훈훈한 인정이 있기에 그렇다. 캄캄한 밤하늘에 여전히 빛을 발하는 별빛처럼 우리 사는 세상 어느 한구석에선 오늘도 자기의 할 일을 묵묵히 해나가는 사람들이 있다. 그들이 있기에 세상은 향기로운 것이다. 남의 조그만 허물을 꾸짖지 않고, 비밀을 발설하지 않으며, 남이 저지른 잘못에 시비 걸지 않는 것은 우리의 허물에 상처를 아물게 만드는 것이다. 심산유곡에 피어 있는 한 송이의 난초가 온 산을 향기롭게 하듯이 그들의 선행과 따스한 말 한마디가 이 세상을 따뜻하게 만드는 것이다.

## 포기는 진짜 실패

미국 소매협회 한 조사에 의하면 세일즈맨 중 48%는 단 한 번 권유하고서 포기하고, 두 번 권유하는 사람은 25%, 세 번 권유하는 사람은 15%, 그러나 세일즈맨 중 12%만이 네 번 이상 권유한다고 응답했는데, 그러나 놀랍게도 네 번 이상 권유한 12%의 세일즈맨이 전체 판매량의 80% 이상을 차지했다는 사실이다. 즉 포기가 실패라고 한다. 이런 글도 읽은 적이 있다. "지금 실패했다고 자신이 실패자가 된 것을 의미하지는 않는다. 지금의 실패는 자신이 아직 성공하지 못했음을 의미할 뿐이다. 지금 실패했다고 자신이 아무것도 성취하지 못했다는 걸 의미하지 않는다. 실패는 자신이 무엇인가를 새로 배웠음을 의미할 뿐이다. 지금 실패했다고 자신의 위신이 손상된 것을 의미하지 않는다. 실패는 자신이 무엇인가를 용감히 시도했음을 의미할 뿐이다. 지금 실패했다고 당신이 틀렸다는 것을 의미하지 않는다. 실패는 자신이 목표를 이루기 위해 다른 방법으로 그 일을 해야 하는 것을 의미할 뿐이다. 지금 실패했다고 자신이 열등하다는 것을 의미하지 않는다. 실패는 자신이 신과 같은 완전한 존재가 아님을 의미할 뿐이다. 지금 실패했다고 자신의 인생을 낭비했다는 것을 의미하지 않는다. 실패는 자신이 더 열심히 해야 한다는 것을 의미할 뿐이다. 지금 실패했다고 자신이 이제 포기해야 된다는 것을 의미하지 않는다. 실패는 자신이 더욱 열심히 해야 한다는 것을 의미할 뿐이다. 지금 실패했다고 자신이 결코 해낼 수 없음을 의미하지 않는다. 실패는 시간이 더 오래 걸릴 뿐임을 의미할 따름이다. 지금 실패했다고 신이 자신을 버렸다는 것을 의미하지 않는다. 실패는 다만 신이 더 좋은 계획을 갖고 있음을 의미할 뿐이다." 참 가슴에 와닿는다. 마쓰시타 창업자 마쓰시타 고노스케는 "나는 실패한 적이 없다. 어떤 어려움을 만났을 때 거기서 멈추면 실패가 되지만 끝까지 밀고 나가 성공을 하면 실패가 아니기 때문이다."라고 말했다. 실패 후에 좌절하느냐 혹은 다시 일어서느냐 하는 것이 성공과 패배를 결정함을 알 수 있다. 골프 퍼팅에서도 과감한 도전과 용기가 실패를 줄이고, 성공 확률을 높이는 말이 있다. 네버 업(never up), 네버 인(never in)의 원칙을 많이 강조한다. 이는 골프에서 퍼트할 때 홀 컵을 지나칠 정도로 과감하게 치지 않으면 공은 절대로 홀 컵에 들어가지 않는다는 의미이다. 회사 경영도 다르지 않은 것 같다. 리스크를 무릅쓰고 도전해도 실패할 수 있지만 시도하지 않는다면 성공할 가능성은 아예 없다. 네버 업(never up), 네버 인(never in)은 골퍼 중 90%가 짧게 퍼팅하는 경향에서 비롯된 골프 법칙인데 사람들은 실패가 두려워 과감히 도전하지 못하는 사람이 많기 때문이다. 도전이 없으면 성공은 없다는 것은 너무나 자명하다.

## 찐 부자는 시간 부자

태어나서 죽을 때까지 우리는 짧다면 짧고, 길다면 긴 세월을 생존한다. 그러나 긴 인생 여정에서 사람의 마음은 간사하기 이를 데 없어서 늘 화장실 갈 때 마음과 나올 때 마음은 다르다고 한다. 미물에 불과한 파리 한 마리도 간사한 모습을 흔히 볼 수 있다. 불빛 찾아 창문 틈으로 어렵게 들어온 파리도 금방 그새 나갈 곳을 찾아서 온 방을 헤매고, 발버둥 치는 것이다. 우리가 지금 어렵게 선택해서 가고 있는 길도 잘못 들어온 것을 깨닫게 되면 비로소 새롭게 지혜가 생기고 밝은 눈을 갖게 되는 것이다. 그토록 바라던 것이 결국 우리가 찾던 그 유토피아가 아니라 감옥이라는 걸 알아차리는 데는 오래 걸리지 않는 것이다. 극심한 현대 경쟁 사회의 기업에서 가장 중요한 자원은 사람이고, 기업은 인간의 잠재력을 찾아내고, 증가시키는 일이다. 자연적으로 시대의 변화에 따른 시대정신에 맞는 핵심은 학벌 위주에서, 능력 위주로 사회적 요구사항 변환되었고, 다시금 능력 위주 사회에서 즐길 줄 아는 관계 능력이 핵심 가치가 되었다. 돈이 많은 부자 보다, 시간이 많은 사람이 진정한 부자다. 어제에 연연하지 말고 오늘을 즐길 줄 아는 사람 즉 함께 세월을 즐길 줄 알고 시간을 나누는 것은 지혜의 영역이어서 심신을 여유롭게 만들고, 삶을 윤택하게 만드는 진정한 부자가 될 수 있다. 그뿐만 아니라, 인간관계는 난로처럼 너무 가깝지도 너무 멀지도 않게 하는 것이 즉 가깝지도 않고, 멀지도 않게 불가근불가원이 가장 이상적인 관계일 것이다. 백범 김구가 즐겨 사용하던 말 중 서산대사의 선시(禪詩)가 있다. "설야중거불수호난행금일아행적수작후인정(踏雪野中去不須胡亂行 今日我行蹟遂作後人程)" 즉 "눈 덮인 들판을 걸어갈 때 어지러이 걷지 말라. 오늘 나의 발자국은 뒷사람들의 이정표가 된다." 이는 앞서간 사람이 소비한 시간의 결과이며, 앞서간 사람의 시간을 누리는 뒤따르는 자는 시간 부자이자 진짜 부자라는 걸 의미한다.

◆ 솔직 담백한 진심의 글귀들

　누구나 현재를 살아갑니다. 내가 살아온 시간은 유형이든 무형이든 현상으로 나타내는 것을 현실이라고 합니다. 특히나 가지고 있던 꿈을 현실로 이루었다면 꿈을 성취했다고도 하지요. 김옥진 작가가 걸어왔던 삶과 도전 그리고 성공을 인생의 전환점에서 담담하게 그려내는 삶과 현실의 대타협, 화려하진 않지만 솔직담백하고 진심으로 써 내려간 글귀에 제 마음도 어느새 어우러져 갑니다. 김옥진 작가의 첫 수필집 출간을 진심으로 축하드리며, 감성 담아 써 내려간 글귀 한 자 한 자 소중하게 마음에 넣어봅니다.

문성우 카펜터

# 제3장 편견과 위로

　편견은 감정과 감정의 일그러진 소산이다. 그래서 편견은 삶의 상수이자 삶은 편견을 푸는 함수다. 편견이 있다는 것은 내가 살아있다는 증거이고, 열정이라는 에너지를 가득 안고 있다는 것이다. 삶의 편견에 마주친 일들, 위로받게 된 사람들, 그리고 수많은 일들을 겪으며, 어쩌면 너무나 당연한 편견에도 감사하는 마음을 가지게 되는 날, 나는 편견을 버리고 질곡의 시를 쓸 것이다.

## 분노와 오만

　참을 인(忍) 글자 세 개가 살인을 막는다는 말이 있다. 일희일비하지 않고, 세상사에 대하여 자기의 감정을 비우라고 하는 말이다. 세상은 원래 당연히 그런 것이고 나 자신도 똑같은 경우에 똑같을 수 있다는 것을 인정하는 아량이 필요하다. 여유가 생기면 상대방 입장을 알고 이해할 수 있게 되고, 상대의 말을 편견 없이 받아들이게 된다. '그럴 만한 사정이 있을 것이다' 라는 개연성에 대한 이해가 격정을 다스려 평생 후회할 잘못을 막는 평범한 마음 자세다. 결론은 이 세상과 인간에 대해 미안해하라는 것이다. "내가 감히 무엇에 성낼 수 있겠는가. 분노는 오만이다. 겸허한 영혼은 분노할 수 없다. 분노조차 부끄럽게 받아들여라. 쑥스럽게 웃어버려라. 자기가 없다면 분노도 없다는 걸 명심하라. 분노가 관리되지 않으면 자기 자신은 존재할 수 없다. 분노가 인간을 삼킬 테니까." 그러나 분노가 극에 달했을 때, 혼자의 힘으로 해결될 수 없는 상황이 도래하기도 한다. 폭력은 증오심과 복수심의 표출이므로, 싸움 도중에 '죽인다' 는 위협성 발언이 계속되면 경찰에 신고하거나, 외부 도움을 받아야 한다. '화는 우리를 피 토하게 하고 죽게 할 수 있다.' 틱낫한 스님의 말이다. 맞고 들어온 아들을 보고 화가 나지 않는 부모는 없다. 개인의 상황과 성숙도에 따라 천차만별의 반응이 나타나겠지만, 단순 무지하게도 아이에게 부모가 편들어 줄 테니 싸워 이기라고 하며 주먹을 휘두르라고 하는 경우가 많다. 아무리 자식이 끔찍해도 생각 있는 부모라면 결코 있을 수 없는 일이다. 이 같은 분노 표출은 극히 부적절하고 세련되지 못했을뿐더러 치명적이다. "화내기보다 화를 조절하는 모습을 보이는 것이 진짜 카리스마"라고 주장한다. 안팎으로부터 끊임없이 감정 상하는 자극과 도전을 받는 것이 대부분 리더의 환경이다 보니 이런 상황에서 어떻게 반응하느냐에 따라 자질이 평가될 수 있다는 말이다. 그렇지만 치미는 화를 조절하는 일은 결코 말처럼 쉽지 않다. 화가 나면 사고능력을 관장하는 대뇌피질의 기능이 현저히 떨어지기 때문이다. 이른바 '화 나면 눈에 보이는 게 없기' 십상이다. 그렇다고 무조건 화를 꾹꾹 눌러 참는 것도 좋지 않다. 1998년 미국 미시간대학에서 중년남성 537명을 4년간 추적 조사해 보니 '화를 터뜨리는 것(Anger-out)과 반대로 화를 삭이는 것(Anger-in), 양쪽이 똑같이 위험하다'는 결과가 나왔다. 조사 시작 시점에는 모두 정상혈압이었지만 4년 후 104명이 고혈압으로 진행됐다. 화를 내거나 삭이는 지수가 1씩 올라갈 때마다 양쪽 모두 고혈압 발병 가능성이 12%씩 커졌다. 이는 화를 조절할 줄 아는(Anger-controlled) 사람들의 2배 수치였다. 화는 함부로 표출되거나 무조건 억제되기보다는 세련되게 조절되어야 한다. 스피엘베르거는 분노의 표현 양상을 표출, 억제, 통제의 세 유형으로 나눴다. 분노 표출은 화가 나면 겉으로 드러내는 것으로 욕하고 화난 표정을 짓고 말다툼과 과격한 행동을 보인다. 분노 억제는 화가 나면 오히려 말을 하지 않거나 사람을 피하고 남을 비판하는 경우다. 분노 통제는 화가 난 상태를 자각하고 조절하면서 진정시키는 다양한 방법을 찾아내는 것이다. 리더의 감정은 전염성과 확산 속도가 빠르고 그 파급 영역 역시 넓기에 리더는 분노를 통제할 수 있어야 한다. 실지로 화를 내지 않기로 유명한 사장님 한 분은 화가 나면 무조건 화장실로 가서 손부터 씻는다. 찬물에 손을 씻다 보면 때로 기가 막혀 너털웃음이 나오기도 하고, 왜 이런 일이 발생했는지 혹은 어떻게 수습해야 할지 등이 떠오른다고 한다. 산책하거나 호흡을 가다듬는다는 분들도 계신다.

## 봄은 일탈 에너지

세월이 나에게 알려준 확실한 교훈은 늘 화려한 가을 다음에는 겨울이 있다는 것과 겨울 다음에 반드시 봄이 있다는 사실이다. 특히 시간의 속도가 우리가 상상하는 것보다 훨씬 빠르다는 것은 시간이 흐를수록, 남은 시간이 짧을수록 더욱 빠르게 느껴진다. 돋아나는 새싹처럼 하얀 목련 꽃망울도 추운 겨울을 견디어 왔으며, 잔잔한 파도는 노련한 뱃사공을 만들지 못한다. 무덥고 뜨거운 여름을 지나야 결실의 가을이 오고, 가을 상념은 계절과 동행하며, 시선은 가을이 만든 은행 나뭇잎에 서성거리고, 꿈과 이상을 담은 현실은 가장자리를 배회할 뿐 오늘은 서투른 시를 쓰고 싶다. 집

나간 내 마음을 손으로 잡았는데 내 손에는 없고, 놔줬는데도 내 손안에 있다. 불러도 오지 않고, 버렸는데 곁에 있다. 늘 세월은 계절을 몰며, 동구 밖에서도 가슴 속에서도 그 존재를 숨긴 적이 없다. 가을은 잊혀진 계절이 아니라 추억의 계절이 가을이다. 겨울은 늘 휴식과 봄에 대한 기대를 주며, 봄을 준비할 시간을 준다. 삶은 주어진 환경과 부딪히는 사람과 사물들 그리고 사건들의 적나라한 모습이다. 우리는 겨울이 되어서야 반성할 기회가 오고, 어쩌면 시련을 극복하는 과정이 겨울이기에 겨울은 소중하다. 어두운 밤이 늘 밝고 새로운 아침을 위해 존재하듯이 겨울에는 지긋이 눈 감고 차분히 음악을 들어보자. 파페라 가수 조쉬 그로반의 "PER TE"를 듣다 보면 열정이 샘솟는다. 인생에 예행연습은 단 한 번도 허용되지 않으며 하루하루가 각본 없는 새로운 쇼다. 반복되지도, 되감을 수도 없다. 그러니까 그 하루하루의 쇼가 계속되도록 모든 가치 있는 행동에 최고라고 생각해야 한다. 삶은 절대 리허설이 아니니, 지금 삶을 즐겨야 하는 게 아닌가! 겨울을 벗어나려는 봄의 일탈은 그 자체만으로 신비롭고, 소중하다. 요술 방망이로 세월의 프레임을 깨면 그 터진 속살이 새로운 세상을 맞이한다. 새 봄의 시작은 생산적, 미래 파괴이며 필수요소이다. 삶은 부딪히는 많은 문제에 대한 선택과 결정을 강요하지만, 멍때리는 여행길에서 그 강요의 압박은 사라진다. 아무리 바쁘고 치열해도 기존 관념을 망치로 깨고, 일상을 벗어나면 그곳이야말로 내 안식처다. 봄에는 잘 익은 포도주 한 모금 머금고, 새로운 일탈을 꿈꾸자. 늙은 인생도 없고, 늦은 시간도 없다. 하루하루는 생각하기에 따라 참으로 찬란하다. 시간도, 강물도, 세대도, 포도주 익듯이 숙성된다! 새로운 무대의 봄은 일탈의 에너지다.

## 뿌린 대로 거두는 삶

역경 속에서도 중심을 잃지 않고 꿋꿋하게 살아가는 사람이야말로 인간 승리의 표본이다. 이 세상에서 가장 아름다운 사람은 늘 남을 칭찬하고, 남에게 봉사하며, 존중하고, 배려하는 사람이다. 남을 비아냥거리지 말고, 남이 말하는 중간에 말을 낚아채는 사람, 악수하면서 눈은 딴 곳으로 보는 사람, 항상 남들이 나보다도 조금은 더 훌륭하다고 생각하면 실수가 없다. 남들보다 가난한 게 절대 못나서가 아니다. 오늘 걷지 않으면 내일은 뛰어야 하고, 사람은 태어날 때 즐거움의 욕구를 타고 난다. 사람은 그래서 즐거운 일을 많이 하고. 즐거운 일을 많이 할수록 건강해진다. 남자는 여자의 일생은 기억하되 나이는 기억하지 말고, 여자는 남자의 용기는 기억하되 실수는 기억하지 말라고 한다. 이는 아마도 남녀 사이에 또는 부부 사이에 서로 할 말은 하고, 하지 말아야 할 말들을 가려서 해야 서로의 관계는 친근하고, 신뢰가 생기기 때문일 것이다. 또 남편의 목표가 높고 클수록 아내의 기대도 커지고, 아내의 소망이 클수록 남편의 번뇌는 더

커진다고 한다. 그뿐만 아니라 이익과 먹이가 있는 곳에 대부분 함정과 적이 있고, 영광이 있는 곳에 상처가 있다. 달릴 준비하는 마라톤 선수가 옷을 벗어 던지고 무슨 일을 시작할 때는 잡념을 벗어 던져야 한다. 남을 좋은 쪽으로 이끄는 사람은 사다리 같다. 자신의 두 다리는 땅을 딛고 있지만, 머리는 높은 곳에 있다. 행복의 모습은 불행한 사람의 눈에만 보이고, 죽음의 모습은 병든 사람의 눈에만 보인다고 한다. 웃음소리가 나는 집에는 행복이 와서 들여다보고, 고함이 들리는 집에는 불행이 가득 차게 된다고 한다. 황금의 빛이 마음에 어두운 그림자를 만들고 애욕이 빛이 마음에 검은 그림자를 만든다. 어떤 이는 가난과 싸우고, 어떤 이는 재물과 싸운다. 가난과 싸워 이기는 사람은 많으나, 재물과 싸워 이기는 사람은 적다고 한다. 누구나 다 성스러운 성인이 될 수 있지만, 진정 성인이 되는 사람이 잘 없는 이유는 자신을 버리지 않기 때문이라고 한다.

## 변화는 선택 아닌 필수

 빠른 성장을 외치지만 조금 천천히 가더라도 멀리 가려면 더불어 가는 것이 상생과 지속적인 성장을 할 수 있다. 특히 일이나 사회봉사 활동을 통한 세상과의 연결고리를 하루하루 만들고, 취미생활을 통한 자아실현을 이루며, 가족과 친구를 만드는 것처럼 사회를 위해 좋은 일을 하면 기업 발전은 저절로 따라온다. '기업에 중요한 것은 매출이나 이익이 아니라 가치관이다. 그것은 마라톤도, 골프도, 사랑도, 우리들의 삶도 모두 같은 것이다. 어제가 다르고 오늘이 다른 게 우리가 사는 세상이다. 진정한 성공과 행복은 타인과의 관계와 신뢰 속에 이루어진다. 비즈니스도 라이프 스타일에 따라 스펙트럼이 변화한다. 노후 준비 트렌드가 바뀌면서, 비즈니스 종류와 방향도 달라지는 것이다.' 돈이면 된다'에서 '일도 있어야 한다', '자식에게 물려준다'라는 고정관념에서 자신이나 자식을 위해 '다 쓰고 죽는다'로 바뀌고 있다. 성공적인 노후생활을 위해서는 돈뿐만 아니라 시간, 가족관계 등에서도 체계적이고 현실적인 관리가 필요하다. 사람들은 모두 자기가 가장 관대하다고 생각하고, 자신이 희생하고 있으며, 상대를 존중하고 있다고 생각한다. 그러나 어쩌면 그조차도 자신의 고집이자 프레임인지 모른다. 이런 말이 있다. "옹고집인 당신, 꼭 관을 봐야만 눈물을 흘리고, 죽어 봐야만 저승을 아는가? 때로는 가슴 안에 사랑도 죄가 될 수 있다. 때로는 가슴 안에 우울도 꽃이 될 수 있다." 우리와 우리 주변의 모든 건 변화하고, 변화한다. 그 변화가 운명을 바꾼다고 한다. 따라서 운명을 바꾸겠다면 자신을 깨고, 버리지 않으면 어려운 것이다. 시대에 따라, 상황에 따라, 실리에 따라, 인간은 끊임없이 변하고, 또 변모를 시도한다. 그러나 그 변화와 변모의 속도와 방향, 크기와 모양에 따라 그 결과는 전혀 다르게 나타난다. 그래도 아찔한 속도로 바뀌는 세상, 하는 데까지 해야 한다. 아무리 힘이 들수록 끝까지 가야 하지 않을까?. 가다 막히면 쉬고, 쉬다 보면 길이 보이게 되지 않을까?

## 세월이 주는 치유의 선물

저소득층 희망 나눔 사업도 작은 일일 수 있지만, 지역 희망 공헌사업은 가장 넓고, 깊고, 긴 소중한 가치가 있다. 나는 지역 희망 공헌사업을 위한 MOU을 체결하고 늘 이를 존중하며 살아왔다. 생활 공감 정책은 경제(세금, 주택, 교통 등) 복지, 교육, 안전 등 국민 일상생활과 밀접히 관련 각종 정책이다. 그러나 작지만 가치 있는 생활 공감 정책 아이디어를 발굴하고, 불합리한 제도 개선하며, 새로운 서비스를 제공하는 정책에 관한 사항이 대상이다. 양적인 경쟁보다는 지역별로 영업 기반을 철저하게 다져나가는 질적인 고객 확대를 도모하는 것 또한 생활 공감 정책이며, 이 또한 소중한 가치를 지닌 것이다. 이 세상에서 가장 행복한 삶은 모든 걸 긍정적으로 헌신하고, 봉사하며 살아가는 것이 아닐까? 또 평생 공부의 부지런함을 빼놓을 수 없다. 더 좋은 정보를 더 빨리 전달하기 위해 늘 공부하고, 연구·분석. 무슨 일이든 열심히 꾸준히 하는 사람을 당하기 어렵다. 특히 정보가 넘치는 시대인만큼 남보다 더 부지런해야 한다. 은행도 PB(프라이빗 뱅킹)가 갖추어야 할 자질은 농업적 근면성, 끊임없는 학습 그리고 꾸준히, 열심히 하는 것이 축적된 지식과 경험의 소중한 가치를 가지게 된다. 늘 동료들과 소모임을 만들어 그룹스터디를 해오며, 잔잔한 파도가 노련한 뱃사공을 만드는 게 아니라, 험한 파고와 풍랑이 최고의 뱃사공을 만든다는 것을 익혀왔다. 몸이 아플 때는 먹는 약도 있고 바르는 약도 있는데 마음이 아플 때는 응급실에 갈 수도 없고, 기도밖엔 약이 없다. 누구를 원망하면 상처가 된다는 것을 알기에 가만히 가만히 내가 나를 다독이며 기다리다 보면 조금씩 치유가 되고, 아픔은 슬그머니 사라지고 만다. 이것이 세월이 나에게 준 최고의 선물임에 고맙게 생각한다. 지역 금융의 작은 정책에도 경우에 맞게 처방하고, 열정과 헌신으로 성취해 온 많은 일들이 현재까지도 지속되고 있다는 것만으로 뿌듯하다.

### 편견의 질곡

새가 궁지에 몰리면 쪼고, 짐승이 궁지에 몰리면 할퀴며, 사람이 궁지에 몰리면 거짓으로 상대에게 죄를 뒤집어 씌운다. 예로부터 지금까지 아랫것을 궁지에 몰아넣고서도 위태로움이 없을 수 있었던 자는 없었다. 일반 남성들도 은퇴하고도 남을 나이임에도 아직도 사회 활동하고 있는 사람에게 '대단하다'라고 말하는 사람들이 많다. 그것은 그 사람이 대단한 것이 아니라 그 사람을 대단하다고 말일뿐만 아니라, 그 사람을 대단하게 보는 사람이 정말 대단한 사람인 것이다. 내가 여자로 태어나 보내던 내 학창 시절의 한국 사회는 여성들이 자신의 견해를 당당하게 내세우며 살아가는 지금과는 전혀 다른 훨씬 보수적인 사회였다. 그 시절 여성들의 사회 활동은 지극히 제한적이고, 편협한 사회였기 때문이다. 여자는 그저 시집만 잘 가는 게 최고의 성공이라는 생각이 사회 전반에 자리 잡고 있었다. 지금은 여성들의 사회 활동이 자유롭고, 거의 대등하게 되었지만, 심지어 아직도 여성에 대한 편견과 프레임에 갇혀 세상의 다양한 존재 가치를 옹호하기보다 여성의 사회 진출과 성공에 대해 냉소적이고, 못마땅한 반응을 보이는 사람들이 많은 것이다. 책임자는 사람들이 좋고 옳다고 하여도 반드시 살펴보아야 하고, 사람들이 악하고 나쁘다고 하여도 반드시 살펴보아야 할 것이다. 정권을 잡는 데는 뜨거운 가슴의 동지가 필요하지만 일을 도모하는 진정한 인재는 뜨거운 가슴에 냉철함을 가진 차가운 머리의 인재 필요한 것이다. 이뿐만 아니라, 인생이란 비밀번호를 맞춰서 여는 자물쇠와 같으며, 여기서 비밀번호는 성공적인 인생을 위한 올바른 사고방식과 행동 양식의 조합을 의미하는 것이다. 이 편견의 질곡에서 벗어나 건강하고 행복하게 잘 산다는 것은 시인 천상병 시처럼 '아름다운 이 세상 소풍 끝내는 날'까지 삶은 궁극적으로 자신이 만드는 것이며, 그것을 적극적으로 수용할 때 인생은 더욱 즐거울 수 있으니, 마치 아침에 보는 한강이 저녁의 한강과 전혀 다르게 느껴지듯이 편견을 버리고 나이에 구속되지 않는 자유로운 사고를 지닌다면 삶의 색깔은 판이하게 바뀔 것이고, 새로운 세계를 접하면서 훨씬 즐거울 수 있다고 생각한다.

## 인내와 억누름의 조화

이 책을 읽는 독자들의 생각은 어떤지 모르겠지만 필자에게 인내는 내 삶의 전부였다고 생각한다. 그러나 인내와 억누름은 엄연히 다른 것이므로 나도 몰래 인내와 억누름을 착각하며 살아오지 않았는지 모르겠다. 억누름이란 글자 그대로 알고자 하지 않고, 다른 생각을 하거나 다른 곳을 보거나 다른 소리를 듣거나 하여 현재의 대상을 회피하거나 방향을 돌림으로써 문제가 해결된 것으로 생각하는 것이다. 자신을 희생하고, 억누르며 회피하는 것이 해결되었다고 착각하는 것이다. 그러나 인내란 대상이 좀 더 분명해질 때까지 참고 기다리며 지켜보는 시간과 지혜라고 할 수 있지 않을까? 오랜 직장생활에서 자연스럽게 생긴 억누름과 인내의 소용돌이는 늘 성공과 실패의 갈림길에서 갈등의 회전 교차로였던 것 같다. 책임자가 되기 전에는 성공이란 그저 자기 자신의 성장만을 의미한다고 생각했다. 즉 성공은 나의 성과, 나의 실적, 나의 개인적인 기여에 달려 있다고 판단했다. 책임자가 되고 난 뒤의 성공이란 다른 사람을 키우는 것에 좌우된다고 생각한다. 성공은 나를 위해 일하는 사람이 더 영리해지고 큰 그릇이 되도록, 또 더욱 대담해지도록 키워주는 일을 통해 달성된다고 잭 웰치가 말하지 않았는가? 그는 리더가 되기 전에는 '그 사람 일 잘한다'로 평가받지만, 리더가 되고 나서는 '그 부서 실적이 좋다'로 평가받기 때문에 따라서 리더는 어떻게 하면 내가 뛰어나 보일까 고민하는 것이 아니라, 어떻게 하면 '우리 팀원들이 성장하고, 일을 더 잘할 수 있도록 만들까'를 주로 고민해야 한다는 것이다. 나는 잭 웰치의 생각에 전적으로 공감한다. 리더와 직원의 역할과 책임은 때로는 정반대가 될 수 있으며, 각자 인내와 억누름으로 각기의 직무를 수행한다. 지난날을 되돌아보면 후회도 많지만 결국은 삶이 인내와 억누름의 연속이 만들어 내는 조화의 예술이라는 생각이 든다. 나도 이제는 예술가가 될 때가 되지 않았을까?

## 최고의 컨디션 유지

컨디션은 기분에 따라, 건강에 따라, 환경에 따라, 사안에 따라 오락가락하는 것이 보통이지만 나는 항상 최고의 컨디션을 유지하도록 노력한다. 최고의 컨디션은 사적인 교류에서는 물론 축구 등의 스포츠와 기업에서도 상대방과 같은 조직의 직원 그리고 고객을 위한 최소한의 예의이자 자세다. 고객을 대하는 마음과 생각은 보이지 않는 서비스이고, 고객을 응대하는 말과 태도는 보이는 서비스이다. 보이는 것과 보이지 않는 가치는 둘 다 중요하다. 돈 쓰는 것도 나는 인색하지 않으려고 한다. 돈 쓰는 것을 보면 그 사람이 어떤 사람인지 알 수 있다. 인색한 사람은 부모든 자식이든 멀어질 수 있다. 돈을 잘 쓰면 그 돈이 그 사람을 빛나게 하고, 돈에 인색하면 사람들과 더 좋은 관계로 발전하기 쉽지 않다. 다른 사람의 부탁에 잘라서 할 수 없다고 단언하지 않도록 노력한다. 나는 무엇이 잘못됨에 걱정이나 불평하기보다는 해결책을 찾으려고 시도한다. 아이스크림이 아무리 달콤해도 낚시 갈 때 아이스크림이 아니라 물고기가 원하는 미끼를 가져가는 것처럼 좋은 사람을 얻으려면 내 주장만 하지 말고 상대방이 원하는 것으로 채워주는 게 우선이라고 한다. 회사의 업무나 책임에 대하여도 나는 불평하기보다는 해결책을 찾으려고 시도한다. 어려움을 해결하는 데 있어 난관에 부딪힐 때 좋은 친구는 언제나 내 인생에서 가장 큰 보배다. 친구를 통해 문제에 대한 조언을 얻고, 때로는 도움을 받으며, 또 삶의 바탕을 가꾼다. 실패는 성공하는 사람에게는 과정일 뿐 결코 장애가 될 수 없다. 내가 여자라고 나는 여자로만 머물지 않았다. 여자이기에 더욱 프로가 되기 위해 노력해 왔다. 전체를 보는 시야를 갖고, 남과 비교하지 말고, 새로운 생각 즉 세상을 보는 관점, 사고 틀인 Paradigm(패러다임)을 바꿔보자. 인간은 환경에 따라 적응하는 능력이 뛰어나다. 그저 주어진 삶이 아니라 매일 매일이 도전인 가슴 뛰는 삶을 설계하여야 하며, 특히 생물학적 자본인 건강, 물리적 자본인 시간, 정신적 자본인 재능, 도덕적 자본인 신용, 인내 자본인 성실을 늘 염두에 두며 살아야겠다고 다짐해 본다. 필자는 최고의 컨디션이 최고의 결과물을 만들고 최고의 삶을 만드는 것은 부인할 수 없다.

## 침묵하는 연습

 누구에게나 한 번뿐인 짧은 삶을 위하여, 슬픈 일들은 서로 감싸주고, 즐거운 일들은 서로 나누거나 사랑하기에도 모자라는 시간이기에 아낌없는 마음과 그 뜨거운 마음으로 오늘을 살자. 나이 들며 생각하니 만사가 아무것도 아니고, 걱정이 태산 같으나 한번 소리쳐 웃으면 그만이다. 인생사 공수래공수거로 모두 빈손으로 왔다가 빈손으로 가는 것이니 좀 어리석어 보이더라도 침묵하고 싶을 때가 많다. 그 이유는 많은 말을 하고 난 뒤일수록 더욱 공허를 느끼기 때문이다. 많은 말이 얼마나 사람을 혼란스럽게 할 수 있기에 나는 침묵하는 연습으로 자신과 타인에게 평정심을 선물하고 싶다. 침묵하는 연습은 쉽지 않지만, 비록 내 안에 슬픔이건 기쁨이건 더러는 억울하게 오해받는 때라도 해명도 변명 소리도 하지 않고 무시해 버리며 묵묵하고 싶을 때가 있다. 그럴 용기도 배짱도 지니고 살고 싶다. 바람과 마주 서서 먼지를 털면 그 먼지가 전부 내게 돌아오듯이 미움으로 사람을 대하면 그 미움은 반드시 내게로 되돌아온다고 한다. 얼마나 많은 사람의 지지를 받느냐 보다 어떤 사람들의 지지를 받느냐로 살피는 것이다. 인재 평가에서는 양의 법칙보다 질의 법칙이 중요하다. 원하는 답을 얻으려면 질문을 달리해야 하며, 질문이 달라져야 답이 달라진다. 같은 듯한데 말하기에 따라 전혀 달라지는 언어 구사가 있다. 예를 들면 "기도 중에 담배를 피워도 되나요?"라고 물으면 당연히 "안된다"라고 할 것이다. 그러나 "담배 피우는 중에 기도해도 되나요?"라고 물으면 대부분 "된다"라고 대답할 것이다. 고객과의 관계, 사람과의 관계에서도 이런 것들은 아주 중요한 화법이다. 역시 여대생이 밤에 술집에서 아르바이트하면 사람들은 손가락질할 수 있지만, 술집에서 일하는 아가씨가 낮에 학교를 다니면서 열심히 공부하는 괜찮은? 사람이 되는 것이다. 즉, 관점이나 생각의 틀 즉 프레임에 따라 의미와 결과는 달라질 수 있는 것이다.

## 가장 완벽한 스승은 자기 자신

가장 만나기 쉬운 것도 가장 얻기 쉬운 것도 사람이며, 가장 잃기 쉬운 것도 사람이다. 물건을 잃어버리면 대체가 되지만 사람은 한 번 잃게 되면 아무리 해도 똑같은 사람으로 대체할 수 없다. 그래서 사람이 가장 중요하다. 그리고 한번 잃은 사람은 다시 찾기 어렵다. 사람을 사람으로 사람답게 대하는 진정한 인간관계 그것이 가장 아름다운 일이며 진정 소중한 것을 지킬 줄 아는 비결이다. 사람을 얻는 일. 그 일이 가장 중요하다. 사람을 잃는 일이 최악의 실수다. 잔인하게도 사람은 백번 잘해줘도 한 번의 실수를 기억한다. 사람의 마음은 간사해서 수많은 좋았던 기억보다 단 한 번의 서운함에 오해하고 실망하며 틀어지는 경우가 참 많다. 서운함보다 함께한 좋은 기억을 먼저 떠올릴 줄 아는 비결을 간직하고 싶다. 행복의 첫 번째 비밀은 자신을 다른 사람과 비교하지 않는 것이다. 행복은 자신이 좋아하는 일을 하는 것이다. 행복은 자신이 다른 사람들에게 쓸모가 있다고 느끼는 것이다. 바보처럼 꿈꾸고, 바보처럼 상상하고 바보처럼 모험하라. 바보는 무릉도원을 누리고, 바보가 자유를 누린다고 한다. 마음을 숨기지 말고 표현하고 살면 긍정에너지는 삶을 화기애애하게 만든다. 언젠가 우리는 세상의 끝자락에 서게 될 것이니 사는 동안 최선을 다해 후회 없는 삶을 살도록 노력해야 한다. 언젠가 하지 못할 때가 오니 지금 할 수만 있다면 많이 해봐야 한다. 언젠가 말하지도 못할 때가 오기에 값진 사연 값진 지식 많이 보고 많이 듣고, 많이 말해야 한다. 또 언젠가 웃지 못할 때가 오기에 지금 웃고 또 웃고 활짝 웃어야 한다. 언젠가 움직이지 못할 때가 오기에 지금 가고 싶은 곳 어디든지 가는 것이 좋다. 하고 싶은 것을, 하고 싶을 때, 하고 싶은 사람과 하고 싶은 곳에서, 하고 싶은 만큼 하는 것! 이 얼마나 좋은 일인가? "춤추라, 아무도 바라보고 있지 않은 것처럼, 사랑하라, 한 번도 상처 받지 않은 것처럼, 노래하라, 아무도 듣고 있지 않은 것처럼, 살라, 오늘이 마지막인 것처럼..." 세상에서 가장 완벽한 스승은 자기 자신이다. 그래서 우선 자신에게 정직해야 한다. 세상 모든 사람과 타협할지라도 자기 자신과는 타협하지 말라는 것이다. 그러면 누구도 나를 지배하지 못할 것이다. 그리고 기쁜 일이나 슬픈 일이 찾아오더라도 어떤 것도 영원하지 않기에 연연해하지 말자. 그것은 반드시 사라질 것이니까.

## 내 안에 있는 행복

몸이 아픈 사람은 행복의 다른 이름을 건강이라 생각할 테고, 불임 부부는 임신만큼 소중한 행복은 없을 것이라고 여길 것이다. 하지만 그들이 원하는 행복의 요소들이 채워진다고 해서 완벽한 만족을 느낄 수 있다고 장담할 수 없다. 한가지 행복을 얻게 되면 그보다 더 큰 기쁨을 갈망하게 되는 게 인간의 속성이니까 말이다. 과연 자신이 원하는 대로 무엇이든 술술 잘 풀리는 것이 행복이라 자신 있게 말할 수 있을까? 진정으로 값진 행복은 고난과 어려움에 빠지고, 깨질 때 쉽게 발견할 수 있다. 좌절과 절망을 딛고 일어섰을 때 맛볼 수 있는 행복의 달콤함은 쉽사리 찾아오지 않는다. 물질적 풍요를 최우선으로 여기던 건강한 이들도 막상 병을 앓게 되면 돈도 명예도 학벌도 모두 부질없다는 것을 깨닫게 된다. 아무리 부유한 권력가라고 해도 병 앞에서 한없이 무너지는 자신을 발견하고는 행복의 조건을 건강으로 생각하는 것이다. 세상에는 병이 들거나 장애가 있어 다음날 깨어날 수 있을지 불안해하면서 잠이 드는 사람도 있고, 인공호흡기를 달고서야 겨우 공기를 마실 수 있는 사람도 있다. 지금 당장 건강한 나와는 전혀 상관없는 세상이라고 생각할 수 있겠지만 그 불행의 주인공은 언제든 바뀔 수 있는 것이다. 마치 영원하다는 듯 사랑하는 가족과 친구들이 내 곁을 지키고 있고, 반찬값을 아끼기 위해 시장 아주머니와 실랑이를 벌이는 사랑스러운 아내가 있다는 사실은 굉장한 행운이다. 행복의 조건은 먼 곳에 있는 것이 아니라, 초침이 움직이는 짧은 순간에도 사라지지 않은 채 자신 안에 존재하고 있다. 불평이나 사랑이 존재하는 이 순간에도 마음먹기에 따라 얼마든지 행복으로 바뀔 수 있는 것이다. 높은 이상과 희망찬 미래를 꿈꾸는 것이 인간의 자연스러운 욕망이다. 그러나 가끔은 발밑에 놓여있는 불행을 바라보며 자신이 얼마나 행복한 사람인지 다시금 되새겨 보는 것도 좋겠다. 하루를 무사히 마치고 편안히 잠드는 평범한 일상을 죽을 만큼 간절히 원하는 이들도 있다. 자신의 인생을 지루하다거나, 불행하다고 말하기 이전에 순간순간 스쳐 지나가는 행복의 잔상을 가만히 바라보는 시간을 갖길 바란다. 행복은 스스로 마음속 깊은 곳에 가만히 숨어있기에 그 행복의 평범한 조건을 끄집어내어 감사한 마음으로 느낄 수 있는 사람이야말로 진정한 행복을 누릴 수 있을 것이다.

## 꼴리는 대로 끌리는 대로

　인생이란 결국 한 줌의 흙이 되고, 100년을 산다고 해도 우주의 관점에서 보면 한낱 조그만 티끌에 불과한 것이다. 더구나 인생이란 파도타기와 같아 반드시 앞에서 끌어주고, 뒤에서 밀어주고, 당겨주며, 옆에서 받쳐주는 많은 동행이 있어야 한다. 한번 사는 인생. 나만의 브랜드로 꼴리는 대로 끌리는 대로 멋지게 살아보고 싶지만, 시간이 너무 빨리 가는 것 같다. 소달구지 몰던 시절이 아니니, 세상은 넓고, 정말 할 일은 넘쳐나는 시대에 살고 있으니, 그야말로 우물 안 개구리가 아니라, 안목을 넓히고, 많은 여행과 경험을 하며 살아야 하는 시대가 되었다. 누구에게나 주어진 공정한 한평생의 삶을 어떻게 살아갈 것인가에 따라 결과와 운명은 완연히 다르기 때문이다. 시간은 물 흐르듯 멈추지 않고 흐르고, 털어내어 보자. 내게 말하고 내게 용기를 주고, 내 생각을 바꾸고, 내 몸을 부지런히 움직여 보자. 분명한 것은 하늘이 무너질 것 같던 고민도 어차피 다 지나간다. 즉 너무 힘든 것은 시간에 맡기면 이 또한 지나가리라. 아직 다가오지 않은 내일 그리고 지나간 어제는 잊고 살자. 오늘이 달콤하다면 어제와 내일에 대해 초조해야 할 이유가 도대체 없는 것이다. 어제는 지나갔고 내일은 아직 오지 않았고, 이 순간 오늘만이 나를 맞이한다. 나의 활동이며 삶의 한복판이다. 오늘 이 시간을 즐긴다. 하늘의 구름이 아름답다 한들 땅 위의 인간이 어찌하겠는가? 있는 그대로 바라볼 뿐 세상은 그렇게 놓인 곳을 맞이할 뿐이다. 행복하게 살려면 두 가지만 잘 지키면 된다. 어찌할 수 없는 과거를 붙잡고 집착하지 말아야 하고, 다가오지 않은 미래를 두려워하고 걱정하지 말라는 것이다. 현재에 초점을 맞추는 것이다. 약점에 초점을 맞추면 피해의식에 젖어 무기력해진다. 강점을 찾아 살리면 행복하고 생산적인 삶을 살 수 있다. 생각을 바꿔보자. 새롭게 접근하면 오늘과 다른 내일이 당신을 기다리고 있다. 잠들어 있는 천사가 당신 앞에 나타날 것이다. 남과 비교하다 보면 좋은 인성마저 피폐해진다. 언젠가 새 무대에서는 나도 끌리는 대로, 끌리는 대로 살아볼 날이 오겠지

## 미쳐야 미친다

삶이란 무엇인지 고민을 하지만 결론은 쉽게 내릴 수 없다. 어쩌면 삶이란 고통 속에서 진주를 발견하는 것이 아닐까? 큰 바다가 있고 푸른 하늘을 가진 이 땅에 내가 사는 것은 그 자체가 큰 행복 아닌가? 이 땅 위에 사는 나는 행복한 사람이리라. 특히 나는 누구를 만나든 당당하다. 남모르는 땀과 눈물로 여성에 대한 차별과 장벽을 넘어 새로운 역사를 쓰고 싶었다. 특히 수많은 여성 경제인이 더 큰 꿈을 꾸고 더 많은 결실을 만드는 것을 보고 끊임없이 나를 견인해

왔다. 하고 싶은 것과 잘하는 것을 하도록 하고, 정말 열심히 즐겁게 하면 성공하지 않을까? 가슴이 뛰는 일을 선택해 열정적으로 달려들어, 가장 중요한 것은 부족한 부분을 메우고 실패를 기회로 만들겠다는 의지를 불태우곤 했던 기억이 회억으로 돌아온다. 늘 남과 비교하지 말고, 당당함과 자신감으로 나와의 경쟁에서 이기는 것이 성공의 지름길이며, 어제의 나와 비교하여 달라지면 성공 그것은 성공이라고 생각해 왔다. 눈치 보지 말고, 적이 생기는 것을 두려워하지 않으려고 했다. 모두를 만족시키려 하지도 않았지만 한 사람이라도 내게 공감하게 하려고 애써왔다. 그러려면 늘 조금만 더 자세를 낮추고, 가슴 속의 온도를 좀 더 따뜻하게 높이려고 했다. 지난달에 무슨 일로 걱정했었던가? 어차피 인생을 사는 것은 나 자신이다. '나'는 정말 소중한 존재이니까 다시 '나'를 찾아보자. '나'는 이 세상에 하나밖에 없는 존재다. 이 사실 하나만으로도 우리 각자는 매우 대단하다. 어차피 한 번뿐인 욜로(YOLO) 인생이니, 진정한 '나'를 찾아, 미친 듯이 살아보면 어떨까? 세계 제1 갑부 중 하나인 전 GE 회장 잭 웰치의 말이 떠오른다. "조용하고 합리적인 태도로는 전진할 수 없다. 미쳤다는 말은 들을 정도의 열정이 있어야 한다. 신나는 목표가 있으면 일도 재미있을 거야. 사람은 저마다 자신의 색깔과 소질을 지녔고, 자신이 가야 할 길이 있다." 불광불급(不狂不及)처럼 미쳐야 미친다. 미치지 않으면 미칠 수 없다. 굽은 나무가 선산을 지킨다. 곧은 나무가 먼저 잘리고, 단 우물이 먼저 마르는 법이다. 가장 예쁜 꽃이 제일 먼저 꺾이는 법이다. 어쨌든 네 운명은 네 손안에 있다. 미쳐보자.

## 인간의 가장 위대한 발명은 여행

　미련한 자는 자기의 경험을 통해서만 알려 하고, 지혜로운 자는 남의 경험을 자기의 경험으로 여긴다. 어리석은 자의 특징은 타인의 결점을 드러내고 자신의 약점은 잊어버리는 것이다. 희망이 도망치더라도 용기를 놓치지 말아야 한다. 희망은 때때로 우리를 속이지만 용기는 힘의 입김이기 때문이다. 우리는 흔히 삶의 소중함을 잊고 산다. 삶이 더없이 소중하고 대단한 선물이라는 걸 깨닫지 못한다. 그래서 생일선물에는 고마워하면서도 삶 자체를 고마워할 줄 모른다. 몸은 의식에게 맡기고, 목숨은 하늘에 맡기고, 마음은 스스로 책임져야 한다. 자신이 자신을 최고로 알고, 대접하며 살아야 한다. 호랑이의 무늬는 밖에 있고, 사람의 무늬는 안에 있다. 또한 사람마다 각기 고유의 무늬가 있다. 우리 인생은 B(birth) 즉, '탄생'에서 시작되어, D(death) 즉, '죽음'으로 끝나지만, 중간에 가장 중요한 것이 있다. 바로 C(choice) 즉, '선택'이 있다. 어떤 선택을 하느냐에 따라 삶의 질이 결정되기 때문에 선택은 너무나도 중요하고 중요하다. '힘들다! 어렵다'라는 주변 소리에만 귀 기울이며 포기를 선택하겠는가? 아니면 '잘 될거야! 할 수 있어!'라고 하며, 스스로 용기를 주고, 도전을 선택하겠는가? 이 모든 과정은 여행이다. 관광을 위해 패키지 여행도 여행이지만 그것은 이벤트이자 행사 시간표에 불과하다고 생각한다. 진정한 여행은 혼자 가는 여행, 느린 여행, 주제가 있는 여행이 아닐까? 동행자들과의 여행에서는 동행자들의 생각과 행동을 배려하고, 봉사하며 헌신하는 것을 배우고, 혼자 하는 여행에서는 삶과 철학, 과거와 미래, 자유와 행복, 여유와 건강을 배우게 된다. 노후에 웃을 수 있도록 인생 2막에서는 자신만을 위해 더욱 나답고, 더욱 열정적으로 살고 싶다. 활력과 생기, 재충전, 긍정적인 에너지가 솟는 여행은 비용에 비해 몇 배의 만족과 기쁨을 선물한다. 다양한 나라의 사람과 교류와 공감은 물론 인생을 품위 있게 사는 방법을 느끼며, 비교하며 저절로 배우게 된다. 자신의 틀을 깨고 새로운 문화와 생각을 받아들일 수 있는 시각을 가지게 되고, 나를 돌아볼 수 있는 시간을 가지게 된다. 따라서 다람쥐 쳇바퀴 같은 생활을 하기보다는 가끔은 이유도 목적도 장소도 시간도 정하지 않고 멍때리며 여행하고 싶다. 나는 여행이 인간이 발견한 '가장 위대한 것' 중의 하나라고 생각한다.

## 왕재봉 흑돼지 연탄구이집 벽의 낙서

우리 동네 맛집으로 이름난 오래된 흑돼지 연탄구이집이 있는데 그 음식점 벽에는 이런 낙서가 있다. '고개를 숙이면 부딪힐 일이 없다!' 나는 이 낙서를 볼 때마다 늘 마음속으로 되새긴다. 누가 나를 어떻게 생각하든, 누구를 만나든, 언제, 어디서든지 나는 항상 나를 낮추고, 나를 비우고, 나를 버리며 살기 위해 노력한 것이 사실이다. 물론 그것이 생각처럼, 말처럼 쉬운 것은 아니지만 지역에서 서민금융의 한 축을 책임지며 살아왔던 수많은 세월의 마디마디다, 특히 가을이 익어가는 계절이면 더더욱 이 낯서는 내 삶을 돌아보는 가장 중요한 모티브가 되어왔다. 어차피 인생은 긴 시간여행에서 마주치는 문제를 푸는 일들의 연속이므로 고개를 숙이면 부딪힐 일이 없는 것이라고 믿기 때문이다. 게처럼 꽉 물고 놓지 않으려는 마음 대신에 게 발처럼 뚝뚝 끊어버리고 아무런 미련 없이 살고 싶은 것이다. 남성은 육체노동을 주로하고, 여성은 지식노동을 주로 한다지만 성별의 영역은 점점 더 허물어지고 있는 세상, 여성의 지위가 상승하며 점점 평등의 사회로 진화하고 있어도 나는 고개를 숙이는 일을 망각하며 살고 싶지 않다. 특히 여성이라고 해서 불가능하다고 생각하지도 않지만, 때로는 불가능한 것을 극복해야 하고, 할 수 없는 것들을 해내는 일이란 어려운 일임에는 틀림이 없지만 그런 일을 해냈을 때 우리가 느끼는 성취욕은 그 무엇과도 바꿀 수 없다. 그것은 관점을 바꾸는 일부터 시작해야 하는데 관점이나 관념을 바꾸기란 참 어려운 일이다. 어떻게 한 사람의 평생 가져온 가치관, 습관, 정체성을 하루아침에 바꾸겠는가? 그러나 가을을 타고 여행하는 것은 그 계절이 가을이기에 감수성에 빠진 우리 인간이 오히려 가장 쉽게 바뀔 수도 있다는 확신을 갖게 한다. 그것은 능력이라기보다는 인간에게 원래 내재해 있는 자아의 본성, 즉 감성일지도 모른다. 마음의 찌꺼기들을 좌고우면하지 않고 쏟아버릴 수만 있다면 얼마나 좋을까? 오늘도 왕재봉 흑돼지 연탄구이집의 벽에 쓰어진 수많은 낙서 중에서 다시 음미해 본다. "고개를 숙이면 부딪힐 일이 없다." 정말 보물 같은 낙서다.

## 인생도 일도 스톱 오버

삶이 끊임없는 시간의 연속이지만 만약 잠깐 쉬어가지 않는다면 얼마나 지겨울까? 지구 반대편으로 여행하는 수십 시간의 긴 비행에서도 중간에 잠깐 기착해서 간다면 아주 먼 길도 좀 편하게 갈 수 있는 것처럼, 우리들의 일도 쉼이 필요하고, 우리들의 사랑도 쉼이 필요할 것이다. 긴 인생의 여행에서 특히 잠깐 멈추어 뒤를 돌아보는 건 휴식과 열정 채우기뿐만 아니라, 지금까지 걸어온 길을 돌아보는 것은 물론, 앞으로 가야 할 방향을 다시 잡는 소중한 기회가 된다. 경영학에서도 기업이 발전하기 위해서는 수시로 하든 정기적으로 하든 늘 피드백이 있어야 미래를 잘 예측하고 올바른 경영에 도움이 되는 것이다. 우리 인생도 당연히 그렇다고 생각한다. 회랑! 다시 그 자리로 돌아오는데 수십 년! 삶에 있어 스톱 오버가 없다면 얼마나 힘들까? 아무리 피로가 몰려와도 여전히 월차 휴가를 받아 남이 일할 때 내가 잠깐 쉴 수 있다는 것만으로 꿀 같은 휴식과 힐링을 가져온다. 몸은 피로감에 묻혀도 잠깐 쉬러 가는 길은 여전히 내 눈과 내 머리는 생동과 기대감으로 가득 차 있다. 어느 미국인이 인도로 출장 갔는데 길거리에 수많은 사람들이 빈둥빈둥 놀고 있는 것을 보고 물었다. "이보게 자네는 왜 하는 일 없이 빈둥빈둥 놀고만 있는가?" 그러자 그 인도인이 되물었다고 한다. "왜 당신은 놀지 않고 일만 계속하는 바보인가?" 어느 쪽이 옳다고 할 수 없을지 모르지만 그만큼 쉬지 않고 일만 하는 사람들은 인생의 참맛을 모른다고 해야하지 않을까? 우월하다고 자만하지 말라, 다른 사람을 비웃지 말라. 다른 사람을 가르치려 들지 말라. 우리 교만해지거나 아니면 절망과 우울증에 불행해질 수 있다. 우리는 남과 자신을 비교해서 우월감 아니면 열등감을 가진 채 스스로 불행 속으로 몰아넣을 필요가 없다. 다만 늘 휴식과 스톱 오버(멈춤)가 있는 삶이야말로 개구리가 더 멀리 뛰기 위해 잠시 자세를 낮추고 멈추는 것과 같은 것이다.


## 잘못된 소통과 오해

창조적인 노력을 기울여 변화를 꾀하지 않고 그저 맨날 비슷하게 되풀이되는 습관적인 일상의 반복에서 삶에 녹이 스는 것이다. 사람은 저마다 따로따로 자기 세계를 가꾸면서도 공유하는 만남이 있어야 한다. 거문고 줄은 서로 떨어져 있어 울리는 것이지 함께 붙어있으면 소리를 낼 수 없다, 행복은 더 말할 것도 없이 절제에 뿌리를 두고 있다. 사람끼리 만나는 일에도 이런 절제가 있어야 한다. 행복이란 가슴속에 사랑을 채움으로써 오는 것이고, 신뢰와 희망으로부터 오는 것이며, 따뜻한 마음을 나누는 데서 솟는다. 수확을 늘리려면 좋은 종자를 써야 하고, 운으로 떼돈을 번 것은 실패한 것만 못하며, 목전의 이익을 위해서 명분 없는 길을 가지 말아야 한다. 또한 마크 트웨인은 멋진 칭찬을 들으면 그것만 먹어도 두 달은 살 수 있다고 했다. 아름다운 말에는 분명히 향기가 있으며, 분명히 사랑이 있는 것이다. 특히 한 사람을 이해한다는 것은 진정으로 어려운 일이고, 상대편은 내가 아니므로 나처럼 되라고 말하지 말아야 한다. 사람의 눈이 거짓을 말하는 걸 본 적이 있는가? 입은 아무리 정직이라고 외쳐도 믿을 수 없지만 눈은 절대 속일 수 없다. 눈빛에 진실이 있고, 눈빛으로 대화할 수 있다. 눈빛에 열정이 있고, 에너지가 있으며, 눈빛에 애절함과 사랑, 그리고 고민과 분노의 감정이 들어있다. 아~ 이 유혹하는 듯한 눈빛이여, 오늘 밤 내가 사랑에 빠지게 하소서! 독자들이여, 오늘 집을 나서거든 사람들의 눈빛을 보시라. 눈이 아닌 눈빛에서 그 사람의 진실을 알 수 있기 때문이다. 그리고 진정으로 그 사람을 사랑하고, 그 사람과의 관계를 즐기려고 해라. 오늘의 내가 살아오는 길에서 마주친 어려운 상황에서도 만약 내가 즐길 줄 몰랐다면 '오늘의 나'는 존재하지 않을지 모른다. 힘들어도 즐기고, 즐겁지 않은 사람과도 즐길 줄 알며 살아온 오랜 직장생활은 내가 성취해 온 작은 성공이다. 자신의 인생이 재미없으면 남 사는 얘기 가지고 놀게 된다고 한다. 내 사는 집이 재미없으면 남의 집 떠돌게 되고, 내 직장이 재미없으면 이리저리 직장을 찾아 헤매다 끝나는 삶이 될 수 있을 것이다. 우정이든, 사랑이든, 사업이든 아니면 개인이든, 조직이든, 사회든, 대부분 아래 두 가지 이유로 인해서 인간관계의 신뢰와 발전에 부정적 영향을 미친다는 것이 내 생각이다. 그것은 바로 잘못된 소통과 오해 즉, Miscommunication과 Misunderstanding이다.

## 자신과의 전쟁

내 상상력이 다른 사람들에 비해서 크다면 그것은 내 창의성이고, 내가 세상(직장)이 흥미 있는 곳이라고 생각하면, 나는 호기심이 많은 것이다. 내가 중요한 결정을 내릴 때 충분한 근거를 찾으려고 한다면, 내가 논리적이라는 증거다. 내가 다양한 독서를 통해 매일 무언가를 배우려고 한다면 나는 학구열이 있는 것이고, 내 삶에 대해서 성숙한 관점을 지니고 있으면 지혜가 있다는 의미다. 내가 타인을 행복하게 해주고 싶다면 배려 있는 사람이고, 친구가 어려움에 빠졌을 때 그를 돕는다면 나는 어떤 사람에게 있어서 가장 중요한 사람일 것이다. 또 사회생활에서 처신하는 방법을 잘 알고 있으며, 다른 사람의 마음을 잘 이해하고 대응한다면 관계 능력과 사회 능력이 좋은 편이고, 깊이 생각한 후에 어떤 말을 하는 편이면서도 행동하기 전에 항상 그 결과를 생각해 본다면 나는 신중한 사람이다. 나는 내게 주어진 일을 예외 없이 예정된 시간까지 끝내기 위해 노력하며, 비록 결과가 내게 불리하더라도 나는 내가 믿는 것을 고수하려고 한다. 내가 원하는 것을 얻을 수 있는 것은 열심히 노력하는 사람이기 때문이다. 나는 중간에 어려움이 있더라도 시작한 일을 끝까지 마치며, 시간이 많이 들어가는 어려운 과제를 수행해야 할 때 나는 인내심을 지니고 끈기 있고 부지런하게 그 일을 잘 완수할 것이다. 모습을 있는 그대로 보이는 것에 자부심 느끼며 신의의 기본은 정직이라고 믿고, 항상 약속을 지키기 위해 노력한다. 나 자신이나 어떤 일에 대해서 솔직하게 제시하기 어려운 상황에서도 나 자신은 있는 그대로 정직하고, 진실하게 잘 내어 보이는 편이다. 특히 나는 깨어날 때 새로운 하루에 대해서 흥분된다. 나는 어떤 일을 할 때 온 힘을 다하며, 평소 활기에 차 있고, 어떤 일을 할 때 열정을 지니고 열심히 매진하는 편이다. 누가 나에게 한 불쾌한 일을 잘 잊어버리는 편이어서 나는 결코 다음 사람에게 복수를 꾀하지 않는다. 용서하고 잊는 것이 최선이라고 믿으며, 비록 나의 적이라 하더라도 그들이 고통받는 것을 원하지 않는다. 내가 특별한 사람인 것처럼 행동하지 않으며, 내가 이룬 것에 대해서 자랑하지 않는다. 내가 속한 집단의 이익을 위해서라면 나 개인의 이익을 기꺼이 희생하고, 비록 내가 속한 집단의 리더와 의견이 일치하지 않더라도 나는 그 사람을 존중한다.

## 시간을 내 편으로 만들기

'누군가를 위한 최상의 선물은 네 시간이다. 시간은 절대 돌려받지 못하는 네 인생의 몫이기 때문이다.'(The greatest gift for someone is your time. Because time is a portion of your life that you will never get back.) 그렇다고 해서 너무 서두르면 망한다. 때가 되면 일어날 일은 일어나게 되어 있기 때문이다. 나는 이 말을 믿고 살아왔다. 너무 서두르지는 않고 살아왔지만 나는 늘 시간이라는 기회를 외면에 본 적이 없다. 내 인생은 늘 그 기회를 잡기 위해 결단의 결단을 해온 고민의 연속이었다. 매 순간 찾아오는 기회를 외면하지도 않고, 기회가 왔는데도 우물쭈물 주저하지 않고, 늘 저지르고 시도해 왔다. 실패의 두려움 때문에 저지르지 못하는 그 마음이야말로 가장 큰 실패가 될 것이기 때문이다. 따라서 인생에 있어 가장 중요한 것은 실패했다고 낙심하거나 포기하지 않는 것이며 성공했다고 지나친 기쁨에 도취하지 않는 것이다. 특히 초고령화 인구의 폭발, 유행성 바이러스의 출현으로 인한 소셜 디스턴스와 언택트 시대의 도래, 지진, 해일 등 대재앙, 핵과 생화학 무기가 등장하는 예기치 않은 전쟁, 페이크 뉴스 양산으로 인한 혼돈, 제4의 공간 등장, 모빌리티의 급변, 진영 논리라는 프레임에 빠져 극심한 갈등을 일으키는 사회, 유튜브, 인스타그램, 페이스북, 트위터 등 SNS 발달로 개인들이 모두 독자적인 컨텐츠 크리에이터, 즉 미디어가 된 세상은 정말 아찔한 속도로 럭비공처럼 변모하고, 예측을 불허하는 세상에서는 가만히 있는 것은 급속도로 후퇴하는 인간이 되고 마는 듯하다. 물론 조용히 세상과 등지고 살아간다면 모르겠지만 세상과 어울려 살아가기 위해서는 세상의 급변은 필연이고, 자신의 변화는 필수인 시대에 살고 있다. 성우(聖牛)는 인도 힌두교에서 말하는 '신성한 소'에서 나온 말로, 기업이나 조직에 절대로 반대할 수 없는 경영 신조나 조직 통념 또는 관행을 의미한다. 우화 '벌거벗은 임금님'처럼 아무도 비판하지 못하거나 나무라지 못하는 대상을 말하는 것인데, 지금처럼 초 급변 사회에서는 일 년 후면 다 잊어버릴 슬픔을 간직하느라고 무엇과도 바꿀 수 없는 소중한 시간을 버리고 있다. 거꾸로 강을 거슬러 오르는 저 힘찬 연어 떼들처럼 영원한 승자는 없다는 전승 불복의 철학은 승리에 도취 되어있는 순간 이미 패배는 등 뒤에서 기다린다는 것을 명심해야 된다는 옛 성인의 말씀이다. 다시 말해서 소심하게 굴기에는 인생은 너무 짧다는 것이다. 사람은 늙어가는 것이 아니라 세월이 가면서 익어가는 것이기에 라이프 스타일 급변으로 몰락과 부상이 필연인 시대, 이제 예측하지 못한 삶이 일상이 된다. 따라서 지금 하는 일에 최선을 다하고, 다음 일이나 승진에 대해서 미리부터 걱정하지 않는 것이 좋은 것이다. 그래 삶은 순간인데 뭘 그걸 기다리고 있나? 모든 것은 자신을 아는 것으로부터 시작한다. 자신을 알아야 자신에게 맞는 일을 선택할 수 있고 자신에게 맞는 방식으로 일할 수 있기 때문이다. 시간은 참으로 빠르게 지나가니 나에게도 사용할 수 있는 시간은 점점 줄어들고 있을 것이다. 항상 자기 자신도 제대로 모르면서 사소한 일에 큰소리치며 나서는 우리 인간들은 참 어리석은 존재인지도 모른다. 물론 '세상을 바라보는 나'와 '세상이 바라보는 나'가 극명하게 다를 수도 있고, 세상의 주체자와 객체자 그리고 당사자와 방관자 등 각기의 입장과 시점과 이익에 따라 다 다를 수 있는 것이므로, 다. 그냥 가만히 있으면 출렁이던 물도, 폭석거리던 먼지도 저절로 가라앉을 것을 두고서, 침을 튀기며 떠드는 사람들이 먼지와 물보라를 확대, 재생산하는 데 나쁜 역할을 하고 있다. 이해와 오해의 혼돈, 진실과 진실 간의 충돌일 뿐 사소한 것에 춤추는 인간은 참 어리석고 나약하다.

## 하루하루가 기적

빛의 속도로 달리는 세상의 복잡다단한 현대사회에서 우리가 세상의 파고를 헤치며 살아내기가 쉬운 것이 아니지만 집이 천 칸이라도 누워 잠잘 때는 여덟 자뿐이고, 좋은 밭이 수억만 평이라도 하루 보리쌀 두 되면 살 수 있다. 몸에 좋은 안주에 소주 한잔하고 묵은지에 우리네 인생을 노래하는 것이 소담스러운 일일 것이다. 멀리 있는 친구보다 지금 내 앞에 들어 줄 수 있는 사람이 진정 친구라고 할 수 있지 않을까? 필자는 모르는 사람들이 만나 하나하나 인연을 맺고 살아간다는 것이 얼마나 큰 행복인지 나이가 들어갈수록 절실히 느끼게 된다. 사람에게 상처도 많이 받았지만 힐링해 주는 것도 사람인 것이다. 서로 사랑하고 살자. 움켜 진 인연보다 나누는 인연으로 살고, 각박한 인연보다 넉넉한 인연으로 살자. 참다운 인생은 자기 스스로 가장 좋은 벗이 되는 것이니까. 열광하는 삶보다 한결같은 삶이 더 아름답고, 돕는다는 것은 우산을 씌워 주는 것이 아니라 함께 비를 맞는 것이 아닐까? 프라이팬에 붙은 음식 찌꺼기를 떼어 내기 위해서는 물을 붓고 그냥 기다리면 되기 때문에 억지로 어떤 상황을 만들지는 않을 것이다. 프라이팬에 눌어붙은 것은 그렇게 시간이 지나면 저절로 떨어져 나간다. 아픈 상처를 억지로 떼어 내려고 몸부림치지 말자. 그냥 마음의 프라이팬에 시간이라는 물을 붓고 기다리면 자기가 알아서 어느덧 떨어져 나간다. 나는 어떻게 해야 행복해지는지 크게 고민하지 않는다. 의식하지 않고 하루하루 편하게 살면 즉 나를 내버려 두면 그냥 내가 편안해진다. 내가 얼마나 행복한 사람인지 하루, 하루가 기적인 것 같다.

## 까마귀 노는 골에 백로야 가지 마라

나는 대뜸 뜬금없이 그에게 물었다. "주위에서 제게 출마하라고 권하는 사람이 있는데 대표님 생각은 어떠신지요?"(출마는 남양주

시의원 출마를 얘기하는 것임). 물론 나도 그럴 생각이 없었지만 그는 주저 없이 답했다. "김이사장님, 제가 남의 삶에 이래라저래라 할 수 없지만, 만약 제가 그 물음에 답해야 한다면 '누가 제안하고, 유혹해도 행복하게 살고자 한다면 정치는 절대 하지 말라'는 것입니다" 그러면서 그는 정몽주의 모친이 포은 정몽주에게 했던 말을 들려주었다. '까마귀 노는 골에 백로야 가지 마라' 누구나 아는 유명한 일화지만 나는 그 말에 백 번 공감했다. 내가 백로도 아니지만, 그 물에 가면 그 물과 같아질 수밖에 없다는 것을 선명하게 얘기했던 그의 말을 듣고 나는 공감했었다. 이런 말이 있다. 구법조조락기공일일우(懼法朝朝樂欺公日日憂) 즉, 법을 두려워하면 즐거움에 살고, 공사를 속이면 근심 속에서 산다는 말이다. 정치도 이 말을 지킬 수 없고, 너무 선비처럼 살아도 이 말을 다 지킬 수 없을 것이다. 그래 그냥 소박하게 물처럼 살자. 물은 일곱 가지 덕이 있다고 한다. 첫째는 낮은 곳으로 흐르는 "겸손", 둘째는 막히면 돌아가는 "지혜", 셋째는 구정물까지 받아 주는 "포용력, 넷째는 어떤 그릇에도 담기는 "융통성, 다섯째는 바위도 뚫는 "인내와 끈기", 여섯째는 장엄한 폭포처럼 투신하는 "용기", 일곱째는 유유히 흘러 바다를 이루는 "대의"가 그것이다. 어느 현자의 얘기처럼 나는 평범한 일상이 '무릉도원'이기에 나처럼 나답게 나로 살아가기로 마음먹은 지 오래되었다. "너에게 묻느니 어찌 이 푸른 산에 와있느냐, 웃기만 하고 대답이 없으나 마음은 한가로워 보이누나, 떨어진 복사꽃은 흐르는 물 따라 아득하게 가버리니, 하늘과 땅이

유별한 곳에 인간이 살지 않더라. 그곳이 바로 무릉도원이다." 나는 까마귀 노는 골에 가지 않기로 했다.

## 오늘은 오늘뿐

오늘은 오직 한 번뿐이고, 다시는 오지 않으리니 오늘을 보람있게 살자. 춤춰라 아무도 바라보고 있지 않은 것처럼, 사랑하라, 한 번도 상처받지 않았던 것처럼, 노래하라, 아무도 듣고 있지 않은 것처럼, 살러, 오늘이 마지막 날인 것처럼. 행복은 자신이 좋아하는 일을 하는 것이다. 행복의 첫 번째 비밀은 자신을 다른 사람과 비교하지 않는 것이다. 행복은 자신이 다른 사람들에게 쓸모가 있다고 느끼는 것이다. 바보처럼 꿈꾸고 바보처럼 상상하고 바보처럼 모험하자. 바보는 무릉도원이고 자유다. 길이 멀어도 찾아갈 벗이 있다면 얼마나 좋을까? 문득 보고 싶어 기별 없이 찾아가도 정겹게 맞이해 주고 이런저런 사는 속내를 밤새워 나눌 수 있다면 정말 행복한 인생이지 않겠는가? 부부간이라도 살다 보면 털어놓을 수 없는 일이 있고, 피를 나눈 형제간이라도 말 못할 형편도 있는데, 함께 하는 순간만으로도 속마음이 이미 통하고 무슨 말이 더 필요하랴. 그래도 가슴 한 짐 툭 털어내 놓고 마주하여 세월이 모습을 변하게 할지라도 보고픈 얼굴이 되어 먼 길이지만 찾아갈 벗이라도 있으면 행복하지 않겠는가? 지금 있는 그대로가 신이 내린 가장 위대한 선물이니, 언제나 그 선물을 감사하게 받아들이고 소중하게 여기고 살아야지. 단비가 내릴 마당에 물이 고이고, 시내와 강, 호수에는 물이 넘친다. 마음도 크고, 넓고, 깊고, 너그러이 만들자. 흐르는 물도 바위 절벽을 만나야 아름다운 폭포가 되고, 석양도 구름을 만나야 붉은 노을이 된다고 했다. 살아가다 보면 때때로 힘든 일이 있기 마련이지만 인생의 참된 즐거움도 역경과 고난을 만난 뒤라야 비로소 달게 되는 것이란다. 억울한 일로 참을 수 없는 순간에도 감정을 억제하고, 깊은 인내심을 갖고 끝까지 참고 기다릴 줄 아는 잔잔한 감동을 주는 마음이 넓고 부드러운 사람이 믿음이 있는 사람이라고 한다. 남의 허물과 단점이 보일 때도 쉽게 드러내기보다는 넓은 가슴으로 감싸 안으며 그 영혼이 잘 될 수 있도록 끊임없이 겸손한 마음으로 무릎 꿇고 두 손 모아 기도해 주는 사람이야말로 믿을 수 있는 사람이다.

## 화려한 실패

인간은 실패를 통해 배운다. 축구든 숏 트랙이든 야구든 모든 프로 선수들은 실패를 경험하지 않은 사람이 없다. 그들의 실패는 당연한 과정이며, 일부러 실패하게 만드는 코치나 감독이 많은 것이 사실이라고 한다. 일부러 실패와 아픈 기억을 만들어 줌으로써 인재를 키우고 있는 것이다. 우수한 직원일수록 수많은 실패 체험을 시킨다. 그것은 기대의 반증이기도 하다. 기업에서도 많은 경영자들은 일부러 역경을 만들어 줌으로써 인재들을 키우고 있다. 힘들고 어려운 일을 시키고, 좌절을 맛보게 하고, 인기 없는 리더로서 생활하게 하고, 일부러 직원과의 갈등 상황을 조장하기도 한다. 욕을 먹으면서도 리더를 양성하기 위해 자신을 희생할 줄 아는 많은 경영자와 감독이 진정한 스승이다. 용맹 가운데 가장 큰 용맹은 옳고도 질 줄 아는 것이고 공부 가운데 가장 큰 공부는 남의 허물을 뒤집어쓰는 것이라고 한다. 고객 만족으로 유명한 노드스트롬 백화점 직원들에게 제공되는 규정집은 단 한 페이지의 짧은 분량이라고 한다. 직원으로서 행동해야 하는 첫 번째이자 마지막 규칙은 "어떤 상황이 닥치더라도, 여러분 스스로 현명한 판단이라 생각하시는 대로 행동하세요." 다른 규칙은 없으니, 혹시 궁금한 점이 있으면 언제라도 윗사람에게 물어보라고 한다. 모든 문제를 푸는 것은 자신의 마음속에 있으니 회사가 직원에게 모든 대처를 위임한다는 것이다. 일반적으로 실패+실패는 좌절이 나와야 정답이지만 많은 실패를 극복하고 성공한 사람들, 즉 실패로부터 학습한 사람들의 공식으로 풀면 실패+실패의 정답은 확실히 성공이 된다. 인생에 있어, 혹은 리더로 성장하는 데 있어, 성공과 실패만큼 깊이 되새겨 보아야 할 단어가 많지 않다. 월트 디즈니, 헨리 포드, 마쓰시타 고노스케, 베네통 등 실수를 딛고 성공의 반열에 올라선 많은 사례들을 통해, '오늘 죽을 것처럼 최선을 다해 살아간다면' 실패는 반드시 성공을 가져온다는 진리다. 실패는 가장 화려한 성공 비타민이다.

## 고난의 무게는 인생 필수품

창밖의 풍경과 함께 늘 나를 빠지게 만드는 최고의 여행 감성이다. 내 첫 수필집 "강처럼 누워, 산처럼 서다"의 원고 교정을 보며 인간의 삶은 누구나 때때로 아프고 힘들지만, 봄이나 가을이 오면 감성은 단풍이나 봄나물처럼 솟아나서, 시인이 아니어도 찬란하고 위대한 시를 쓸 수 있다고 나를 깨우치게 한다. 사유하는 인간도 자연의 한 부분으로 같이 호흡하고 부대끼며 살아가는 것이리라. 원수를 두려워할 필요는 없다. 그러나 달콤한 말을 하는 친구는 두려운 존재일 수 있다. 언제나 달콤함에서 사람은 함정에 빠지고 만다. 또한 초라한 말이 초라한 인생을 만든다. 어디서든 사랑받는 사람은 외모가 출중한 사람이 아니라 영혼이 아름다운 사람이다. 영혼의 향기가 나도록 영혼을 관리하라. 끝이 좋은 사람은 성품과 영혼의 격을 꾸준히 높인 사람이다. 큰 사람은 초라한 발상을 하지 않는다. 어느 회사의 면접에서 있었던 이야기라고 한다. 면접관이 물었다. '꿈이 무엇인가요?' 그 응시자는 바로 답했다. "이 회사의 사장이 되는 것이 '꿈'입니다." 그러자 면접관은 또 물었다.

"어떻게 해야 그 꿈을 이룰 수 있다고 생각하나요?" 그 응시자는 서슴없이 대답했다. "주인처럼 일하면 된다고 생각합니다. 회사가 어려울 때는 저도 급여를 반납하고, 회사가 잘될 때는 미래를 생각하며, 회사가 잘되는 방법을 연구할 것입니다." 포부와 주인의식으로 투철한 애사심과 책임감 그리고 비전을 갖고 순간순간 집중하여 하루하루 의미 있게 보내는 이는 주인이 될 수 있으며, 그 모든 과정이 행복할 것이다. 내일이 아니라 오늘이라는 시간에 감사하며 당장 시작하자. 말 한마디 행동 하나가 쌓여서 성품을 이루고 그 성품은 영혼이 바탕이 된다. 지금 힘들다면 잘하는 것이라. 도전하고 있음을. 삶은 원래 넘어짐의 연속이다. 힘이 들지 않으면 인생이 아니다. 사는 건 힘들게 되어 있다. 자신이 인생의 주인이고, 인생은 값지고 아름다운 것이기에 도전해야 한다. 잔잔한 바다에서는 좋은 뱃사공이 만들어지지 않는다. 시련도 없이 성공한 사람이 없다. 시련은 신이 인간을 단련하기 위해 만든 선물이기 때문이다. 높은 온도에서 도자기를 구워야만 진품이 되는 것처럼 인간의 인격은 고난을 통해 거듭난다. '조금만 더'라는 마음으로 스스로 격려하자. 내가 조금 더 노력해서 누군가 행복해질 수 있음을 안다면 살아가는 존재 이유가 충분하지 않을까? 삶은 긴 여정에서 수많은 희노애락(喜努愛樂)이 있는 것인데 혹자는 이렇게 말한다. '힘들 때 우는 건 3류, 힘들 때 참는 건 2류, 힘들 때 웃는 건 일류!'라고. 물살이 센 냇가를 안전하게 건널 수 있었던 건 양손에 무거운 짐을 들었기 때문이라고 하듯이 트럭이 언덕 위로 올라가려면 무거운 짐을 실어야 안전하듯이 세상에 무게는 긴장과 안전의 인생 필수품이 아닐까? 특히 아주 힘들 때나 감정에 복받칠 때 10초 정도 묵상을 해보면 좋겠다. 너무 슬프고 화가 나더라도 감정을 표현하기 전에 10초 정도 혼자 곰곰이 생각해 보는 시간을 가지면, 사람의 감정은 곧 안정을 찾고, 평정심을 유지하는 데 도움이 된다. 특히 지금 불안하다면 잘하고 있는 것이고, 최상의 결과를 얻고자 노력하는 아름다운 몸부림이다. 소심해서가 아니라, 준비된 사람이라는 증거다. 망하는 것을 막으려면 먼저 인내심을 가지자. 시간은 흘려보내는 사람에게는 힘없이 무가치하지만 유용하게 관리하고 지배하는 사람에게는 최고의 가치이자 재산이며, 지위다. 그것이 인내의 기본이다. 나폴레옹 힐은 "나는 성공과 실패를 좌우하는 또 하나의 요인을 보았다. 성공한 사람은 일반적으로 성공한 사람을 칭찬하고, 실패한 사람은 성공한 사람을 비난하는 것을 발견했다"라고 한다.

## 마음이 사무치면 꽃이 핀다

바다가 아름다울까, 산이 더 아름다울까? 꽃이 아름다울까, 사람이 더 아름다울까? 나는 다 아름답다고 말하지만 하나만 선택해야 한다면 당연히 인간이 가장 아름답다고 자신한다. 언젠가 인천공항이 있는 영종도에 지인과 함께 식사하러 갔던 적이 있다. 식

사는 자신이 태어난 오래된 시골집을 펜션으로 사용하는 곳이었는데 "마음이 사무치면 꽃이 핀다."(보통 '마사꽃'이라 부른다)라는 아주 독특한 이름의 펜션이었고, 바다가 보이는 그 펜션 옆 비닐하우스에 특별한 손님의 파티를 열고, 오직 한 팀에게만 초대해서 소위 오마카세를 운영하고 있었다. 펜션 주인장이 직접 요리하는 음식과 와인을 곁들여 LP판이 돌아가며 발산하는 아날로그 추억의 음악을 들으며, 우리는 모두 바닷가 가을 정취에 푹 빠졌다. 역시 피날레는 캠프파이어! 이유야 어쨌건 우리는 영종도 을왕 바다와 "마음이 사무치면 꽃이 핀다" 펜션에서 캠프파이어의 감성 바다에 빠져 행복을 마시며 시간의 태엽을 감고 있었다. 그리고 그 바닷가 가을 감수성에 빠진 나를 구해주는 것은 내 경험이다. "삶에 있어 가장 흔들리지 않는 가치는 경험이다."라고 내 귓가에 속삭인다. 왜냐 하면 경험은 우리의 행복이 어디에 있는지, 또 그것을 어떻게 얻는지를 잘 알기 때문이다. 행복해지고 싶다면 돈을 주고라도 경험을 사라. 그리고 경험 중에 가장 값비싼 경험은 여행이란 경험이다. 그러니 그 여행이라는 경험은 시간과 돈을 주고라도 꼭 사야 하고 돈이 없어도 해야 하는 행위이다. 사실 경험에 투자하는 것도 일종의 여행이라는 사실을 잊지 말자. 그러면 그 경험은 그리고 그 여행은 평생 우리에게 행복을 선물해 줄 것이다. 우리는 시간이라는 동반자와 끝없이 여행하고 있다. 이 얼마나 훌륭한 삶인가? 그래서 여행과 인생은 한편의 불가측성의 드라마다. 영종도 바닷가 작은 오래된 시골집 펜션에서의 경험은 최고의 여행 경험이 되었다. 나는 많은 사람으로부터 복을 받고 살아왔다. 마음이 사무치면 꽃이 핀다고 했다. 실제로 그 펜션에는 벚나무가 있는데 가을에 필 때도 있고, 겨울에 필 때도 있다고 한다. 아, 마사꽃!

◆ 바람난 그녀의 인생 역사

꿈은 누구나 꿉니다. 그러나 꿈을 이루기 위해 모두가 노력하진 않지요. 꿈의 힘은 위대합니다. '지갑 속에 무엇이 들어 있는가?' 보다도 '마음속에 무엇이 들어 있는가?'가 나의 행복을 결정하는 게 아닐까요? 한가지 직업과 장소에서 평생 수십 년의 세월을 지켜 낸다는 것은 참으로 위대하고 대단한 일입니다. 그랬던 그녀가 바람이 났습니다. 그 바람은 첫 수필집 '강처럼 누워 산처럼 서다'를 발간한 것이지요. 그녀의 외도에 진심으로 박수 보냅니다. 바느질 하듯 펜 끝에 한 올 한 올 그녀의 인생 역사가 수놓기처럼 그려집니다. 자신의 가능성을 열고, 올바른 철학을 가치관으로 삼아 현실에 지지 않는 현실을 바꿔내는 인생을 살아가는 그녀의 이야기가 꾸러미가 되어 완성되었습니다. 눈물과 땀의 세월이 진주가 되어 빛을 발함에 진정으로 마음을 보탭니다.

황채영 디지털 크리에이터

# 제4장 다산과 옥산

　내 고향 남양주 덕소 근처에는 운길산과 예봉산이 있고, 월문천을 따라 정겨운 시냇물 소리를 들으며 내려가면 한강과 합류하게 된다. 늘 강이 있어 산과 물, 하늘과 구름이 풍경화처럼 내 인생의 가슴에 고이 담겨 있다. 양수리에서도, 팔당 건너 검단산 아래에서도, 한강은 내 삶의 궤적과 같이해 온 가족이나, 친구처럼 언제나 그 자리에 있다. 가끔 전철로 서울 나들이하며, 한강철교를 건너게 되면 바퀴가 철로와 부딪히며 나는 철커덕거리는 소리는 나를 소녀 시절로 가게 해준다.

## MG 다산새마을금고

내 삶의 대부분을 보냈던 MG 다산새마을금고! 수십 년 동고동락을 통해 나는 경험과 지혜를 터득하며 봉사와 헌신으로 지내온 세월이 아련하다. 1983년 새마을금고에 입사한 이래 이사장직을 3연임 재직하며 부족한 필자를 도와주고, 응원하고, 믿어주신 수많은 동료와 고객, 그리고 친구들과 지인은 물론 내 가족에게 참으로 고맙고, 감사할 뿐이다. 나의 자리는 능력보다는 늘 행운의 연속이었지만 어쨌든 모든 이에게 진심 어린 감사를 드린다. 이제 새로운 삶의 무대를 향해 조금씩 조금씩 내 생각을 정리하며 글을 쓰고 있다. 마지막 노를 젓는 마음으로 이 글을 쓰려고 하니까 참으로 묘한 기분이 든다. 나의 첫 수필집을 쓰는 지금 이런 감정을 갖게 되는 것은 내 삶의 궤적을 정리하는 의미도 있겠지만 나의 MG 다산새마을금고(도농 새마을금고)에서의 직장생활이 내 삶의 대부분을 투자한 내 인생의 전부이기 때문일 것이다. 내가 직무를 수행하는 데 있어 비록 내가 맡은 바 책임은 회피하지 않고 기꺼이 즐기며 수행해 왔다. 고사성어에 이런 말이 있다. 생즉업생즉행(生卽業生卽行), 즉 산다는 것은 곧 일하는 것이고, 산다는 것은 곧 자기 길을 가는 것이라는 뜻이다. 그리고 최고의 강자는 자기 자신을 이기는 사람이며, 최고의 부자는 자신이 가진 것에 만족할 줄 아는 사람이고, 최고의 현자는 모든 일에서 배우는 사람이라고 한다. 오랜 직장생활을 통해 이런 철학을 늘 몸으로 실천하고 싶었던 나로서는 이사장이라는 직책도 정직하고, 도덕성 있고, 성실하며, 전문성 있으면 무조건 성취되는 게 아니라, 어떤 계획도 자신감, 생동감, 사명감은 물론, 인문학적으로도 일체유심조(一切唯心造), 즉 이 세상의 모든 일은 마음먹기에 달렸다는 생각으로 살아왔기 때문이다. 수많은 아픔과 시련이 있었지만 잘 극복해 왔다고 생각한다. 정말 어려운 일이 닥쳤어도 어떻게 마음을 먹느냐에 따라 늘 결과는 달라질 수 있고, 우선순위에 따라 선정된 업무에 집중하여 시간을 투자하며 직원들의 역량이 핵심 가치에 집중할 수 있도록 고민하며 지내왔다. 격변하는 사회와 변화무쌍한 경영환경에 긍정과 부정이라는 두 개의 추를 조화롭고 균형있게 운영하기가 참으로 어려운 일이지만 늘 방향성을 정하고, 구체적이고, 명확하며, 선명한 목표를 설정하는 일에 노력을 쏟아온 수많은 시간을 생각하며, 고민해 왔던 것들이 영화의 장면처럼 스쳐 지나간다. 다산새마을금고라는 나의 직장은 그 자체로 내 인생이고 내 삶의 전부이다 보니 이 글을 쓰는 순간 많은 회한이 몰려온다. 그러나 이 또한 바꿀 수 없는 현실이고, 사실이니만큼 고스란히 받아들일 수밖에 없다. 따라서 다산새마을금고, 즉 MG 다산새마을금고 동료들과 고객은 물론 지역사회 인사들과 내 가족, 친지들 모두가 지금까지 저를 응원하고, 저를 성장시키며 저의 '존재 이유'를 만들었던 나의 전부라고 해도 과언이 아니다. 내 인생에서 이 소중한 분들의 전폭적 지지와 응원이 없었다면, 지금의 내가 존재할 수 없었기 때문이다. 다산, 마을금고, 내 인생! MG 다산의 소중한 인연 모두의 응원과 도움에 고마움이 전율처럼 온몸에 번진다.

## 같이 꿈꾸는 세상

필자는 평생 회사 생활에서 멋진 직장 만들기를 늘 소망해 왔다. 이 문제를 풀기란 매우 어렵지만 결국 고객 만족을 넘어 고객 감동을 만들 수 있으면 최고의 직장이 되지 않을까? 혁신이 성공하려면 고객을 제대로 이해하는 것이 무엇보다 중요하지만, 고객은 우리에게 원하는 것이 무엇인지 자세히 말해주지 않는다. 고객이 만족하려면 미소와 유머가 넘치는 따뜻한 분위기여야 한다. 이제 유머는 리더의 필살기이며, 유머는 타고 나는 게 아니라 후천적 스킬이다. 특히 리더들의 가장 강력한 무기는 바로 '말'이 된 세상을 사는 것이다. 고객을 설득하려면 호감을 줘야 하고, 호감을 주려 인문학적 지식과 교양은 기본이 되었다. 그리고 어제의 일로 후회하지 말고, 당장 오늘의 일로 근심하지 말자. 오늘을 미소로 보낸다면 내일의 오늘은 희망이기 때문이다. 사비위빈(仕非爲貧)이라는 사자성어가 있다. 이 말은 벼슬은 가난을 벗어나기 위해서 하는 것이 아니라는 말이다. 작금의 공직자나 정치인들처럼 국민의 세금으로 벼슬을 받은 국가의 녹을 먹는 공직자들은 더욱 이 말이 주는 의미와 철학을 되새겨야 할 것 같다. 벼슬은 분명 국가와 국민을 위해 헌신하고, 봉사하며, 책임과 의무를 다하는 자리인데 지금의 사회에서 우리는 수많은 비정상적인 것을 목도 한다. 세 치의 혀를 통해 자신의 부정과 실수를 거짓으로 미화하고, 타인의 공을 흔들고, 짓밟기를 주저하지 않는다고 생각이 들 때가 많다. 공직이라는 직책을 봉사와 헌신이라는 대명제를 망각하고, 자리하나 차지했다고, 천상천하유아독존, 즉, 세상에서 자기만이 잘났다고 뽐내는 그런 사람들이 너무 많은 세상이다. 가난을 위해서가 아니라 같이 꿈꾸고, 유머러스하게 즐기고, 신나게 놀면 세상의 가치가 쉽게 실현된다는 것은 증명된 것이다. 부를 축적하기 위해서가 아니라 공직자는 겸손과 존중의 자세로 다른 사람들을 타산지석(他山之石)으로 삼으며, 돈보다 업을 즐기는 사람, 천직으로 생각하는 사람이면 좋겠다. 그것이 내가 같이 꿈꾸는 세상이다. 한 사람이 꾸면 그냥 꿈일 뿐이지만 함께 꾸면 현실이 된다고 한다. 같이 같은 꿈을 꾸는 세상이 되었으면 좋겠다.

## 옥산, 옥산, 옥산(玉山)

수석동 한강에 나와 우두커니 먼 산을 바라본다. 예봉산과 건너편 검단산이 눈에 들어온다. 세월이 많이 흘렀구나. 그는 오래전부터 나를 옥산(玉山) 선생이라고 불렀다. 내 호(號)를 지어준 것이다. 그러고 보니 '내가 벌써 호(號)를 가질 나이가 되었는가?'라는 생각이 들었다. 옥산(玉山)은 4000m 높이의 늘 장엄하고, 어머니 품처럼 든든한 이미지를 갖고 있다고 한다. 그 옥산 봉우리에 눈이 있든 없든 멀리서 보면 옥빛처럼 보인다고 해서 이름이 옥산이 되었다는 것이다. 내 호가 된 옥산(玉山) 때문이라도 동북아 최고봉인 대만 옥산에 언젠가 방문하기로 했다. 젊음은 자연의 현상이고, 늙음도 자연현상이지만 나이가 들어가는 것은 예술 작품이라고 했던가? 오래되고 장구한 산은 언제 봐도 아름다운 자연의 예술이다. 그런 산이 내 정체성의 목표가 되고, 내 스스로 닮기 위해 노력할 수 있다는 것만으로 행복하다. 그런 호를 가지게 되었다면 본래가 있었던 것이고, 잃게 되었다면 본래 없던 것이라고 했던가? 나는 아무것도 없는 하얀 도화지로 그냥 저기 산처럼 서는 자연에 불과하다. 자신의 관점을 어떻게 하느냐에 따라 운명도 달라진다고 하는데 내 삶은 수많은 산과 산을 넘어왔으므로, 따라서 이 산은 내 운명과 닮아있을 것이다. 현인들은 우리가 살아감에 있어 돌팔매질을 당하면 그 돌들로 성을 쌓으라고 하지 않았는가? 관점에 따라 우리의 운명은 달라지는 것이다. 옥산(玉山)은 내 새로운 운명의 교두보가 될 것이기 때문이다. 교두보란 다리를 엄호하기 위하여 쌓은 보루인데 외적을 침략하기 위한 발판을 비유적으로 이르는 말이다. 늘 우리 인생은 수많은 도전과 응전의 연속이므로, 곳곳에 늘 교두보를 만들어 두는 것이 좋다고 생각한다. 나는 지금까지 살면서 다른 사람처럼 부동산에 투기하거나 따로 주머니를 차고 살아본 적이 없다. 만약 퇴직하게 되면 어떻게 살아야 할 것인지 막연한 불안감이 엄습해 올 때는 내 삶을 지켜주고 보장해 주는 아무런 교두보를 만들지 못한 것에 후회도 하게 된다. 그러나 지금까지 살아오면서 공적이든 사적이든 내가 만나는 모든 사람에게 나름대로 최선을 다하고, 신뢰를 지키려고 노력해 온 만큼 그 자체가 교두보라고 생각한다. 특히 옥산(玉山)이란 호는 내 나머지 삶의 교두보가 될 것이다. 나는 아침을 맞이하면서 '오늘'과 '현재의 범사'에 늘 감사하게 생각한다. 어제는 이미 지나가 버렸고, 내일을 아직 오지 않았으니 알 수 없고, 오늘만이 내가 가장 많이 통제할 수 있는 유일한 시간이기 때문이다. 특히 오늘은 어제와 내일의 교두보이며, 옥산(玉山)은 최후의 보루가 되지 않을까? 아, 옥산, 옥산, 옥산!

## JYP 박진영의 일갈(一喝)

"연예계는 센 물살 같아요. 제 자리에 서 있으면 밀려 내려가요." 연예기획사 JYP 박진영의 얘기다. 진짜 열심히 앞으로 가려고 해야만 그나마 조금씩 나아갈 수 있다. 경영에 있어는 더 크고, 더 센 물결들이 난무하기 때문에 아집과 독선은 남김없이 버려야 하며 성과를 내는 것은 개인이 아니라 팀이라는 걸 잊지 말아야 한다. 그것은 역시 우리네 인생에도 같다고 생각한다. 특히 위대한 일을 하는 유일한 방법은 당신이 하는 일을 사랑하는 것이지 않겠는가? 특히 사사로운 일이나 이익보다 공사나 공익을 앞세우는 선공후사(先公後私)의 자세는 물론 급변하는 경영환경 변화의 흐름을 이해하는 눈을 키워야 하며, 전략적 사고 역량과 리더쉽도 갖춰야 변화의 기차에 올라탈 수 있기 때문이다. 특히 1등은 2등이나 꼴찌가 있어서 빛나고, 2등이나 꼴찌는 1등이 있어서 꿈과 희망이 있으니, 모든 게 서로에게 필요하고, 소중한 존재라고 한다. 변호사 판사는 정해져 있는 걸 할 뿐이고, 패기와 도전정신으로 평균적 능력의 사람이 하는 게 오히려 낫지 않을까 싶다. 신 앞에서는 울고, 사람 앞에서는 웃으며, 하루를 살아도 행복하게 살며, 흥분을 가라앉힐수록 평온한 기운이 온몸으로 퍼져 나간다. 마음이 평온해지면 어떤 상황에서든 침착하게 행동하게 된다. 훌륭한 교육 기회를 누린 사람으로서 자긍심과 사회에 대한 책임감을 지니고 열정적인 삶을 살되 미움과 교만을 버리고 다른 사람을 배려하며 더 좋은 세상으로 만들기 위해 노력해야 할 것이다. 적절한 유머가 있어야 하면서도 시종일관 품위를 유지하는 것 등 때로는 완벽주의자가 되려는 생각에서 벗어나야 할 필요가 있다. 자신을 재충전하는 시간도 가져야 가족에게도 충실하고 일에도 집중할 수 있다. 우리는 목표를 향해 나아가는 과정에서 행복을 느낄 수 있고, 자신이 계획했던 일들을 이룰 때 느끼는 성취감, 기쁨, 이런 감정들이 바로 행복이라고 한다. 진정한 행복은 힘든 시련 속에서도 목표를 향해 나아가는 노력 속에 있다. 부자보다 가난한 사람들이 더 행복하게 보이는 것은 꼭 이루고 싶은 꿈이 있기 때문이다. 나는 늘 고마운 하루에 감사하며 살아갈 수 있기를 소망한다.

## 진정한 지혜란

언젠가 읽었던 이런 내용의 글이 떠오른다. "어느 날 내가 누군가로부터 사랑받고 있다는 것을 알았다면 그 시간은 이 세상에서 가장 귀한 시간이다. 어느 날 내가 누군가를 사랑하고 있다는 것을 알았다면 그 시간은 이 세상에서 가장 빛나는 시간이다. 어느 날 내가 누군가의 아픔을 가슴으로 느끼면서 기도하고 있었다면 그 시간은 이 세상에서 가장 따뜻한 시간이다. 어느 날 내가 누군가의 모두를 이해하고 그 모습 그대로 받아들였다면 그 시간은 이 세상에서 가장 아름다운 시간이다. 어느 날 내 마음이 누군가를 향한 그리움으로 가득했다면 그 시간은 이 세상에서 가장 애절한 시간이다. 어느 날 나는 한없이 낮아지고 남들은 높아 보였다면 그 시간은 이 세상에서 가장 지혜로운 시간이다. 어느 날 내 손이 나를 해친 사람과 용서와 화해의 악수를 했다면 그 시간은 이 세상에서 가장 강한 시간이다. 어느 날 내 마음이 절망 가운데 있다가 희망으로 설레기 시작했다면 그 시간은 이 세상에서 가장 멋있는 시간이다. 어느 날 내 눈이 자연의 아름다움을 발견했다면 그 시간은 이 세상에서 가장 놀라운 시간이다." 진정한 지혜의 시간은 무엇이며, 지혜로운 사람은 어떤 사람일까? 지혜로운 이의 삶이란, 유리하다고 교만하지 말고, 불리하다고 비굴하지 말며, 무엇을 들었다고 쉽게 행동하지 말고, 그것이 사실인지 깊이 생각하여, 이치에 맞을 때 행동하라는 것이라 한다. 벙어리처럼 침묵하고, 임금님처럼 말하며, 눈처럼 냉정하고 불처럼 뜨거워야 한다는 것이다. 또 태산 같은 자부심으로 누운 풀처럼 자기를 낮추며, 역경을 참아 이겨내고, 형편이 나아질 때를 조심하라고 한다. 재물을 오물처럼 볼 줄도 알고, 터지는 분노를 잘 다스릴 줄 알며, 때로는 마음껏 풍류를 즐기고, 사슴처럼 두려워할 줄 알며, 호랑이처럼 용맹할 줄 아는 것이 무릇 지혜로운 이의 삶이라고 한다. 지혜의 시간과 지혜의 행동은 어쩌면 우리와 우리 사회가 정으로 넘치게 만드는 아름다운 비타민이 아닐까? 진정한 지혜를 위해 나도 부지런히 노력해야겠다.

### 직원이 행복해야 고객이 행복하다

 직장생활은 개인의 삶의 대부분을 차지하는데 그 구성원의 삶이 행복하지 않다면 도대체 기업은 뭘 하는 곳일까? 소속된 구성원들이 불행한 상태에서 고객을 행복하게 할 수 있을까? 구성원의 행복 추구가 경영의 최우선 과제가 되어야 한다. 샘 월튼 미국 월마트 회장은 "직원들이 고객을 대하는 것과 경영자가 직원들을 대하는 것이 같아야 한다. 직원이 고객을 잘 대하면 고객은 다시 찾아올 것이고, 바로 이것이 사업 수익의 진정한 원천이다. 그것이 직원(employee) 대신 동료(associate)라고 부르는 이유다."라고 말했다. 직원을 높이 대하는 것은 경영의 신이라고 불리는 마쓰시타 고노스케 회장도 이렇게 말했다고 한다. "부하 직원 모두가 나보다 위대하게 보였다는 것입니다. 모두 나보다 배운 것이 많고 재능이 많은 훌륭한 사람이라는 생각이 들었습니다." 회사가 잘되기 위해서는 고객을 만나는 직원들이 행복하고, 창의적인 사람들이 되어야 한다는 것은 누구나 알고 있는 상식이다. 특히 회사의 성장을 위해서는 직원들이 자신이 하는 일을 사랑해야 한다는 사실이다. 또 직원들을 움직이는 것은 명예나 돈에 대한 욕심보다 좋아하는 일을 사명감으로 일할 수 있게 만드는 것이 중요하다. '미치지 못하면 미치지 못한다. 미쳐야 미친다' 는 불광불급(不狂不及)이라는 말처럼, 미친 듯한 열정이 없으면 위대한 성취는 불가능한데 이는 누구의 지시가 아니라 직원 스스로가 그 일을 즐기고, 자기 일에 미치면 기업의 성공은 보장될 수 있다는 말일 것이다. 일을 파괴할 용기가 없으면 대규모 일의 창조는 있을 수 없다. 이것 역시 회사를 사랑하는 마음과 일을 즐기는 마음이 만들어 내는 용기이며, 그 용기야말로 창조를 부르고, 혁신을 부르고, 회사의 성장을 부르는 것이다. 자발적이고, 행복한 행동의 씨앗을 뿌리면 습관의 열매가 열리게 된다. 행복은 습관이므로, 노력을 중단하고 습관을 버리는 것보다 더 위험한 것은 없다. 습관은 버리기는 쉽지만, 다시 들이기는 어렵기 때문이다. 습관을 길들이기 위해서는 지식이 응용되고 용융(熔融)되는 것보다 경험을 개념화하고 실용화하는 업무영역을 넘나드는 것을 생활화하는 것이다. 같이 동고동락하는 직원들은 물론 오랜 고객들과의 관계에서도 내 생각과 타인, 이론과 경험, 남성과 여성, 현재와 미래의 괴리가 무엇인지를 살피는 것이 내 습관이 되었다. 편견과 질곡의 우물에 갇힌 내 세계관은 평생 직장생활에서 고정관념을 깨기 위해 부단히 노력해 왔듯이 앞으로도 주위 사람을 행복하게 만드는 노력이 내 행복의 출발이 아닐까? 그리고 내가 살아 온 시간의 축에 따라 새로운 내 이야기를 쓰고 싶다.

### 위기에 빛나는 낙관주의 리더쉽

미 해병대 체스티 풀러 장군은 아군이 적군에게 완전히 포위돼 고립됐다는 보고를 받자 이렇게 말했다고 한다. "우리는 포위됐다. 덕분에 문제는 간단하다! 이제 우리는 모든 방향으로 공격할 수 있다!" 현대 경영에서 위기는 특별한 상황이 아닌, 상수가 되었다. 나는 금융기관 종사 시작부터 지금까지 위기가 아닌 적이 없었던 것으로 기억하고 있다. 위기가 닥치면, 조직 구성원들은 초조와 불안, 혼란에 휩싸인다. 이럴 때 리더도 같이 흔들리면, 조직은 침몰할 수밖에 없다. 담대한 낙관주의와 긍정적 사고를 바탕으로 위기를 기회로 반전시킬 때, 리더의 진가가 나타나는 법이다. 피터 드러커가 얘기했던 말이 생각난다. 그의 말에 의하면 인기 많고, 유능한 리더는 진정한 리더가 아니며, 진정한 리더는 인기보다는 '리더를 따르는 사람들이 올바른 일을 하게 하는 사람'이라고 한다. 즉 인기는 진정한 리더쉽이 아니고, 리더의 궁극적 지향점은 '성과 창출'이며, 사랑받고 칭찬받는 인기 있는 리더이면서 제대로 된 성과를 창출할 수 있다면 더 좋다는 것이다. 그러나 현재의 인기와 장기적 성과 창출은 충돌되기 쉽고, 리더는 올바른 일보다 인기 있는 일을 하고 싶은 유혹을 충분히 견뎌낼 수 있어야 하는데 현실은 정반대인 경우가 많다. 조직의 수장으로 오랫동안 근무해 왔지만 리더쉽이야 말로 상황마다, 시점마다, 사람마다. 사안마다 모두 다 달라 정해진 답이 없다. 위기 상황에서는 오히려 다른 관점으로 바라보면 포위되었기 때문에 공격 방향이 단순해진다는 미 해병대 풀러 장군의 생각은 옳다. 실제로 금고 경영에서도 위기일 때 늘 방법이 있었다. 하늘이 무너져도 솟아날 구멍이 있다는 속담처럼 독자의 삶과 사업에도 앞으로 나아가서 또는 뒤로 물러서서 가만히 살펴보면 기회는 반드시 찾을 수 있을 것으로 믿는다. 운칠기삼(運七技三)이란 말이 있다. 이 말은 늘 우리 생활에 적용된다고 그동안 믿어 왔다. 아무리 실력을 갈고, 닦아도 운이 따라주지 않으면 큰 성공 어렵다. 운을 좋게 하려면 덕을 쌓고, 선을 행하며, 늘 마음공부를 해야 한다는 것이 선조들의 지혜다. 내가 아는 지인은 인류 역사에 처음 도래한 리먼 브라더스 사태로 인하여 발생한 글로벌 금융위기가 있고 난 후 생각을 고쳐먹기로 했다고 한다. 운칠기삼이 아니라 운칠복삼(運七福三)이라고. 즉 운과 복이 운명을 결정하는 전부라는 뜻인데 그만큼 어떤 상황이 오든 기회가 있기 마련이고 늘 준비하고 있으면 운처럼, 복처럼 따라온다는 것이다. 운(運)이여, 복(福)이여 내게로 오라!

## 하쿠나 마타타

내 인생의 좌우명 같은 세 가지 문장이 있다. 그 첫째는 메멘토 모리. 이는 사람은 언젠가 죽는다는 뜻으로 영원한 것은 없다는 말이다. 그리고 둘째는 카르페 디엠. 이것저것 고민하지 말고 '오늘을 즐기고 오늘을 살라'는 말이다. 그리고 셋째, 하쿠나 마타타. '다 잘 될거야'라는 뜻으로, 어떤 문제에 직면해도 잘 풀릴 것이니 걱정이나 고민할 필요가 없다는 말이다. 농부가 되는 게 참 어렵고 힘들다고 하지만 누구나 때로는 농부가 되고 싶을 때가 있다. 그래서 가끔 농부가 되는 꿈을 꾼다. 농부가 되면 텃밭에 상추와 고추 등을 심어 먹으며 살고 싶은 것이다. 바람도, 풍경도, 피부를 스치는 온도와 함께 하늘 색깔도 달라지는 가을이 오면 서정시도 쓰고 풍경화도 그리고 소설을 쓰고 싶은 것이 인간들의 보편적인 희망이다. 시간은 또 계절을 밀어낸다는 것을 실감하며 새로운 아침을 맞는다. 나뒹굴기 시작한 낙엽에서 가을의 잔영을 보며, 수확의 계절에서 정을 느끼는 감동은 여지없이 저민 가슴에 추억이 될 것이다. 행복은 가을을 머금고, 누구나 가을의 작은 시인이 된다. 시인이 되면 낭만을 꿈꾸는 뇌리에 충만한 행복이 가득할 것이다. 가을을 느끼며 겨울 준비를 알리는 장작 나무들이 자연과 삶의 정취를 물씬 일깨울 때 나도 소녀 감성으로 가을을 다시 불러본다. 가을아, 가을아, 네가 있어 내가 있다. 가을은 버려지거나 버리는 계절이 아니라 찬란한 열정이 샘솟는 계절이다. 단풍이 짙어가는 가을 추억을 부여잡고, 자연에 삶을 담아 시간 속으로 퍼 나른다. 버림을 받는 것이 버리는 것보다 더 비참할 수 있지만 수많은 시련은 더 강하고, 더 깊어지기 위해 가을처럼 익어가는 과정이다. 가을이 주는 영감은 여전히 지혜와 상념의 뜨락을 넘나들며 여무는 곡식알처럼 시간의 소산을 낳고 있다. 가을은, 가을은 매번 우리 모두에게 새로운 빛깔을 선물하고 있다. 가을 사진을 찍는 것은 가을을 즐기는 것만큼 내게 쾌감과 흥분, 그리고 행복을 준다. 영화 라이언 킹의 스와힐리어 대사 '하쿠나 마타타!' 즉, 걱정한다고 될 일은 없으니 걱정하지 말라는 뜻이라고 한다. "매일 아침 깨어나는 순간, 즐겁고 흥분이 되지 않는다면 그렇게 오래 다닐 수 있었을까요? 머리를 싸매고 고민할 문제는 언제든 쌓여 있게 마련이에요. 문제를 풀어가는 과정 자체를 도전으로 받아들이고 즐겨야죠." 디즈니 영화

제4장 다산과 옥산

감독 말은 내게 많은 위로를 준다. 걱정마저 즐기며 살 수 있다면 인생은 행복할 수밖에 없지 않은가? 하쿠나 마타타!

## 새해 소망은 늘 금고의 발전

필자는 늘 새해가 되면 그동안 쌓아온 역량을 지렛대 삼아 재도약하는 한 해가 되기를 그리고 지역사회와 고객들은 물론 직원들도 골고루 발전하는 원년이 되기를 기도해 왔다. 이를 위해 CEO부터 떳떳하지 않으면 남을 끌고 갈 수 없다. 기본과 원칙을 지켜 긍지와 열정을 갖고, 고객과 직원과의 소통과 화합으로 모든 금고가 골고루 발전하는 한 해가 되기를 늘 염원해 왔다. 이제 새마을금고는 어려운 금융환경 속에서 외형의 성장도 중요하지만, 내실을 다지는 것이 더 중요하다고 생각한다. 수익이 발생 되는 부분을 더욱 적극 개발하고 채권관리에 역점을 두어 부실채권을 줄이고 인력관리를 통한 경영의 극대화에 최선을 다해야 한다고 생각한다. 부딪히는 모든 일에 어렵다고 회피하지 않을 것, 힘들다고 포기하지 않을 것, 궂은 일에 주저하지 않을 것, 향후 예견되는 문제를 미리 파악할 것, 세상의 변화에 늘 주목할 것, 고객의 문제 해결을 탑 프라이오리티로 생각할 것, 늘 조직의 목표에 보조를 맞출 것 등이 우리가 처한 냉혹한 현실을 타파할 수 있는 열쇠가 될 것이다. 너무 빨리하다가 넘어지는 것보다 차근차근 가는 것이 더 나을 때도 많다. 따라서 천천히 가는 것을 두려워하기보다 가다가 오히려 멈추는 것을 두려워해야 하지 않을까? 기본과 원칙을 지키고, 긍지와 열정을 가지며, 소통과 화합을 통한 조직의 경쟁력 강화는 내가 늘 중요하게 생각하는 것이다. 우리 새마을금고가 주민 생활 밀착형 금융기관으로서, 지역과 주민 환원을 통하여 상생의 시너지를 추구하는 것이다. 일과 삶을 조화시키는 훌륭한 경영자가 되어야 재미있고, 즐거운 직장을 만들어 갈 수 있다. 원래는 없었던 길이 함께 가니까 길이 되듯이, 항상 새로운 길을 만드는 노력을 다하는 것은 물론, 위험한 곳에 가면 몸을 낮추고, 어려움이 닥치면 더욱 겸손해지고 조심스럽게 행동하는 내가 되면 좋겠다. 최고나 최선이 아니라 그것을 위해 노력하는 시간이 진정 아름답기 때문이다. 아무리 어렵지만 새롭게 다가온 한 해를 또 함께 뛰어보자고 늘 다짐했던 나는 그동안 쌓아온 역량을 지렛대 삼아 올해도 재도약하고, 바라는 모든 소망이 성취되어 기쁨이 가득한 한 해가 되길 기원하면서 내 평생 몸 담아온 직장이 늘 새해가 되면 새해에도 그동안 쌓아온 역량을 지렛대 삼아 재도약하여 모든 금고가 골고루 발전하는 한 해가 되기를 소망하곤 한다.

## "천재 한 사람이 10만 명을 먹여 살린다"

 핵심 인재 한 명의 예리한 판단력, 과감한 결단 그리고 추진력이 작은 회사를 초일류 글로벌 기업으로 뒤바꿔 놓을 수 있다는 것은 많은 사례에서도 증명되었다. 일류 엔지니어 한 명이 평범한 인력 300명보다 낫다며, 인재가 미래라고 했던 구글 부회장의 얘기를 보더라도 직원은 회사의 제1의 자산이다. 회사에 애착을 가질 수 있도록 '직원 만족' 경영으로 섬세한 배려를 느끼게 해줌으로써 우수 직원들의 충성도를 높인다고 한다. 아무리 초우량기업 삼성도 10년 후를 준비하고 보장하는 건 정말 어려운 과제다. 오히려 까딱 잘못하면 10년 전의 구멍가게가 된다는 것이다. 기업과 교육, 문화 모든 부분이 국내와 세계에서 자기 위치를 인식해야 변화무쌍한 21세기를 견뎌낼 수 있다며 각 분야가 정신 차려야 한다. 현대나 삼성을 포함한 한국 사회가 지금까지의 성공에 안주하거나 도취하지 말고, 부족한 부분을 정확히 인식해 고쳐나가지 않으면 미래를 장담할 수 없다는 뜻이다. 실패와 좌절은 정상을 향해 도전하는 과정에서 훌륭한 밑거름이 될 것이다. 그리고 혹 정상을 밟거든, 오늘의 초심을 잃지 말고 늘 온유하며 예의 바르고 겸손해야 한다. 만에 하나 교만해진다면 그 즉시 날개없는 추락을 거듭할 것임을 잊지 말아야 한다. 100년 기업을 원한다면 특급 인재를 키워라. 창의성 리더십 갖춘 인재, 실무 능력을 고루 갖춘 인재를 양성하는 게 더 중요한 것이다. 성공적인 진출을 위해서는 홍보나 마케팅은 물론이고 차별화된 상품과 서비스로 우선 인지도부터 높여야 하는데 고객에 대한 자세도 중요한 요소다. 故이건희 회장은 일본에서 프로레슬러로 유명한 역도산과 자주 골프를 쳤다고 한다. 이외에도 일류 야쿠자들과 1년간 골프를 치며 그들의 행동을 연구한 적도 있다. 이건희 회장이 일류 인재에 대해 이토록 집착한 이유는 "일류란 자신이나 일에 철저한 사람이고, 인간미가 넘치며, 벌을 줄 때는 사정없이 주고, 상을 줄 때는 깜짝 놀랄 정도로 한다"는 나름의 결론을 내리고, "천재 한 사람이 10만 명 먹여 살린다"고 글로벌 인재 양성을 주장했던 것이다.

## 사라지기 위해 밀려오는 파도

삶은 결과를 위한 행위만이 존재 이유가 아니다. 과정 그 자체만으로 그 이유는 충분하며, 도전 그 자체가 아름답다. 불만으로 가득한 사람들이 인류와 사회발전의 한 근원이라는 건 부인할 수 없다. 그러나 개인과 기업은 물론 우리 사회와 인류의 역사는 긍정적으로 보는 사람들에 의해 활기차고, 더욱 발전하게 된다. 누가 옳고, 그름이 아니라 관점의 차이일 뿐, "패시미스트(염세주의자)냐, 옵티미스트(낙관주의자)냐"라는 관점이 운명을 가르는 주요한 원인이다. 늘 새벽 겨울같은 가을이 우리를 움츠리게 하지만 계절을 느끼는 날씨가 변화의 가치를 충전한다. 부서지는 파도를 보고, 짙푸른 가을 하늘을 보며, 뭉실뭉실 떠다니는 구름을 보자. 파도는 사라지기 위해 그 드넓은 바다를 건너 밀려오고, 푸른 하늘도 사라지기 위해 석양으로 물들여지지 않았더냐. 그리고 춤추는 구름도 산산조각 사라지기 위해 바람과 함께 오지 않았던가? "되찾을 수 없는 게 세월이니, 시시한 일에 시간을 낭비하지 말고, 순간순간을 후회 없이 잘 살아야 한다. 인간의 탐욕에는 끝이 없어 아무리 많이 가져도 만족할 줄 모른다. 행복은 마음에서 우러나오는 것이다. 가진 것만큼 행복한 것이 아니며, 그렇다고 가난은 결코 미덕이 아니며, 맑은 가난을 내세우는 것은 탐욕을 멀리하기 위해서다. 가진 것이 많든 적든 덕을 닦으면서 사는 것이 중요하다. 가능하다면 잘살아야 한다. 우리 모두 부자가 되기보다는 잘사는 사람이 되어야 할 것이다."라고 법정 스님은 말했다. 사라지기 위해 밀려오는 파도처럼 우리들의 삶도 사라지기 위해 살고 있는 것일까?

### 사람은 변하지 않지만 마음먹으면 한순간

 가끔 갑자기 다가오는 로또 같은 행운을 생각할 때가 있다. 어느 책에서 봤는지는 정확한 기억은 없지만 우리에게 행운이 찾아올 확률은 '스스로 운이 좋다고 믿을 때' 가장 자주 찾아온다고 한다. 그러기 위해서는 늘 행운을 맞이할 마음의 준비를 하는 게 좋은데 첫째는 불행의 책임을 남에게 돌리지 말라. 불행은 내가 최종 책임자다. 둘째, 진심만을 말하라. 거짓은 생각도 마라. 셋째, 똑똑한 척하지 마라. 바보가 되어라. 넷째, 당신이 소유한 모든 재능과 사물과 관계에 먼저 감사하라. 다섯째, 늘 옷을 단정하게 차려서 입어라. 외양으로 남에게 손가락 받지 말라. 여섯째, 인내심을 가져라. 힘들어도 참고 견디도록 해라. 일곱째, 질투심을 반드시 버려라. 포용하라 여덟째, 마음을 편하게 가져라. 이 여덟 가지를 잘 지키기만 해도 로또와 행운은 쉽게 찾아든다는 뜻이다. 독자들은 행운이 따르는 삶을 살기 위해서는 어떻게 해야 한다고 생각하는가? 우선 긍정적으로 생각해 보자. 내일은 내일의 태양이 뜨기 때문에 성급할 필요가 없다. 그냥 즐기기만 하면 되지 않겠는가? 나이가 들며 사는 삶은 눈으로 흘기면서도, 가슴으로 이해하며 살고, 진정한 사랑을 가꾸어 갈 줄 안다. 또 중년은 아름답게 포기할 줄도 알고, 자기 주위가 얼마나 소중한지를 알고 있다. 그래서 중년은 한발 앞서기보다 한 발 뒤에서 챙겨가는 나이이다. 그만큼 경험과 경륜에 따라 숙성된 것이지 단순히 늙었다고 치부하지 말고, 당당히 살자. 나도 역시 그렇다. 이 긍정적인 마음은 늘 내 가슴에 고여 있다. 재산 1500억대를 가졌다는 주윤발의 명언을 보자. "돈은 내가 벌어왔지만 내 것이 아니다. 영원히 내가 소유할 수도 없다. 먹을 것이 있고, 살 곳이 있으면 된 것이지 더 뭘 바라겠는가? 생로병사는 자연의 섭리이므로 두려울 것이 없다." 따라서 더 바라지도 않고, 더 위하지도 않고, 작은 것에 행복할 줄 아는 눈빛으로 서로를 지켜주면 행복할 것이다. 특히 직장에서든 사회에서든 성공에는 전문적인 지식이나 기술이 15% 정도이고, 인간관계가 85%라고 미국의 카네기 공대에서 연구한 자료를 봐도 그렇다. 그냥 섭리대로 사는 것은, 인위적으로 행동하는 것보다 훨씬 쉽고도 어렵다. 사람이 변하기란 참 어렵지만 변하는 건 한순간일 수도 있다. 기쁨은 더하고, 슬픔은 빼내고, 사랑은 곱해서, 삶을 함께 나누며 살아야 하지 않을까? 우리는 내가 가진 백 개의 복은 당연히 여기고 부족한 하나를 계속 아쉬워하게 마련이다. 내게 주어진 삶이 얼마나 복된 것인지 알아야 하며, 지금 주어진 이 삶이 얼마나 복된가를 자각한다면 지금 이대로 인생을 행복하게 살 수 있다. 또 사람이 변하기란 참 어렵지만 변하는 건 한순간일 수도 있다.

### 말 한마디에

유대인 속담에 이런 말이 있다. "태양은 신이 없어도 뜨고 진다." 누가 뭐라고 하든 각자는 각자의 일로 당당하면 된다는 의미가 아닐까? 서로 좋은 일로 살기 위해서는 나쁜 말이나 행동도 문제이겠지만 어쩌면 너무 잘해주려고 하는 것도 사실은 상호 관계의 공정과 균형을 무너뜨리는 것이 아닐까? 또 살다 보면 사람과 사람 사이에 할 말과 하지 말아야 할 말이 있고, 기분 좋은 말도 있고, 또 듣는 이의 가슴을 아프게 하는 말이 있다. 남의 마음에 눈물을 주는 말과 실망을 주는 말 그리고 상처를 주는 말과 불신의 말 또 절망의 말 있다. 말 한마디에 천 냥 빚을 갚는다는 속담처럼 어쩌면 우리는 말 한마디에 천재 또는 바보가 될 수도 있고, 성공 또는 실패를 가져올 수도 있으며, 사랑 또는 이별할 수도 있고, 좋은 인연 또는 악연이 될 수도 있고, 영원히 또는 남남처럼 살아갈 수도 있다. 우리가 사람이기에 실수할 수도 있고, 잘못을 저지를 수도 있고, 싫은 말도 할 수가 있는 것이다. 그러나 인간은 생각하는 동안 이성이 있기에 언제든지 마음만 있으면 자신을 다스릴 수 있기에 믿기 어려워도 화가 치밀어도 한번 말하기 전에 조금만 참고 차분한 마음으로 그 사람이 왜 그랬을까를 생각하고 나 자신이 소중한 것처럼 남도 소중히 생각한다면 극단적이고 거슬리는 말보다는 곱고 고운 말, 아름다운 말, 희망의 말을 하게 될 것이다. 모로코 속담 중에 '말이 입힌 상처는 칼이 입힌 상처보다 깊다'는 말이 있다. 말은 깃털처럼 가벼워 주워 담기 힘들다. 그때 좀 참을걸, 그때 좀 배울걸, 그때 좀 재미있게 살걸이라고 후회하지 말고, 수없이 많은 말을 하고 살아가는 우리네 인생인데 기분 좋고 밝고, 맑고, 희망의 말만 한다면 서로 환한 미소 짓고 힘든 세상 육체는 힘들어도 편안한 마음과 함께 좋은 인연으로 살아 보자. 오늘 하루하루를 충만히 사는 것이야말로 죽음에 대한 가장 이상적인 준비이기 때문이다. 꽃들은 남을 부러워하지 않는다. 제비꽃은 결코 진달래를 부러워하지 않고, 진달래는 결코 장미를 부러워하지 않는다. 있는 그대로 자신을 한껏 꽃피우다가 떠날 시간이 되면 아무 말 없이 떠나가고 말겠지. 만일 제비꽃이 진달래를 부러워하고, 진달래가 장미를 부러워한다면 꽃들도 인간들과 똑같은 불행한 일들이 많을 수 있겠지. 그러나 다행히 그런 일은 없고, 꽃들은 어떻게 살 것인가 방황하지 않는 것 같다.

## 위기는 최대의 기회

나 자신도 수 없는 세월을 걱정과 고민, 번민과 번뇌로 점철된 것이 사실이지만 걱정은 역경과 어려움의 극복에 도전하는 사람에게는 하나의 과정일 뿐 결코 장애가 될 수 없다고 나는 늘 생각한다. 어느 책에서 본 것인지는 기억나지 않지만, 우리가 하는 걱정거리의 40%는 절대 일어나지 않을 사건들에 대한 것이고, 30%는 이미 일어난 사건들이며, 22%는 사소한 사건들이고, 4%는 우리가 어찌할 수 없는 사건들에 대한 것들이라는 것이다. 그리고, 나머지 4%만이 우리가 대처할 수 있는 진짜 걱정해야 할 사건이라고 한다. 즉 96%의 걱정거리가 쓸데없는 것이다. 우리는 우리가 만든 프레임(감옥)에 갇혀 자신을 그 걱정의 노예처럼 사고하고, 행동하는 것이 아닌지 가끔 생각될 때가 있다. 하나의 현상을 확정적 현상으로 받아들이고, 그 생각을 믿고 집착하거나, 자기중심의 좁은 생각이나 소견, 또는 그것에 사로잡힌 고집이 모두 자신을 옥죄는 것이 아닐까?. 쓸데없는 걱정에 갇혀 살고 있지는 않은지 또는 걱정한다고 문제가 해결되기를 바라지는 않는지 모르겠지만 생떽쥐페리의 말에서 더욱 명쾌해진다. "지난달에는 무슨 걱정을 했지? 그것 봐. 기억조차 못 하고 있잖니. 그러니까 오늘 네가 걱정하는 것도 별로 걱정할 일이 아닌 거야. 잊어버려. 내일을 향해 사는 거야" 걱정만 하고 도전하지 않는다면 가장 실패한 삶이다. '성공의 반대말은 실패가 아닌 포기'라고 한다. 나도 그렇게 생각한다. 자신의 스타일을 만들어야 한다. 생기와 에너지를 불어넣는 멘토를 찾아야 한다. 초라한 말은 초라한 인생을 만들고, 멋진 말은 멋진 인생을 만든다. 성공보다 성숙이 우선이다. 영원히 변치 않은 마음의 주인이 되어야 한다. 고작 땅을 소유하기 위해 인생을 걸 수 없는 것이다. 소유로 행복한 게 아니라, 존재로 행복해야 하는 것이다. 소유에 집착하면 초라해진다. 성공은 매일매일 가치 있는 목표를 향해 정진해 가는 상태에 있는 그 자체가 성공이라고 생각한다. 치열한 경쟁에서 살아남으려면 위기의식은 필수인데 지금 잘 나간다고 방심하는 태도는 가장 위험하다. 논에 미꾸라지를 키울 때 한쪽에는 미꾸라지만 넣고 다른 한쪽에는 메기와 함께 넣으면 메기에게 잡아 먹히지 않으려고 늘 긴장한 상태에서 활발히 움직여 튼튼해진다. 적절한 긴장과 자극이 있을 때 자신이 원하는 어떤 존재로 발전해 나간다. 건전한 위기의식이 있어야 변화에 적응하는 능력이 생긴다. 내가 수필집 발간을 포기했다면 그것은 바로 실패였을 것이다.


### 해결 능력

 슬픔이란 누구든지 이겨낼 수 있는 일이지만 이 슬픔을 이겨내지 못하는 사람은 늘 슬픔뿐이라고 한다. 인생 끝날 때까지 끝난 게 아니다. 준비하고 기다리는 자에게 기회는 온다. 긍정적인 사고방식 자신과의 싸움에서 이겨야 하고, 모든 승부는 즐겨야 한다. 사실 내일이라는 시간은 우리의 시간이 아니다. 우리에게는 오늘이 있을 뿐이다. 고쳐야 할 일이 있다면 오늘부터 고치기 시작해야 한다. 착수할 일이 있다면 오늘 착수해야 한다. 두려워 망설이고 있는 사이에 자존감을 회복할 기회는 날아가 버린다. 그러므로 소유 지향적인 삶을 살지 말고, 존재 지향적인 삶을 살 수 있도록 방향 전환 필요하다. 나는 오늘 마음의 평화를 조율할 것을 믿어 의심치 않는다. 인생의 한 명의 관객을 위해 공연되는 내면의 드라마다. 또한 나는 내 마음의 주인이고, 내 인생의 주인공이 될 수 있다. 마음속에서나 타인과의 관계에서 '갈등'이 있다면 과감하게 해소해야 한다. 갈(葛)은 칡이며, 등(藤)은 등나무다. 칡과 등나무는 둘 다 줄기가 땅 위를 기면서 자라든지, 아니면 다른 나무나 물체에 의지해 자라는 덩굴 식물이다. 그러나 같은 덩굴 식물이라도 칡은 오른쪽으로 덩굴을 감으면서 나무를 타고 오르고, 등나무는 왼쪽으로 나무를 감으며 타고 올라간다고 한다. 여기서 칡과 등나무가 만나 서로 얽히면, 그것을 풀어내기가 매우 힘들다는 의미에서 갈등(葛藤)이란 말이 나왔다는 것이다. 우리 삶과 우리 사회의 갈등은 서로 이해관계가 다른 것에서 비롯되지만, 그 갈등을 푸는 과정에서 우리의 삶은 성숙해진다. 논어에 보면 '사람이 이익만을 따라 행동하게 되면 원망이 많아진다.'고 했는데 공자의 말씀처럼 서로의 욕심이 부닥치는 곳에서 서로에 대한 원망이 생겨나고 갈등이 생긴다는 것이다. 갈등을 만드는 건 상대의 행동이 아니라, 그 행동을 받아들이는 것이기 때문이다. 주어진 일은 열심히 하는 습성과 여성으로서의 자존감으로 하루하루 꽉 채워 살았더니 CEO가 되었다는 어느 여성의 성공 스토리를 들어보면 그녀는 오랜 직장생활에서 갈등을 예방하고, 갈등이 생기면 그 갈등을 풀 수 있는 열쇠가 있기 때문이라고 한다. 그것은 인연을 좋게 만드는 능력이며, 성공의 지름길이다. 멍청한 사람은 인연도 못 알아보고, 평범한 사람은 인연인 줄 알면서도 보내고, 현명한 사람은 인연이 아닌 것도 인연으로 만들어 낸다.

## 고난은 기회다

꽃이나 새는 자기 자신을 남과 비교하지 않는다. 저마다 자기 특성을 마음껏 드러내면서 우주적인 조화를 이루고 있다. 비교는 시샘과 열등감을 낳는다. 남과 비교하지 않고 자기의 삶에 충실할 때 그런 자기 자신과 함께 순수하게 존재할 수 있다. 사람마다 자기 그릇이 있고 자기 몫이 있다. 그릇에 그 몫을 채우는 것으로 만족해야 한다. 내가 지금 순간순간 살아가고 있는 것에 대한 감사의 마음으로 내 그릇과 내 몫을 책임질 수 있다면 그것이야말로 행복이라고 생각한다. 어제의 내가 아닌 오늘의 나로 다시 태어나고 또 미래지향적으로 나 자신을 바꿀 수 있는 모습이 진화된 내 모습이다. 변화는 A에서 A로 만드는 것이고, 진화는 A에서 B나 C로 만드는 것이다. 즉 이노베이션과 크리에이티브한 것의 차이이며, 이는 같은 듯하지만 전혀 다른 관점과 방법에서 출발한다. 크게 바라는 사람만이 크게 얻을 수 있다는 말이 있다. 아무것도 쫓지 않을 때 비로소 온 세상을 갖게 된다는 것은 무소유의 또 다른 의미이다. 변화와 진화 중 어떤 것을 원하느냐에 따라 결과는 다를 것이다. 종교는 인간이 더 지혜롭고 자비스럽게 살아가기 위해 사람이 만들어 놓은 하나의 길이지만 인간의 성공에는 반드시 열정과 욕망이 있기 때문이라고 한다. 모두 고난이라고 하는데 그걸 기회라고 하는 사람들과 모두 기회라고 하는데 그걸 고난이라고 버리는 사람들이 운명을 가른다. 사람은 저마다 자기중심적인 고정관념을 지니고 살게 마련인데 상황을 고난으로 보거나, 기회라고 보거나 두 부류로 나누어지고, 그 결과 역시 천차만별이 된다. 비록 커피는 쓰지만, 커피 향은 카페 들어서면서부터 코에 행복한 자극을 충동질한다. 남은 시간이 있을 때면 커피 향의 의미를 우리들의 열정에 스미게 하는 향연을 누려 보자.

## 운길산과 한강(漢江)

이른 아침 출근해서 사무실에 앉아 가만히 눈을 감으면 여전히 커피향처럼 피어오르는 지난날 수많은 추억의 파편들이 영화 필름처럼 뇌리에 스친다. 산은 솟아 구름이 되고, 강은 누워 옥빛처럼 흐른다. 언제나 찾았던 수석동 강변의 유유히 흐르는 강물은 가끔 힘들고 지친 나를 늘 포근하게 안아주고, 내게 항상 용기와 열정을 주곤 했던 내 인생의 가장 든든한 지원자였다. 나는 운이 좋게도 유유히 흐르는 한강에 늘 다가갈 수 있는 곳에서 태어나, 평생 한강의 기적을 목격하며 살아왔고, 우리나라의 젖줄인 한강은 언제나 내 삶의 애환을 같이해 왔다. 한강이 있어 나는 명품을 걸친 것처럼 빛나고, 한강이 있어 나는 어머니 품처럼 따뜻했다. 한강은 언제나 내 삶의 큰 줄기였으며 든든한 기둥이었다. 그리고 나의 버팀목이자, 디딤돌이었다. 구름이 복되고 좋은 일을 부르는 길운(吉運)이라 운길산으로 부르는 산인가? 높을 만큼 높고, 깊을 만큼 깊은 운길산은 예봉산과 이어져 있다. 북한강과 남한강이 마주치는 양수리가 보이고, 이 두 강이 합류해서 한강이 되어 바다로 흐르니 운이 겹치는 곳인가? 남양주 쪽은 운길산은 예봉산과 이어지고, 건너편 하남 쪽에는 검단산이 있다. 서울과 수도권의 수많은 이들이 이 산을 찾아오고, 나에게도 이 산들은 항상 동행자처럼 친구가 되어주었다. 가끔 전철을 타고 운길산 자락의 수종사에 들러 두물머리를 내려다보면 내 몸속의 아드레날린은 늘 가득히 솟아나고, 이런 산들이 있기에 한강은 아름답고 풍요로우며 모든 이에게 위안이었다. 내 평생 한강을 곁에 두었다는 것은 최고의 행운이자 축복이었으며, 어머니 품처럼 포근한 둥지였다. 한강은 산들이 만든 것이고, 명산은 한강이 만들었으니, 그 한강을 두고 살아온 세월은 필자가 살아가는 동안 진정 행복으로 남을 것이다. 인간이 태어나서 살아가며 겪게 되는 모든 과정을 일생이라고 한다면 나는 그 일생의 많은 부분을 그렇게 한강을 친구처럼 곁에 두고 지내왔다. 오늘도 나는 석양이 비치는 한강의 붉은 물결을 바라보며, 주마등처럼 지나가는 내 삶의 파편들을 이어간다. 한강!

## 황금 가을은 일탈 여행

　여기저기 형형색색 곱게 물든 가을의 향연이 너무도 아름다워 눈이 부시다. 내 인생의 가을은 어떤 모습일까? 내 인생의 가을이 지났을까? 아직 내 인생의 가을이 오지 않은 것일까? 계절이 가을을 두드리면 늘 가을은 내 삶을 되돌아보게 하는 계절이다. 내 인생의 이제까지의 길은 눈이 시리도록 초록빛 길이라면 이제는 조금씩 황금빛으로 물들어 가는 길일 것이다. 그러나 운명은 늘 인간을 마냥 행복하게만 놔두지 않는 것 같다. 혹시 독자들은 사기를 당해 보거나 가벼운 교통사고를 당한 적이 있는가? 너무 아픈 상처일 수도 있지만 어쩌면 그런 사고나 상처조차도 삶이 익어가는데 소중한 경험이라고 생각한다. 삶에 있어서 가장 흔들리지 않는 가치는 바로 소중한 '경험'이기 때문이다. 또 그 경험은 돈을 주고서라도 겪는 것이 좋다고 한다. 그 경험이야말로 행복으로 가는 지름길이며, 동시에 가을 감수성에 빠진 나약한 인간을 구해주는 소중한 소산이다. 그리고 경험 중에 가장 가치 있는 경험은 여행이다. 아무리 힘든 여행이라도 일탈하여 떠나는 여행은 평생 우리에게 변하지 않는 사고의 영역을 확대하는 것은 물론, 궁극적으로 우리에게 행복을 선물해 줄 것이다. 우리는 시간이라는 동반자와 끝없이 여행하고 있다. 나는 오늘도 여행한다. 이 얼마나 훌륭한 삶인가? 그래서 인생이 한 편의 불가측성의 여행 드라마다. 뜨거운 여름이 가면

따가운 9월의 가을 햇빛이 곡식을 여물게 한다. 그리고 가을비 우산 속을 벗어나 뒤돌아보면 수십 년의 회억(回憶)에 더욱 정이 흐른다. 가을이 오면 특히 소녀 감성의 그 시절처럼 이름모를 그대가 생각나고, 느닷없이 그대를 보고 싶어진다. 가을, 너도 마지막 잎새를 남기고 가버리겠지? 가을이 좋은 것은 삭막한 겨울과 꽃 피는 봄과 풍성한 여름이 있기에 더욱 아름다운 것. 가을밤 사색을 사유로 여행한다. 특히 시월의 마지막 날은 걷는 자의 소유물이고, 또 시월의 마지막 밤에 이리저리 바람에 나 뒹구는 낙엽들이 가을밤을 더욱 쓸쓸하게 만들게 되면 사람들은 이용의 '잊혀진 계절'을 부르며 감성의 노예가 되겠지. 갑자기 흘러간 영화 "라스트 콘서트가" 아련히 머릿속에 떠오른다. 그녀의 이름은 스텔라(파멜라 빌로레시 분). 어려서 어머니를 잃고 애인과 도망친 아버지를 찾고 있다는 것이다. 한때는 명피아니스트로 이름을 날렸으나 오랜 슬럼프에 빠져서 우울하게 소일하던 리처드는 스텔라의 티 없는 마음을 접하자 자신의 마음에 자리했던 우울함이 깨끗이 씻기는 것 같았다. 그런 사랑도 황금 가을 여행이지 않을까?

### 인색하지 마라

사람은 돈 쓰는 것을 보면 그 사람이 어떤 사람인지 알 수 있다.

인색한 사람은 부모라도 그 자식을 싫어한다. 돈을 잘 쓰면 그 돈이 그 사람을 빛나게 한다. 그러나 인색하면서 사람들과 더 좋은 관계로 발전할 수 없다. 항상 최고의 컨디션을 유지하도록 노력하라. 최고의 컨디션은 기쁨과 감사하는 마음과 사랑스러움이다. 내 소망은 단순하게 사는 일이다. 그리고 평범하게 사는 일이다. 느낌과 의지대로 자연스럽게 살고 싶다. 그 누구도 내 삶을 대신해서 살아줄 수 없다. 나는 나답게 살고 싶다. 빨리 가고 싶으면 혼자 가고, 멀리 가고 싶으면 함께 가라고 한다. 나는 늘 함께하지만 때로는 혼자 가고 싶을 때도 있다. 모든 문제에 대한 해답은 바로 내 마음속에 있으므로, 혼자면 모든 결정이 단순하고 자유스럽다. 동행자나 타인을 고려하지 않아도 되기 때문이다. 행복한 생각을 심으면 행복한 인격이 나오고, 행복한 인격을 심으면 행복한 인생이 나온다고 했다. 작은 선택이 모여서 큰 선택이 되듯 행복은 선택이고 습관이다. 힘들수록 넉넉한 마음을 갖고 힘차게 웃을 수 있다면 모든 일에도 능률이 오를 수 있다. 고요하게 흐르는 물줄기처럼 마음속에서도 철저히 부드럽게 흘러가는 편안함이 있다면 바로 그것이 행복이다. 오늘도 웃을 수 있는 일들이 많이 있으면 더 좋을 것이다. 하지만 스스로 만들어 가는 것이 중요하다. 어렵고 힘든 시간이 큰 보람으로 다가올 그 달콤한 시간을 위해 힘내야만 한다. 누구에게나 늘 공평하게 찾아오는 삶의 원칙이 바로 오늘이다. 오늘은 그 자체만으로도 아름다운 미래로 가는 길목이다. 사람들은 누구나 아침에 눈을 뜨면 새로운 오늘을 맞이하고, 하루를 설계하는 사람의 모습은 한 송이 꽃보다 더 아름답고 싱그럽다. 열광하는 삶보다 한결같은 삶이 더 아름답다. 사람은 누구에게나 배운다. 부족한 사람에게는 부족함을 배우고, 넘치는 사람에게는 넘침을 배운다. 모든 이로움은 어디서 올까? 자기만 생각하는 이기심에서 온다. 모든 행복은 어디에서 올까? 남을 먼저 생각하는 배려심에서 온다. 사막이 아름다운 건 그 가운데 오아시스가 있어 그렇듯 세상이 아름다운 건 사람 간의 훈훈한 인정이 있기에 그런 것이다. 따스한 말 한마디가 이 세상의 삭막함을 모조리 쓸어가고도 남는 것이다.

## 결혼은 모험이자 축복

세상 사람들은 내가 생각하는 만큼 내게 관심이 있는 것은 아니다. 이 세상 모든 사람이 나를 좋아해 줄 필요도 없다. 늘 내가 남을 위한다는 행위들은 사실상 나를 위해 하는 것이다. 타인의 행복도 내가 먼저 행복해야 하고, 그래야 세상도 행복한 것이고, 동시에 내가 세상을 행복하게 만들 수 있기 때문이다. 경쟁이나 승부에서도 이기는 것이 반드시 이기는 것은 아니다. 지는 것이 이기는 경우가 많다. 채근담에는 남의 조그만 허물을 꾸짖지 않으며, 나의 사사로운 비밀을 폭로하지 않으며, 지난날 남이 저지른 잘못을 생각하지 말자는 글이 있다. 심술궂은 호기심으로 당사자에게 있어서는 아픈 상처와 같은 말을 떠들어대고 다니는 사람이 있다. 그렇게 함으로써 자기 우월감을 만족시키려는 풍조는 근절되어야 한다. 남의 소소한 과실을 들추어내고 개인적인 비밀을 폭로하며 지난날의 상처를 캐내는 짓 등은 스스로 품위을 떨어뜨리고 남으로부터 원한을 사게 될 것이다. 결국 해(害)만 있을 뿐 득은 없는 것이다. 남의 약점을 건드리며 비난하는 것은 부메랑 효과를 자신에게 되돌아온다는 것을 명심해야겠다. "Stay Hungry, stay foolish" 이 말은 스티브 잡스가 말했던 그 유명한 말인데 무슨 일이든 항상 절실함과 간절함으로 임하고, 처세술에 밝은 사람들에겐 차라리 미련하게까지 보이는 끈질긴 정신을 견지할 것을 주장하는 것이다. 모든 시작은 자신을 '아는 것'으로부터 출발한다. 자신을 알아야 자신에게는 일을 택할 수 있고 자신에게 맞는 방식으로 일할 수도 있다. 현재의 일에 최선을 다하자. 나중에 일어날 일이나 승진에 대해서 미리부터 걱정하지 말자. 고단한 인생길 먼 길을 가면서 서로 마음 기댈 수 있는 사람이 되고, 견디기에는 슬픔이 너무 클 때 언제든지 부르면 달려올 수 있는 거리에 있을 것이니 필요할 때는 나를 찾아라. 사람들의 삶에 어떤 우여곡절이 있다고 해도 자연 속에서 소멸해 가기 마련이다. 순진한 아마추어로 머물지 않고 지혜로운 프로페셔널이 되는 길의 첩경은 스스로에 대해 정확하게 아는 것에서 시작하는 것이다. 순진한 잣대로 세상을 바라보면서 자기만 행복하게 사는 삶은 결국 아무 곳에도 이르지 못하게 만든다. 자기의 현실을 알아간다는 것. 그리고 배우고 성장한다는 것은 아픔을 동반하게 된다. 자기가 얼마나 부족한지 알고 쥐구멍에라도 들어가고 싶을 정도로 부끄러워 얼굴이 붉어지는 경험이 있었다면 그것이 바로 진정한 성장이다. 결혼도 만남이며 만남을 통해 우리는 서로를 발견하게 된다.


## 말은 혀를 베는 칼

　너무 욕심을 내지 말고, 너무 기대도 하지 말자. 인생의 길은 되돌아올 수 없는 일방통행도, 왕복표는 발행하지 않는다. 한번 가면 돌아오지 못한다. 하지만 마치 언제나 쉽게 돌아올 듯이 가볍게 다닌다. 매 순간 중요하지만 '순간'은 자고나면 떠나가고 없다. 우리는 모두가 붉게 불타는 황혼이기에 언제 헤어진다는 기약없는 우리의 하루하루 서로서로 위로하고 용서하고 안아주면서 아름다운 세월 만들어 가야 한다. 내가 할 수 있을 때 인생을 즐겨라. 걷지도 못할 때까지 기다리다가 인생을 슬퍼하고 후회하지 말고 몸이 허락하는 한 가보고 싶은 곳을 여행하자. 말을 예쁘게 하자. 말을 잘못하면 혀를 베는 칼이 될 수도 있다. 세상은 약하지만 강한 것을 두렵게 하는 것이 있다. 모기는 사자에게 두려움을 준다. 거머리는 물소에게 두려움을 준다. 파리는 전갈에게 두려움을 준다. 거미는 매에게 두려움을 준다. 아무리 크고 힘이 강하더라도 반드시 무서운 존재라고는 할 수 없다. 매우 힘이 약하더라도 어떤 조건만 갖추어져 있다면 강한 것을 이길 수가 있는 것이다. 쓰고 있는 열쇠는 항상 빛난다. 가장 무서운 사람은 침묵을 지키는 사람이다. 생각에 따라 천국과 지옥이 생기는 법이다. 천국과 지옥은 천상이나 지하에 있는 것이 아니라 바로 우리의 삶 속에 있는 것이다. 사랑받는 것은 행복이 아니다. 사랑하는 것보다 사랑하는 것이야말로 더 큰 행복이다. 본질을 바라보는 것, 눈으로만 바라보지 말고 마음으로만 보이는 것, 내 기준이 아니라, 상대방 입장에 서서 세상을 바라보는 것이 중요하기에 "그럴 수도 있지"라고 이해하게 된다. 진심으로 얘기할 수 있는 친구, 당신이 있어 나는 참 행복하다고 친구를 소중하게 생각하자. 나이 들면서 무엇보다 중요한 것은 스스로 자신을 잘 대접하는 것이다. 自身이 자신을 최고로 알고 대접하며 살아야 한다. 이미 삶이 나부끼지 않을 때가 오면 다음에 더 나은 삶을 위한다고 아꼈던 모든 것은 모두 후회가 되기 때문이다. 가는 시간 가는 순서 다 없어지니 남녀 구분 없이 부담없는 좋은 친구는 산이 부르면 산으로 가고, 바다가 손짓하면 바다로 가고, 하고 싶은 취미생활 마음껏 다 하며, 남은 인생 후회없이 즐겁게 살아가자. 한 많은 이 세상 어느 날 갑자기 소리 없이 훌쩍 떠날 적에도 돈도, 명예도, 사랑도 미움도 가져갈 것 하나 없는 빈손이고, 동행해 줄 사람 하나 없으니 행여라도 사랑으로 가슴에 묻어둔 아픔이 남아있다면 미련 없이 다 떨쳐버리고 '당신이 있어 나는 참 행복합니다.'라고 진심으로 얘기할 수 있는 친구를 만나 남은 인생 건강하게 후회 없이 살다 가자. 이 세상에서 가장 아름다운 사람은 마음씨가 따뜻한 사람이고, 이 세상에서 가장 부유한 사람은 가슴이 넉넉한 사람이며, 이 세상에서 가장 착한 사람은 먼저 남을 생각하는 사람이다. 또 이 세상에서 가장 용기 있는 사람은 용서할 줄 아는 사람이고, 이 세상에서 가장 필요한 사람은 성실하게 살아가는 사람이다. 이 세상에서 가장 지혜로운 사람은 사랑을 깨달은 사람이고, 이 세상에서 제일 행복한 사람은 단 한 사람일지라도 그로부터 사랑을 받은 사람이다. 이 세상에서 가장 행복한 삶은 모든 걸 긍정적으로 살아가는 사람입니다. 상대방의 예쁜 모습만 봐주고, 실수해도 너그럽게 부드럽고 큰 가슴으로 안아줄 수 있는 하루를 좋은 날을 만들려는 사람은 행복의 주인공이 되고, 나중에 다음에 라고 미루며 시간을 놓치는 사람은 불행의 하수인이 되고 만다. 작은 집에 살아도 잠잘 수 있어 좋다고 생각하는 사람은 행복한 사람이고, 불평하는 사람은 이미 불행할 것이다.

## 삶을 소녀의 소풍처럼

　인생을 소풍가는 것처럼 살자. 우리 인생은 어쩌면 날마다 소풍이라고 생각한다. 봄볕은 위, 아래 없이 고루 비추지만 꽃가지는 스스로 길기도 하고고 짧기도 하다. 사람마다 받아들이는 정도가 다름에 괴로움의 크기도 각기 달라 행복의 무게도 제각각이다. 회사를 위해서가 아니라 자신의 인생을 위해서 실력을 쌓아야 할 것, 실력을 갖추면 회사가 자연스럽게 여러분의 가치를 인정하게 될 것이다. 태풍, 무더위, 열대야, 휴가의 여름이 서서히 작별하고, 코스모스의 가을을 기다리는 마음으로 오늘 이렇게 건강한 모습 만날 수 있음에 감사드리며, 늘 힘이 되어주는 동지 여러분께 감사드린다. 지나간 시간은 다시는 돌아오지 않는다. 오늘 이 시간이 평범해도 늘 힘이 되어주는 동지 여러분, 오늘도 처음 만난 이들처럼 설레는 마음으로 정겨운 이야기 나누며 오늘 최고로 만들어라. 행복은 완벽하고 만족한 상태가 아닌 조금은 부족하고 모자란 상태이다. 적당히 모자란 가운데 부족한 부분을 채우기 위해 노력하는 나날의 삶 속에 행복이 있다고 플라톤은 생각했다고 한다. 행복의 비밀은 자신이 좋아하는 일을 하는 것이 아니다. 자신이 하는 일을 좋아하는 것이다. 우리네 인생은 원치 않았으나 우리는 여기에 왔고, 예약하지 않았으나 우리는 여기를 떠나가게 된다. 우리네 인생은 흐르는 강물과 같아서 숨죽여 흐르다가도 모난 돌과 낭떠러지를 만나면 깊은 신음을 토해내기도 하고, 주어진 길을 따라 한없이 흘러내려 가기도 한다. 한 번 떠난 물은 다시 거슬러 오르지 못하듯이 한 번 떠난 시간은 되돌아오지 않는다. 우리의 인생은 영겁 속에 비추어 볼 때 찰나에 불과하다. 이렇듯 금방 왔다 금방 사라지는 삶 속에서 그 무엇으로 얼마나 채워지고 만족해야 비로소 나

제4장 다산과 옥산

아닌 타인의 입장을 먼저 생각하고 먼저 배려하며 베풂의 미덕을 깨우칠지 모르겠다. 매사에 시기심과 질투심의 사리사욕에 사로잡혀 욕심의 노예로 살면서도 겉으로는 아닌 척 하며 이중적인 생각의 굴레에서 벗어나지 못하고 있는지는 아닌지? 우리의 마음은 착하지만 참 간사해서 수시로 변화가 심하니 그때그때 잡아가지 않는다면 잘못된 생각들로 가득 차게 될 것이다. 또 분하다고 악으로 대하면 선한 마음은 없어지고, 악한 마음들이 가득 채워진다. 우리는 마음먹기에 달려 있다. 어떤 마음을 먹느냐에 따라서 우리의 인생이 달라지기도 한다.

## 1등 협의회

    1등 협의회를 만들어 주신 우리 협의회 책임자와 직원들! 무덥던 8월이 끝나고 사무실 곳곳에 가을의 전령사 귀뚜라미 자연의 리듬에 맞춰 가을의 문턱에 들어섰다. 여름 내내 유난히 더워서 흘렸던 땀만큼 우리 협의회 관내 금고가 추진했던 각종 사업에도 좋은 성과의 열매가 탐스럽게 수확되기를 바라는 마음은 늘 간절하다. 덥다고 난리를 치던 시간이 절기 앞에 무기력하게 꺾이고, 아침, 저녁으로 선선한 바람이 불어오는 9월은 황금 열매가 열리는 달이다. 수확에 대한 행복의 비밀은 자신이 좋아하는 일을 하는 것이 아니라 자신이 하는 일을 좋아하는 능력이다. 가을로 접어드는 9월의 첫 주, 항상 최고가 되기보다는 늘 최선을 다하는 우리, 1억을 만들기보다는 추억을 만들어 가자. 연구, 개발, 관리, 고객, 영업 등 자신이 담당하는 업무에 대한 전문성도 중요하지만, 관련 부서 구성원들은 물론 사회관계망 친구들과의 소통 능력(네트워킹 능력)을 갖추어야 한다. 반대로 과장급 직원은 "에스프레소"(빠르게 만드는 커피)에 비유한 글을 본 적이 있는데 그 이유는 양은 적고, 쓰지만 활용 가치는 무궁무진하다는 것이다. 에스프레소처럼 과장들로 각 조직에서 다양하고 중추적인 역할을 하는 사람들이 회사에서는 가장 활력을 불어넣는 소중한 인적 자산이다. 업무의 태도에 따라서도 각자의 스타일에 따라 모두 다 장, 단점을 갖고 있기 마련인데 어떻게든 밝은 면을 볼 줄 아는 능력이 리더의 자세라고 할 수 있다. 세상을 현미경으로 들여다보면 각종 세균, 먼지, 바이러스 등 보기 싫은 것과 보지 말아야 하는 것들이 잔뜩 꼬인다. 반대로 망원경으로 들여다보면 저 푸른 수평선, 저 넓은 지평선이 한눈에 쑥 들어온다. 똑같은 상황에서도 낙천적인 사람은 파란색 눈부신 가슴을 품지만, 비관적인 사람은 새까만 어둠을 바라보며 한숨을 푹푹 쉰다. 바로 이 긍정의 망원경이 미래를 보장하는 희망이며 비전이다. 1등 협의회의 긍정적인 비전이 지역주민들의 꿈이 되기를 소망한다.

◆ 보물 같은 12권의 옥진 수첩

수십 년 동안의 사회생활을 통하여 셀 수 없을 만큼 많은 사람을 만난 김옥진 이사장님! 그녀는 사람을 만날 때마다 또는 업무 과정이나 책을 읽을 때 꼭 기억하고 싶은 세상의 좋은 이야기와 책이나 신문 등을 통해서 읽거나 보게 된 좋은 글들을 그때마다 틈틈이 메모한 12권의 '옥진 수첩'이 드디어 한 권의 완전한 수필집으로 출간하게 된 것을 진심으로 축하드립니다. 작가를 가끔 만날 때마다 느낀 그녀의 소녀 감성은 책을 읽지 않아도 눈에 선합니다. 특히 김옥진 작가의 '강처럼 누워 산처럼 서다'라는 수필집은 평생 메모한 것들을 요리하듯 엮어 작가 자신은 물론 또 누군가를 위해서 감동적이고 좋은 이야기들을 읽혀 지게 하고 싶었다고 말합니다. 누구나 쉽게 읽을 수 있도록 쓴 글 한줄 한줄 행간에 숨은 의미는 마치 항아리에서 오래도록 숙성되어 깊은 맛을 만들어 내는 전통 간장처럼 우리의 삶에 맛깔나는 행복을 주기 위해 엮어진 행복 에세이입니다. 김옥진 작가의 첫 수필집 출간을 다시 한번 축하드립니다.

**최연우** 시인, 포토그래퍼

## 제5장 강(江)처럼 누워

　누구나 그 사람만의 진가는 존재한다. 따라서 나는 사람들의 단점을 찾는 교정자가 아니라, 오래전부터 사람들의 좋은 면과 아름다운 면을 보는 '관점 예술가'가 되기로 처음부터 작정했다. 아름다운 사랑을 보면 감동하며 눈물을 흘리고 싶을 만큼 청춘의 감성을 가지면, 나도 언젠가 그 사랑을 닮지 않을까 생각해 본다. 남의 좋은 점을 말하면 나도 언젠가 좋은 말을 듣게 된다. 내가 남을 칭찬할 때마다 내 마음도 칭찬을 듣는 것 같아 나는 늘 행복하다.

## 내가 성공한 이유는 '실패'다

농구 황제 마이클 조던이 성공할 수 있었던 가장 중요한 이유를 들으면 우리는 얼마나 실패라는 보물을 무시하는가를 일깨워 준다. 그는 어느 인터뷰에서 이렇게 말했다. "나는 선수 시절에 9천 번 이상의 슛을 놓쳤다. 거의 3백 번의 경기에서 졌다. 경기를 승리로 이끌라는 특별임무를 부여받고도 실패한 적이 26번이나 있었다. 그리고 나는 인생에서 거듭 실패를 계속해 왔다. 이것이 정확히 내가 성공한 이유다." 이 세상 누구든지 언제나 노력하고 배워야 한다. 조금 밖에 모르는 사람이 자신의 실수를 인정하지 않는다. 자신의 실수를 솔직히 인정하는 것에서 새로운 배움과 발전이 시작되고, 실패의 경험이 성공의 밑거름이다. 실패학의 창시자이자 대가인 하타무라 요타로 동경대 교수는 실패의 특징을 다음과 같이 이야기했다고 한다. "실패는 기묘한 속성을 가지고 있다. 감출수록 커지고 악화하지만 일단 드러내기 시작하면 성공과 창조를 가져온다." 한 번도 실패하지 않은 기업은 있을 수 없다. 모든 기업이 크고 작은 실패를 경험한다. 하지만 실패가 가진 얼굴은 기업마다 다르다. 우리 기업의 실패가 더 큰 실패로 이어지는 악순환의 고리로 만들 것인지, 아니면 기업을 성공으로 이끄는 사다리로 만들 것인지는 기업의 몫이다. 전쟁에서 극도의 위험에 빠지기 쉬운 장수 역시 실패하지 않고 살아남을 생각만 하는 자는 반드시 죽을 위험에 빠지고, 극도의 분노와 조급함에 빠지면 꼭 수모를 당한다고 한다. 그리고 지나치게 결벽한 사람은 피할 수 없는 치욕을 당하게 되고, 융통성 없는 집념이나 고집을 가진 사람은 매우 위험한 상황에 빠진다. 인간관계의 사회생활이든 직장생활이든 전쟁처럼 치열한 사업이든 정말 중요한 것은 반드시 실패가 있어야 성공 사다리를 얻을 수 있으며, 실패를 통해야 성공으로 들어갈 수 있다는 것이다. 그래서 인생에서 가장 큰 실패는 실패가 두려워 시도하지도 못한 사람들이라고 하지 않을까? 경영의 구루 G.E. 웰치 박사는 이렇게 말했다고 한다. "많은 사람이 실패하는 이유는 너무 빨리 단념하기 때문이다. 한번 붙어보겠다는 도전정신과 계속해 나갈 용기를 불태우자. 더 많은 이가 불가능에 도전하고 실패하기를 반복한다면, '불가능은 없다'는 옛말을 더 빨리 깨닫게 될 것이다. 공포를 이겨내면 무엇이든 원하는 것을 이룰 수 있을 것이다." 부단하게 인내를 갖고 꾸준하게 실행하는 것도 실패를 줄이는 것이다. 남이 하지 않는 일을 최소한 10년 하면 실패할 수 없다는 것이다. 10년의 의미는 그동안 수많은 실패를 할 수밖에 없다는 얘기이기도 하다. 천재적 재질보다 꾸준한 정진 노력이 성공의 어머니가 되며, 실패와 중단은 완연한 실패를 가져온다는 것이다. 즉 세월의 씨를 뿌리고, 열매가 맺히고 수확할 때까지 인내로 길러야 한다. 천재로 알려진 사람 중 상당수는 타고난 천재성이 아니라 우리의 상상을 뛰어넘는 집중과 반복의 산물이다.

## 남을 위하는 건 나를 위한 것

　흔히 인간성 좋고 유능한 사람이라는 평판을 얻거나, 칭찬을 받는 데 신경을 쓴다. 그런데 나는 좋은 의도가 일상적인 인간관계에 악영향을 줄 때도 있고, 때로는 지치게 하고, 내 열정과 노력은 물론 귀중한 시간과 비용을 빼앗기는 경우도 종종 있다. 이처럼 대인관계에 있어서 자신을 희생하면서까지 남에게 인정받으려는 것은 권장하고 싶지 않다. 자신의 희생을 막고 타인에게 계속 좋은 사람으로 남을 수 있는 좋은 방법은 타인을 기쁘게 하기 위해서가 아니라, 나를 포함한 모든 사람에게 이익이 되는 방법을 찾는 것이다. 기대한 만큼이 아니어도 아량으로 품어주면 충분하지 않을까? 우리는 자신의 감정보다는 남의 기분에 더 많은 신경을 쓰고, 남의 일을 해결하기 위해서 자신의 중요한 권리까지 침해당하는 경험이 적지 않게 있을 것이다. 무엇보다 자신부터 생각하는 게 결국은 타인을 위하는 것이기 때문에 우리는 우리 자신을 먼저 사랑하고 내 문제부터 해결해야 한다는 것이다. 그럼에도 우리가 가져야 할 기본 생각은 매사에 감사하는 마음으로 살아야 한다는 것이다. 그런 마음이면 자신도 모르게 타인으로부터 감사하다는 얘기를 듣게 된다. 불확실한 미래가 두려울 수도 있지만 나이가 들면서 깊어지는 것들이 있듯이 다른 사람의 삶과 생활에 신경쓰는 일보다 자신만을 위해 생각하고, 능력에 맞는 일을 헤아리며 살면 세상은 더 편해지고, 평화로우며, 둥글둥글 지혜롭게 살 수 있을 것이다. 날카롭던 것들은 유연하게, 상처는 치유의 흔적으로. 내게 없는 것, 내게서 떠나는 것에 집착하지 않고 나에게 있는 것, 내게로 오는 것에 감사할 줄 아는 것이 바로 나무의 나이테같이 세월 앞에 넉넉해지는 나이 덕분이다. 모두 살아오면서 저마다의 연륜이 몸에 배고, 인생의 빛과 어둠이 녹아든 양만큼 적절한 빛깔과 향기를 띠는 것이다. 그리고 어느 나이에 이르기 전에는 이해할 수 없는 감히 도달할 수 없는 사유의 깊이가 있는 것이다. 사랑은 거창하게 뭔가를 주는 것이라기보다 그냥 웃어 주기만 해도 좋다. 내 감정으로 상대의 감정을 상하게 하기보다는 그냥 웃고 넘어가면 되는 것이다. 누구나 젊은 시절에는 까칠까칠했을 것이다. 너무 남을 위해 의도적으로, 억지로 뭔가를 잘하려고 하지 말고, 스스로 신나고 행복하며, 웃어 주면 되지 않을까? 홍시도 설익었을 때는 무척 떫었던 것처럼 세월의 나이가 있다면 잘 발효된 술이나 치즈처럼 새로운 맛과 새로운 가치를 누리게 된다. 내가 나를 위해 산다는 것은 결국 타인을 위한 봉사가 될 수 있기에 오늘도 한 송이 꽃을 피우기 위해 자신이 당당하게 살기를 소망한다.

## 지혜의 삶과 최고의 친구

누구나 태어났을 때 혼자 울고 있었지만, 주위에 있던 사람들은 모두 기뻐하며 미소 짓고 있었다는 것을 알기에 생명과 삶은 소중하고, 거꾸로 내가 세상을 떠날 때는 나 혼자만이 미소 짓고 주위 사람들은 울도록 살면 그것이 바른 삶이 아닐까? 누군가에게 첫눈에 반하기까지는 1분밖에 걸리지 않고, 누군가에게 호감 가질 때까지는 1시간밖에 걸리지 않으며 누군가를 사랑하게 되기까지는 하루밖에 안 걸리지만 누군가를 잊는 데는 평생이 걸린다고 한다. 무엇을 잃기 전까지는 그 소중함을 모른다는 것이다. 하지만 우리가 무엇을 얻기 전까지는 우리에게 무엇이 부족한지 깨닫지 못하고 있는 것 또한 사실이다. 인생에서 가장 슬픈 일은 누군가를 만나 그 사람이 당신에게 소중한 의미로 다가왔지만 결국 인연이 아님을 깨닫고 그 사람을 보내야 하는 일이다. 가장 행복한 사람은 모든 면에서 가장 좋은 것을 가지고 있는 것은 아니다. 그들은 단지 사람들이 저절로 다가오도록 만들 뿐이다. 그래서 우리는 꿈꾸고 싶은 것은 마음대로 꿈꾸고, 가고 싶은 곳은 어디라도 가는 것이 제대로 사는 삶일 것이다. 먹고 싶은 것도 먹고, 하고 싶은 것도 하고, 되고 싶은 것도 되도록 노력하면 그것이 최고의 인생이 아닐까? 그것을 가로막는 것은 결국 타인이나 환경이라고들 하지만 결국은 자기 자신이 아닐까? 하고 싶은 일을 모두 할 수 있는 인생은 오직 하나이고, 기회도 오직 한 번이기 때문이다. 혹자는 말한다. 정말 진정한 친구는 그 친구와 같이 앉아 단 한마디 말도 없이 시간을 보낸 후 헤어졌다고 해도 마치 인생에서 최고의 대화를 나눈 것 같은 느낌을 주는 사람이라고 한다. 친구의 재능, 외모, 재산, 권세에 연연하기보다 말이 없어도 좋은 친구가 진정한 친구다. 또 말과 행동이 분쟁의 불씨가 되는 경우가 많으므로 차라리 먹고, 마시고, 웃고, 즐기기만 하면 친구 사이가 더 오래가고, 더 깊어지기 때문에 차라리 그것이 삶의 지혜라고 할 수 있다. 유리하다고 교만하지 말고, 불리하다고 비굴하지 말며, 타인에게서 뭔가 들었다고 쉽게 판단 말고, 진실인지 깊이 생각하여 이치가 명확할 땐 과감하게 행동하는 것은 지혜다. 벙어리 냉가슴 앓듯이 침묵할 줄도 알며, 욕먹어도 사람들에게 외칠 줄도 알아야 한다. 잘될 때 조심하고, 재물을 오물처럼 볼 줄도 알며, 때로는 마음껏 풍류를 즐기기도 하며 사는 것이 지혜로운 삶이 아닌가?

## 도태기업 0순위

대부분의 도태 0순위 기업들의 공통점이 있다고 한다. 따라하기를 벤치마킹으로 착각하고 답습한다는 것이다. 수동적이고 변화에 공포를 느끼며 안전한 길만을 찾는 기업들은 도태 0순위라는 것이다. 모두 그리스신화에 나오는, 저주받은 시지프스와 닮은 꼴이다. 혁신이란 이름의 몸부림도 고정관념 앞에선 힘없이 주저앉고 만다. 매일 같이 산을 향해 바위를 굴리는 시지프스형(型) 기업은 도처에 있다. 미국 컬럼비아대 번트 슈미트 교수는 "시지프스가 아닌 오디세이가 되라"고 외친다. 오디세이. 트로이 목마 하나로 오랜 전쟁을 단숨에 끝낸 오디세이처럼 시장(市場)을 확 뒤집으라는 것이다. 그는 이런 창조적이고 대담한 아이디어를 '큰 생각'(Big Think)이라고 표현한다. '체험 마케팅'의 대가인 슈미트 교수는 트로이 목마야말로 큰 생각을 가장 잘 보여주는 신화며, 트로이를 정복하려 했던 아가멤논은 그리스의 훌륭한 장군이었지만, '작은 생각'의 한계 때문에 똑같은 전법을 되풀이해 10년 동안 지루한 전쟁을 계속할 수밖에 없었기 때문이다. 결국 트로이를 함락시킨 장본인은 오디세이였고, 트로이에 선물로 바친다는 대형 목마에 아군을 몰래 싣고 가 하룻밤 만에 트로이를 손에 쥐었다. 비즈니스에서도 소비자들이 정말 좋아하는 창조적인 방법을 이용하면 상황을 완전히 바꿀 수 있다. 틀에 박힌 통념과 성역을 깨라는 것이다. 그 예로 힌두교에서 신성시하는 '성우'(聖牛)이다. 성스러운 소는 기업이나 조직이 절대로 반대할 수 없는 통념, 관행, 경영 신조의 의미로도 쓰인다. 스티브 잡스가 아이팟(iPod)으로 MP3 플레이어 시장을 하루아침에 석권한 것도 역시 남들과 다르게 생각하는 걸 두려워하지 않았기 때문이라고 그는 해석한다. MP3를 처음 만든 것은 애플이 아니었다. 그러나 스티브 잡스는 냅스터(음악 다운로드 사이트)의 서비스 원리를 MP3 플레이어에 접목함으로써 음악산업 자체를 바꿔 놓았다. 즉 메이저 음반 회사들을 설득해 그들의 음악을 애플의 온라인 음악 스토어인 '아이튠'을 통해 배급함으로써 엄청난 시너지 효과를 얻게 된 것이다. 슈미트 교수는 엄지손가락을 치켜들며 "이게 바로 큰 생각"이라고 했다. 심리학을 전공한 그는 제품의 편익만을 강조하는 기존 마케팅 전략에 반기(反旗)를 들고 '체험 마케팅'이라는 새 장을 연 세계적인 권위자다. 그는 한발 나아가 '큰 생각'의 전도사가 됐다. 그는 독일인에다 검은 뿔테 안경을 끼고 있었지만, 얼굴엔 장난기가 가득했다. 큰 생각을 키우기 위해서는 세 가지가 필요하다고 했다. 사고 칠 수 있는 배짱(guts), 호기심, 흥미로 가득 찬 열정(passion), 그리고 좌절하지 않는 인내심(perseverance)이 그것이다.

## 미치도록 혁신하라

경영학 석사인 톰 피터스의 말은 마을금고 경영에서도 내게 늘 큰 가르침이었다. 그는 '다름'의 중요성을 강조한다. 그것은 '혁신의 시작이자 끝'이라는 것이다. 나는 그의 생각이 엔디비아가 나타나고, HBM 반도체가 나타나는 것을 보며, AI시대의 상상도 못할 변혁을 겪게 될 우리 현실을 조금이라도 느낄 수 있다. '〈나와 다른 생각〉 괴짜들을 아껴라. 자신과 비슷한 사람과 일하면 절대 혁신이 없다. 자신과 다른 생각을 하는 사람, 괴짜를 쫓아다녀 보라. 혁신하지 않으면 도태된다. 비용 절감에 성공한 기업도 혁신하지 않으면 결국 도태된다. 1917년 '포브스'가 선정한 100대 기업 중 70년간 시장평균치 이상의 실적을 올린 회사는 GE와 코닥뿐이다. GE의 최고경영자(CEO) 제프리 이멜트는 1억 달러 이상의 매출이 가능한 사업을 발굴하고 투자하는 데 전념하면서 혁신을 추구한다. 혁신의 근본에는 실패가 있으며, 실패를 장려해야 기업에 미래가 있다. 누군가 미쳐 보일 정도로 새로운 것을 시도하다 실패했다면 오히려 상을 줘야 한다. 여성과 노인이 미래다. 앞으로 최고의 기회는 여성 시장에 존재한다. 세계적 생활용품회사 유니레버는 고객의 85%가 여성으로 구성된 회사의 고위 임원 중에 여자가 한 명도 없었다. 그 회사의 CEO는 바보 같은 사람이다. 이미 여성은 가정용품은 물론이고 주택, 자동차 구입 결정까지 좌우하고 있다는 점을 깨달아야 하기 때문이다. 노인 시장이 급성장할 것이며, 미국은 곧 베이비붐 세대가 은퇴를 시작하게 될 것이다. 그런데 기업체는 아무도 이들을 위한 제품을 만들고 있지 않다. 생각을 뿌리째 바꿔라. 기업인들이 점심시간을 이용하고 괴짜들과 사귀도록 하라. 일주일 동안 같은 사람과 점심을 먹으면 새로움을 배울 수 없다. 새로워지고 싶다면 다른 사람과 점심을 하며 이야기를 들어라. 똑같은 사람과 일하다 보면 절대 혁신이 일어날 수 없다. 다른 생각을 하는 사람과 괴짜를 쫓아다녀 보라. 공공부문도 이제는 경영이란 측면에서 접근해야 하고 공무원도 기업가 정신을 가져야 한다. 싱가포르 이민국 데스크에서 낯선 공무원으로부터 사탕을 건네받을 수 있으며, 이는 싱가포르에 서비스를 아는 공무원이 있다는 것이다. 애니콜이 세계를 지배할 때 스티브 잡스가 나타나 스마트폰으로 세상을 바꾼 것보다 훨씬 더 폭발적인 세상이 될 것임을 예고하는 이유는 혁신이 아니라 미치도록 혁신하는 초경쟁, 초혁신의 시대에 살고 있다고 생각하면 아찔하다.


## 완벽한 사랑의 환상

이 세상 진실로부터 도망칠 수 있는 사람은 없다. 비상한 용기 없이는 불행의 늪을 건널 수 없다. 가장 견고한 감옥은 우리 스스로 만드는 것이다. 완벽주의가 좋은 인간성을 의미하지는 않는다. 사랑은 인생에 처방하는 가장 강력한 진통제다. 좋은 일이 일어나려면 시간과 인내가 필요하다. 방황한다고 해서 모두 길을 잃는 것은 아니다. 짝사랑은 고통스러우면서 낭만적이지도 않다. 같은 행동 반복하며 다른 결과를 기대할 수 없다. 지도가 지형과 다르다면 지도가 잘못된 것이다. 지금 하는 행동이 그 사람의 미래를 말해준다. 감정적인 행동을 이성적으로 멈추게 할 수는 없다. 나에게 일어난 일의 대부분은 나에게 책임이 있다. 모든 인간사에 주도권은 무심한 사람이 쥐고 있다.

  함부로 베푸는 친절이 상대를 더 망칠 수 있다. 정말로 바꾸고 싶다면 지금 당장 용기를 내라. 열 번의 변명을 하느니 한 번의 모험이 낫다. 지금 여기 좋은 것이 영원히 좋으리란 법은 없다. 남을 속이는 것보다 자신을 속이는 것이 더 나쁘다. 이혼과 불륜은 완벽한 사랑의 환상에서 비롯된다. 이별은 사랑의 가치를 더욱 소중하게 만들어 준다. 아무리 좋은 부모도 훌륭한 스승이 되기는 어렵다. 어떤 사람은 아프다는 핑계로 책임을 회피한다. 불필요한 두려움은 진정한 기쁨을 방해할 뿐이다. 부모가 자식의 모든 문제를 해결해 주지는 못한다. 아쉬운 기억일수록 낭만적으로 채색될 수 있다. 삶의 끝 의무는 아름다운 노년을 준비하는 것이다. 세상에 실망할 수 있지만 심각하게 살 필요 없다. 시련에 대처하는 방식이 삶의 모습을 결정한다. 용서는 타인이 아니라 나 자신에게 주는 선물이다. 새로운 도전을 맞이하기에 너무 늦은 나이란 없다. 끝없이 행복한 일도 끝없이 불행한 일도 없다. 삶이란 시간과 운명의 무거운 짐을 견디는 것이다. 행복은 단지 불행하지 않은 것 그 이상 요구한다. 꿈은 내가 내딛는 발걸음만큼만 가까워진다. 나에 대해 가장 무지한 것은 바로 나 자신이다. 모든 미래는 지금 여기의 내 모습에서 출발한다. 전체 판을 보지 않고는 퍼즐 조각을 맞출 수 없다. 인생은 불확실해서 행복의 길은 지도가 없다. 화를 잘 내는 것은 건강한것이 아니라 비겁한 것이다. 용서는 원망을 포기함으로써 평화를 얻는 것이다. 걱정과 두려움만으로 삶을 지켜낼 수는 없다.

유머는 삶의 부조리를 받아들이는 용기서 나온다. 많은 것을 얻을수록 치러야 하는 대가도 크다. 과거를 이기지 않고서는 현재를 변화시킬 수 없다. 아무리 괴로워도 불면증 때문에 죽는 사람은 없다. 가만히 귀를 기울여라, 그러면 마음을 얻을 것이다. 영웅의 진짜 모습은 조용한 헌신과 희생이다. 진정한 사랑은 주고받는 것의 경계가 없다. 모든 인간은 결코 혼자 살 수 없게 되어있다. 아이는 때로 부모보다 친구를 더 원할 때가 있다. 나이가 들면 아름다움이 내면으로부터 흘러나온다. 나이 들기는 쉬워도 아름답게 늙어가기는 어렵다. 어떤 인생이든 그 안에 소중한 교훈이 담겨 있다. 우리를 지혜롭게 하는 것은 지식이 아닌 경험이다. 인간, 삶을 완벽하게 이해하기란 거의 불가능하다. 절대 옳은 단 하나의 신념이란 있을 수 없다. 우리에게는 타인과 다르게 생각할 권리가 있다. 정의는 말이 아니라 행동으로 실천된다. 대의명분이 무죄를 주장하는 근거가 될 수는 없다.

## 관점 디자인

남양주시의 오래된 절 묘적사에 가면 경내 나무에 수많은 글이 있다. 누가 한 말인지는 모르지만 그중 몇 개를 인용하면 "용서는 나에게 상처를 준 사람을 받아들이는 것만 아니라 원망과 증오의 마음에서 나를 놓아주는 일이다. 그러므로 용서는 자기 자신에게 베푸는 가장 큰 사랑이다.", "내가 번뇌를 버리는 것인 줄 알았는데, 번뇌가 나를 버리네.", "이 얼마나 신기한 인간들인가, 번개 치는 걸 보고서도 삶이 한순간인 걸 모르다니." 의미있는 문구다. 물론 이 글들은 불자들이 많이 쓰겠지만 세상을 편하게 살기 위해서는 세상의 이치를 깨닫는 일과 세상을 바라보는 관점을 바꾸는 것이 가장 기본적이고 중요한 출발점이다. 자신의 이익을 위해 의와 타협하는 사람은 불행한 사람이고 모두의 이익을 위해 불의와 대결하는 사람은 행복한 사람이라고 한다. 세상이 아무리 험난해도 살 가치가 있다고 느끼는 사람은 행복한 사람이고 살아야 할 가치를 못 느끼는 사람은 불행한 사람일 것이다. 남들이 뻔히 아는 거짓말을 진실처럼 말하는 사람은 불행한 사람이고, 어눌하게 진실만을 말하고 표현하는 사람은 행복하다. 일이 생길 때만 하느님 부처님 조상님을 찾으며 기도하는 사람은 불행한 사람이고 항상 기도하며 살아가는 사람은 행복한 사람이다. 자신을 수시로 점검해 고쳐나가는 사람은 행복한 사람이고 자기 잘못을 모르고 남을 비평하는 사람은 불행한 사람이다. 또한 모든 길을 카페트로 덮을 수는 없다. 그러나 카페트 구두를 신으면 카페트 깐 길을 밟고 가는 것과 같은 것이다. 삶은 거칠고 험한 일이 너무도 많아서 상대도 할 수 없고, 이길 수도 없다. 그러나 마음속 분노와 증오를 잘 조절할 줄 안다면 모든 적을 이기는 것이다. 물은 본래는 고요한데 물 바닥이 거칠어 나는 소리이고, 마음도 본래 고요한데 세상이 마음을 휘젓는다고 한다. 또 부정적인 사람은 결코 큰일을 할 수 없다. 하워드 슐츠가 말했다. "부정적인 사람은 결코 위대한 기업을 세울 수 없다. 부정적인 사람의 말을 듣고 큰일을 성취한 사람은 없다. 또한 이미 입증된 분야에서 입증된 아이디어를 가지고 크게 성공한 사람도 없다, 새로운 산업을 창조하고 새로운 제품을 발명하고 오래 지속되는 굳건한 기업을 만들고, 주변 사람들에게 능력을 고취하여 최고 수준의 업적을 이룩하게 할 수 있는 사람은 바로 남들이 가지 않은 길을 가는 사람들이다." 남을 보는 법, 즉, 사람을 바라보는 관점도 바꾸어야 한다. 숲속의 작고 굽은 나무들이 다른 나무들처럼 크고 똑바르지 않다고 비난하지 않는 것처럼 남을 바꾸려 하기 전에 남을 보는 자신의 관점을 바꾸는 것이 먼저다. 나와 생각이나 의견이 다르다고 다른 사람을 비난하거나 판단하지 말고 다른 사람을 보는 눈 즉, 자신의 관점을 디자인해야 한다. 그것은 용서라는 단어에도 적용할 수 있다.


## '한계'는 부정적인 마음의 금지선

제프리 이멜트 GE 회장이 얘기한 리더의 자질에 대한 일갈이 유명하다. "리더가 갖춰야 할 가장 중요한 자질 중 하나는 사업을 위에서 내려다보며 동시에 내부에서도 볼 수 있는 균형 잡힌 안목이다. 훌륭한 리더는 15분 안에 6만 피트 상공에서 지면까지 달려갈 수 있어야 한다. 리더가 구름 속에 너무 오래 머물러 있으면 지금 무슨 일이 일어나고 있는지 알 수 없을 것이고, 땅에서만 있으면 미래를 예견할 수 없다." 이는 리더가 갖춰야 할 미래에 대한 통찰력, 즉 비전과 전략구상 능력은 크게 강조되는 반면, 구체적인 현장 정보와 지식의 중요성은 경시되는 경향이 많은데 비전, 전략과 더불어 현장에 대한 구체적이고 해박한 정보와 지식을 갖고 있어야 훌륭한 리더라 할 수 있다는 것이다. 인생에서 사람의 가치 역시 통찰력과 균형 잡힌 안목이 필요하다. 엘라 휠러 윌콕스가 쓴 '고독'이라는 제목의 시는 아직도 우리에게 큰 울림을 준다. 나는 오늘도 그의 시를 읊는다. 〈고독〉 "웃어라, 세상이 너와 함께 웃을 것이다. 울어라, 너 혼자만 울게 되리라. 낡고 슬픈 이 땅에선 환희는 빌려야만 하고, 고통은 그 자체만으로도 가득하니까. 노래하라, 언덕들이 응답하리라. 탄식하라, 허공에 흩어지고 말리라. 메아리들은 즐거운 소리에 춤을 추지만 너의 근심은 외면하리라. 기뻐하라, 사람들이 너를 찾으리라. 슬퍼하라, 그들은 나를 떠날 것이다. 사람들은 너의 즐거움을 원하게 되지만 너의 고통은 필요로 하지 않는다. 즐거워하라, 그러면 친구들이 늘어난다. 슬퍼하라, 그러면 그들을 다 잃고 말 것이다. 네가 주는 달콤한 술은 아무도 거절하지 않지만, 인생을 한탄할 때는 너 홀로 술을 마시게 될 것이다. 축제를 열라, 그러면 너의 집은 사람들로 넘쳐나리라. 굶주리라, 세상이 너를 외면할 것이다. 성공하여 베풀라, 그것이 너의 삶을 도와 주리라. 하지만 아무도 죽음을 막지 못한다. 즐거움의 방들엔 여유가 있어 길고 화려한 행렬을 들일 수 있다. 하지만 좁은 고통의 통로를 지날 때는 우리 모두 한 줄로 지나갈 수밖에 없다." 참으로 삶의 지혜를 주는 시라고 할 수 있다. 우리 인간은 '한계'나 '극한 상황' 같은 말을 쉽게 사용하지만 '한계'란 부정적인 마음이 만들어 내는 '금지선'이다. 마음을 닫고 있어 넘지 못하는 자기만의 선인 것이다. 크고 작은 좌절에 상처받고 포기하려는 사람들은 대부분 자기 스스로 만든 덫에 걸려 한계를 넘을 수 없다고 단정한다. 그러나 우리는 그 한계선을 넘는다는 확신만 있으면 넘어설 수 있는 것이다.

## 고난이 심할수록 내 가슴은 뛴다

세상에는 좋은 말과 글이 많이 있지만 오늘은 세계적인 철학자이자 문학가이며 시인인 니체의 말을 옮겨 본다. "인생의 목적은 끊임없는 전진이다. 그 길에는 언덕도 있고 냇물도 있고 진흙도 있다. 걷기 평탄한 길만 있는 게 아니다. 바다를 항해하는 배가 풍파를 만나지 않고 안전하게만 갈 수는 없다. 풍파는 언제나 전진하는 자의 벗이다. 고난 속에 인생의 기쁨이 있다. 풍파 없는 항해, 얼마나 단조로운가? 고난이 심할수록 내 가슴은 뛴다." 니체는 도전하는 사람이었고, 실행하는 사람이었다. '톰 아저씨의 오두막'을 쓴 미국 여

류작가, 해리엇도 비슷한 말을 했다. "내가 아는 한 책이든 문학이든 예술이든 어느 것 하나도 창조자의 고뇌 없이 세계적 명성을 얻은 것은 없다. 부지런함이 천재를 만든다. 그러므로 천재가 되려면 반드시 부지런해야 한다. 결국 재능은 특별한 무엇이 아니라 평소의 생활에서 발휘하는 '지속적인 집중력'의 결과다. 지속적인 집중을 위해서는 그 일을 좋아해야 한다. 자기가 하는 일을 사랑하는 것, 그리고 그것을 끝없이 반복함으로써 투입의 양이 질로 바뀌는 순간 천재는 태어난다." 대부분 사람은 무엇을 두려워하는데 보통 시작할 때의 두려움과 추진 과정에 대한 두려움 그리고 추진 결과에 대한 두려움이 있을 것이다. 최종적으로는 실패에 대한 두려움이 제일 크다고 할 수 있다. 직장에서도 상사에 대한 두려움, 의견 개진에 대한 두려움, 변화에 대한 두려움은 적시에 행동하고 유연성을 갖추는데 가장 큰 적이다. 두려움을 최소화하거나 없애지 않는 이상, 새로운 실험은 실험으로 끝날 뿐 일상으로 자리 잡지는 못한다. 두려움을 없애지 않으면 소통이 없고, 소통이 없으면 신뢰도 없고, 행동도 없고, 결과적으로 성과 창출에 실패하게 된다. 구성원이 두려움 없이 일하게 하는 것이 중요하다. 그러나 두려움을 제거하는 것이 느슨한 조직을 만드는 것과 동의어가 되지 말아야 한다. 창조경영과 두려움은 역의 상관관계가 있지만, 창조적 조직으로 거듭나기 위해서는 조직 내에 창조적 긴장, 즉 Creative Tension을 유지할 수 있어야 한다는 것이다. 그러나 기업에서 경쟁력을 높이기 위해 부정적 기업문화를 긍정적인 문화로 바꾸는 데는 대략 2~6

년이라는 시간이 걸린다고 한다. 그만큼 생각을 바꾸는 게 어려운 것이다. 반면 직원들의 사기와 생산성을 떨어뜨리는 데는 5분도 채 안 걸린다고 한다. 또한 고객 만족이 아니라 상사 만족을 중시하는 문화가 정착하는 데는 백만분의 1초면 된다고 한다. 이는 미국의 저명한 경영학자 찰스 다이저트의 말이다. 이루기는 쉽지만 무너지는 건 너무 쉬운 기업문화 얘기로 긍정적인 기업문화를 창조하는 데 얼마나 어려운가를 알 수 있는 말이다.

## 멋지게 화내기

고대 철학자 아리스토텔레스는 분노에 대해 이렇게 말했다. "누구든지 분노할 수 있다. 그것은 매우 쉬운 일이다. 그러나 올바른 대상에게, 올바른 정도로, 올바른 시간 동안에, 올바른 목적으로, 올바른 방법으로 분노하는 것은 누구나 할 수 있는 일이 아니다. 또한 결코 쉬운 일이 아니다." 스트레스 전문의인 우종민 박사는 마음력(力)이라는 책에서 분노가 생길 때는 스스로 세 가지 질문을 던지라고 충고한다. 첫째, 이 상황이 내 건강과 바꿀 만큼 중요한가? 둘째, 이 분노가 정당하고 의로운가? 셋째, 화내는 것이 문제 해결에 효과적인 방법인가? 다른 대안은 없는가? 우박사는 이 질문이 화가 난 상황에서도 자동으로 머릿속에 떠오를 수 있도록 외우라고 주장하면서, 이 세 가지 질문에 모두 '예'라는 답이 나오면 화를 내도 된다고 말한다. 화가 나면 조용한 음악 CD를 튼다는 이도 있다. 정신과 의사, 심리 상담사 등의 전문가들은 공통으로 화가 난 상태에서는 '일단 하던 것을 멈추라'고 주장한다. 화는 감정이기 때문에 오래 지속되지 않는다. 잠깐 산책이라도 하면 극한의 순간은 넘길 수 있다. 돌이켜 생각할 수 있는 여유도 생긴다. 자신의 화를 '들여다보는 것'은 이때부터다. 우선, '정당한 화'인지 '필요한 화'인지를 생각해 봐야 한다. 정당하고 필요하다면 화를 표현해야 한다. 상대방에게 전달하고 싶은 내용이 무엇인지를 분명히 하고 이를 전하는 데에는 반드시 언어를 사용해야 한다. 이때에는 '내가 얼마나 고통스러운지' '내가 어떻게 상황을 지각했는지'처럼 나를 주어로 하는 '나-메시지 (I-message)'로 표현해야 한다. 상대를 주어로 하는 '너-메시지(You-message)'를 쓰면 자신의 감정에 대한 책임을 상대방에게 전가하고 자신의 문제를 상대방의 문제인 것처럼 표현해서 관계를 왜곡시키게 되기 때문이다. '군자는 크게 노한다.' 공자의 말이다. 굳이 우리 시대의 말로 해석하자면 진정한 리더는 화에 맞서 싸우거나 억누르기보다는 화의 실체를 끌어안고 달랠 줄 알아야 함을, 화조차도 세련되게 내야 한다는 뜻이 아닐까? 잭 웰치에 이어 회장이 된 제프리 이멜트 GE 회장은 "리더는 늘 민주적일 필요는 없다. 나는 1년에 7~12번 정도 '시키는 대로 해(You're doing it my way)'라고 얘기해야 할 때가 있다. 만약 당신이 1년에 18번이나 이런 식으로 말한다면 좋은 사람들이 떠날 것이다. 그런데 만약 귀하가 3번만 이렇게 말한다면, 회사는 무너지게 된다. 리더는 자기 확신이 있어야 하며, 결코 민주주의적일 수만은 없다. 결정에 대해서는 분명해야 한다."고 했다. 송나라 사방득의 얘기 역시 우리에게 많은 교훈을 준다. 강개부사이 종용취의난(慷慨赴死易從容就義難) "분을 참지 못해 나아가 죽기는 쉽다. 그러나 그 분을 참고 조용히 뜻을 이루기는 어렵다."

## 사랑과 번민이 흐르는 강

 내 평생 살고 있는 남양주, 유유히 흘러가는 한강 물처럼 부딪치는 만나는 것들을 내 작은 가슴에 안고, 도전과 응전의 끊임없는 질곡으로 굽이굽이 흘러온 내 삶을 생각한다. 그리고 남양주시 수석동 강변에서 도도히 흐르는 한강의 물길을 바라보면 깊은 회한에 잠긴다. 한강은 내 삶에서 내 인생과 같이 흐르고, 나는 늘 번민과 한강과 함께 행복과 사랑을 노래했다. 내게 주어진 둘도 없는 지난날의 삶을 돌아보며 후회하기보다는 남은 날을 아름답게 가꾸는 일에 희망과 행복을 찾아보라고 말하는 것 같다. 사랑은 자연산이 아니라 양식이라고 하니, 늘 그 사랑을 잘 키워내야만 한다. 소유로 행복한 것이 아니라, 나 자신의 존재 그 자체로 내 삶의 행복한 시간을 만들어 보자. 돈 버는 건 기술인지 몰라도 돈 쓰는 건 예술이라고 했다. 우리 마음도 쓰고, 시간도 쓰고, 돈도 잘 쓰는 것이 가장 아름다운 삶이라고 생각한다. 인생 제2막의 새로운 미래는 지금까지 그랬던 것처럼 사회의 작은 일원으로서 연륜과 경륜을 갖춘 나이가 되었지만 후회하기엔 너무 아까운 시간이기에 그동안 못했던 일들에 대한 후회보다 남은 세월에 대한 벅찬 기대와 열정으로 새롭게 살고 싶다. 늘 그랬던 것처럼 뜨거운 열정과 아름다운 감성을 갖고 욕심부리지 말고 타고난 운명대로 살아 건강을 지켜 후회 없이 살아가고 싶다. 누군가 손을 내밀면 흔쾌히 따라갈 수 있는 충동을 느끼게 되지만 생동감을 간직한 채 후회하지 않을 아름다운 인생으로 사랑을 나누며 살고 싶다. 이제야 유유히 흐르는 한강의 존재 이유와 흐르는 물의 진정한 의미를 알 듯하다. 어떤 일에는 반드시 이유와 결과가 있으며, 그 인과 관계가 만드는 모든 게 소중하다. 만물의 근원인 물을 담아 움직이는 강은 늘 비옥한 토지를 제공하고, 젖과 꿀이 흐르는 생명수처럼 느껴진다. 내 어린 시절부터 지금까지 한강은 기쁠 때나 슬플 때나 늘 내게 희망과 용기와 위로를 주었고, 상선약수(上善若水)의 초연한 삶을 살았다. 사랑과 번민이 흐르는 한강처럼 내 일생도 범벅된 강물 따라 유유히 흘러가는 초연한 삶의 벗이 된 것이다.

## 시간을 놓치면 인생을 잃는 것

   사이버 증권사의 대명사인 찰스 슈왕의 부사장인 베스사위는 "우리는 우리가 시간을 낭비하는 것이 아니라 우리는 우리 자신을 낭비하고 있는 것"이라고 했다. 사내가 길을 잃고 강가를 헤매고 있을 때였다. 칠흑 같은 어둠 속에서 방황하던 사내는 물소리를 따라 걷다가 무엇인가에 걸려 넘어지고 말았다. 모래를 털고 일어서니 어둠 속에서 희미하게 물체가 드러났다. 그것은 바로 큰 자루였다, 사내는 호기심 때문에 바닥에 주저앉아 자루를 열어 보았다. 그 속은 돌멩이로 가득했다. 그리고는 자루 속에 있는 돌들을 하나씩 꺼내어 강물 위에 던지기 시작했다. 자루 속에서 돌멩이가 다 사라질 때쯤이면 해가 뜰 것이고 그러면 길을 다시 찾을 수 있을 걸로 생각했다. 돌이 물 위에 던져질 때마다 어둠 속에서 "퐁당! 퐁당!" 하면서 들려오는 물소리를 즐기면서 해가 떠오르기만을 기다렸다. 시간이 흘러 이제 자루에는 마지막 한 개의 돌을 무심코 던지려는 순간 그는 깜짝 놀라고 말았다, 너무나 놀란 그는 돌을 자세히 들여다보고서는 가슴을 치면서 통곡하기 시작했다. 그때 마침 새벽 일찍 산책을 나선 사람들이 무슨 일인지 궁금해서 그에게 물었다. "아니. 무엇 때문에 새벽부터 그렇게 통곡하십니까?" 그는 눈물을 그치고 대답했다. "보세요! 이것이 무엇인지 아세요? 다이아몬드입니다. 조금 전까지만 해도 이 자루 속에는 수백 개의 다이아몬드가 들어있었습니다. 그런데 나는 멍청하게도 그것이 다이아몬드인 줄 모르고 거의 두세 시간이 넘도록 저 깊은 강물 속에다 던져 버리고 말았습니다. 이제는 이거 하나밖에 남아 있지 않습니다." 우리의 모습이 이와 같지는 않는가? 수많은 기회 즉 다이아몬드보다 더 귀한 보물을 세월이라는 강물에 다 던져 버리고 뒤늦게 후회하며 통곡의 심정으로 서 있는 우리의 모습은 아닌가? 그 소중한 시간, 그 값진 기회들을 강물 속에 돌을 던지듯이 다 허비해 버리고 참담한 심정이 되어있지 않은가? 필자는 기회라는 시간을 놓치면 인생을 잃는다고 생각하는 사람이다.

## 실수 인정은 당당함

자신의 실수나 잘못에 대해 솔직하게 시인하면 신뢰를 더 돈독히 할 수 있으며, 사람들을 친하게 만드는 힘이 된다. 자기 실수나 잘못을 인정하면 마음이 가벼워지게 되지만 그에 비해 자기가 옳다는 것을 인정받으려고 한다면 이처럼 마음 무거운 일도 없다. 잘못이나 실패의 원인을 찾을 때의 방향이 먼저 자신에게 향하고 있는지, 다른 사람에게 향하고 있는지에 의해 그 사람의 능력과 품성을 잘 알 수 있다. 잘못을 인정하는 게 쉬운 일은 아니지만 잘못을 솔직히 인정하는 것은 결국 아주 당당해질 수 있기에 잘못을 인정하는 것이 좋다. 문제의 원인을 나에게서 찾고 이를 솔직하게 말하는 사람이 당당한 사람이고 강한 사람인 것이다. 바람직한 영향력과 리더쉽은 이렇게 함으로써 자연스럽게 우러나오게 된다. 또 사람들은 누구나 자기 마음속에 자신만의 자를 갖고 세상과 사물을 재고, 다른 사람을 잰다. 그러면서도 자신은 다른 사람이 나를 재거나 귀에 거슬리는 말을 하면 잘 듣지도 않는 것은 물론, 기분 나쁘게 생각할 때도 있다. 독자들은 자신만의 기준으로 남을 함부로 판단한 적은 없는가? 아니면 타인이 나를 판단하는 것을 인정해 본 적이 있는가? 새로운 일을 할 때마다 그 일의 좋은 점이 뭔지를 쭉 메모하고, 종이 위에 좋은 점을 나열하며 적다 보면 더 좋은 점이 나오고, 그것을 반복해서 읽다 보면 그 일을 사랑하게 된다고 한다. 사랑하다 보면 당연히 열정이 나오고, 그러다 보면 또다시 긍정적인 마인드가 나오는 선순환 구조가 계속된다고 하는 것이다. 내가 남을 바라보는 기준 즉 나만의 자도 이런 긍정적인 발상을 하게 되면 최고의 자를 소유하게 되는 것이다. 인간의 근육 중 가장 강한 근육은 혀라고 한다. 혀는 아무리 몸집이나 힘이 강하든 상관없이 한 사람을 단번에 무너뜨릴 수 있다. 혀는 또한 누군가를 거뜬히 치켜세우며 들어 올릴 수도 있고, 군중들을 통째로 무너뜨릴 수도 있다고 한다. 크라이슬러의 회장 리 아이아코카는 '당신에게 빛나는 아이디어가 있을 수도 있다. 그러나 그것을 널리 알릴 수 없다면, 그것들은 당신을 어디로도 데려가 주지 못한다'고 말했다. 아무리 좋은 아이디어가 있어도 긍정적인 생각으로 세상에 알릴 수 없다면 무의미하다는 말이다. 잘못이든, 실수든, 아니면 좋은 아이디어든 늘 긍정적으로 인정하고 알리는 것이 중요하다.


## 불완전이 완전함

완벽을 추구하는 것은 성실한 사람으로 인정되기 때문에 자신의 책임을 다하는 사람의 모습은 긍정적인 캐릭터를 갖게 된다. 지나친 완벽성의 추구는 늘 부족하다고 생각하기 때문에 늘 부족한 인생이 되고 만다. 아동상담실을 찾는 부모님 중에 "저희는 아이에게 별 영향을 주지 않고 부모도 정적인 관계를 하고 있다고 생각하고 왜 이런 일이 생기는지 알 수 없다"며 하소연하는 부모도 있다. 모든 부모가 완벽을 추구하지는 않지만 자녀가 태어나고 성장해 가면서 자신도 모르게 내가 잘못하고 부족했던 모습을 발견하고 소스라치는 경우가 가끔 있다. 이러한 자녀를 위한 자극이라고 하지만 사실 부모 자신의 열등감으로 인해 자녀의 부족한 모습이 더욱 예민하게 느껴지는 것이다. 부모가 완벽함을 추구하지 않더라도 위의 예와 같이 자녀의 부족한 모습을 발견하게 되면 부모가 지나치게 완벽함을 추구하거나, 불안이나 삶에 대해 긴장이 높은 경우는 자녀의 실수를 한 치도 용납하지 못한다. 사회가 현대화되면서 삶의 가치를 다양하게 인식되고 부모의 가치에 따라, 자녀 양육에 대한 차이가 있겠지만 부모의 사회적 높은 위치나, 도덕 수준이 자녀를 양육하는 잣대가 되는 경우가 있으므로 보다 더 완벽하고 정확한 결과를 기대한다. 결국 자녀가 부모의 위치와 같은 혹은 부모보다 높은 사회적 위치를 갖도록 기대하거나 요구하는 것은 부모가 자신이 경험한 삶에 대한 불안감(경제적 빈곤, 삶의 실패 등)을 자녀에게 대물림하지 않기 위한 것이다. 이러한 노력이 자녀의 사회적 성공에는 도움이 되더라도 심리적 불안감이 가중된다. 결국 부모가 지나치게 믿었던 완벽함에 대한 오류가 자녀의 인생을 더욱 불안정하게 만드는 결과를 초래하는 것이다. 사회적 성공이나 경제적 부를 축적하는 것을 부정적으로 보자는 것이 아니라, 부모 자신의 가치 기준이 무엇이고 그러한 기준이 나에게 왜 그렇게 중요한 가치로 자리 잡게 되었는가를 이해하자는 것이다. 완벽하기를 요구받는 자녀는 불만과 불평하는 마음이 있지만 부모의 강한 권위에 눌리게 된다. 결국 부모의 지적과 평가에 민감하다 보니, 그 역시 불안과 긴장이 높고 결국 부모의 기대 수준에 부응하기 위해 강박적으로 완벽한 결과를 얻기 위해 최선의 노력을 하게 된다. 이러한 태도가 실수를 줄일 수 있지만 많은 스트레스 요인이 되어 우울증, 정신질환으로 이어지기도 한다. 인간은 존재 자체가 불완전한 존재라고 철학자들은 얘기한다. 변증법적 논리는 불완전한 자체가 완전한 것이라고 한다. 삶을 통해 삶을 배워가는 우리가 되었으면 한다.

## 행복 선택권

　나는 달랑 집 한 채 외에는 아무 부동산도 없지만 부자가 아니어도, 힘들고 어려워도, 마음이 넉넉하기에 누구보다 많이 가지고 있다고 생각한다. 남이 부러워할 정도로 여유 있는 사람은 마냥 행복해 보일듯하지만 사실은 마음이 춥고, 가난한 사람일 수도 있지 않을까? 몸이 추운 것은 옷으로 감쌀 수 있지만 마음이 추운 것은 어떻게 해결할 수 없을 것이다. 사는 기준이 다 같을 수는 없지만 생긴 모양새가 다르면 성격도 다른 법, 가진 것이 적지만 행복을 아는 사람이 되고 싶다. 비록 부유하지는 않지만 남과 비교하지 않기로 한 것은 남과 비교할 때 행복은 멀어지기 때문이다. 그저 감사한 마음 하나만으로도 행복의 주인공이 될 것이라 확신하며, 가슴속에 증오심을 갖지 말고, 마음속에 걱정을 담지 말며, 검소하게 생활하고, 기대는 적게 하며, 많이 베풀면서 살겠다고 노력해 온 삶이다. 다른 사람의 행복이 절대 나의 행복이 될 수 없고, 다른 사람의 행복을 살 수도, 빌릴 수도, 임대할 수도 없다. 남에게 받아서 나에게 오는 다른 사람의 행복은 나의 행복이 절대 아니다. 나의 행복은 내가 나의 안에서 스스로 만드는 것이다. 늘 자신감을 가지고, 내 약점보다 내 장점을 바라보며 자신감으로 성공과 행복을 누릴 수 있기에 어쩌면 나는 성공한 사람이다. 남과 비교하지도 않고, 나보다 잘난 사람도 있고, 못난 사람도 있게 마련이기에 행복을 늘 달고 산다고 생각한다. 사람은 자신이 생각하고 작정한 만큼 행복해질 수 있다고 하기 때문이다. 그래서 늘 나에 대한 불행감이나 삶에 대한 허무감을 버리려고 노력하며, 긍정적이고 낙관적인 사람과 만나는 일에 적극 나서기도 한다. 가까운 사람의 기분과 행동은 내 기분에 전염성이 있다고 하기 때문이다. 최선을 다하되 완벽주의자가 되기보다 실수하는 것은 인간이니 용서와 결과는 신에게 맡길 수밖에 없지 않겠는가? 그래서 나는 항상 어린아이처럼 소녀 감성으로 하루를 시작하곤 한다. 그리고 나를 구속하는 것은 바로 내 생각이므로, 나를 깨고, 버리기 위한 노력도 하면서 살고 있다. 세상을 살다 보면 미운 사람도 많지만 조금만 살펴보면 사랑하고, 좋아하고 싶은 사람, 친해 보고 싶은 사람도 많다. 그냥 모든 사람을 다 사랑할 수는 없지만 그런 마음을 갖는 것만으로도 행복은 내 것이다.

## 웃음과 자유의 가치

웃는 모습, 보고만 있어도 전염된다. '내가 무슨 수로 사람들을 웃겨'라고 생각하는 사람들이 많다. 그렇다고 해서 너무 실망할 필요는 없다. 웃기지 못하면 웃는 쪽을 선택하면 된다. 사람들은 유머가 있는 사람보다 자기를 보고 잘 웃어 주는 사람을 더 좋아한다. 특히 남자들은 웃기는 여자보다 잘 웃는 여자를 더 좋아한다. 남자들의 입장에서 보면 유머 감각이 있는 여자란 남의 말에 잘 웃어 주는 여자를 말한다. 사람들은 왜 잘 웃는 사람들을 좋아할까? 그런 사람과 함께 있으면 덩달아 기분이 좋아지기 때문이다. 정말 그럴까? 누군가 못을 박다가 망치로 손가락을 잘 못 치는 장면을 목격하면 우리는 어떻게 반응할까? 우리 손가락은 아무 이상이 없는데도 순간적으로 얼굴이 일그러질 것이다. 어떤 사람이 우리를 보면서 부드럽게 미소를 짓는다면 우리는 어떻게 반응할까? 우리 역시 미소로 반응할 것이다. 너무 순식간이라 포착하기 힘들 수 있지만 어쨌든 사람들은 서로의 감정을 모방한다. 침울한 표정은 쳐다보기만 해도 기분이 처진다. 하지만 환하게 웃는 표정은 보고만 있어도 기분이 고조된다. 사람들 간의 감정은 전염병처럼 전염된다. 잘 웃는 사람과 함께 있으면 기분이 좋아지기 때문에 사람들은 잘 웃는 사람을 좋아한다. 웃음은 전염병과 같다. 하지만 그것은 몸과 마음에 도움이 되는 전염병이고, 사람과 사람을 이어주는 접착제 같은 병이다. 우리는 행복해서 웃는 것이 아니라 웃기 때문에 행복해진다고 한다. 특히 삶에 있어서 객관적 사실은 인생을 통틀어 겨우 10%에 불과하고, 나머지 90%는 그 일들에 대한 세상 사람들의 반응이라고 한다. 삶이란, 우리의 인생 앞에 어떤 일이 생기느냐에 따라 결정되는 게 아니라, 우리가 어떤 태도냐에 따라 결정되기 때문이다. 특히 한 인간에게서 모든 걸 빼앗아 갈 수는 있지만, 한 가지 '자유'는 빼앗아 갈 수 없다고 한다. 어떠한 상황에 놓이

더라도 삶에 대한 태도는 자신이 선택할 수 있는 자유이기 때문이다. 산은 무게를 견디기 위해 스스로 흘러내려 뾰족한 봉우리를 만들고, 넘치지 않기 위해 강은 오늘도 수심을 낮추며 흐른다고 한다. 한 꽃송이가 바람에 견디며 피듯이 한 나무가 눈보라를 견디며 자라듯이, 작은 나룻배가 거친 물결을 견디듯이, 엎드린 다리가 무수히 제등으로 달리는 차들을 견디듯이, 각자는 자신만의 가치와 자유를 웃으며, 당당히 누리면 그것이야말로 가치 있는 일이다.

## 듣는 것은 이기는 것

대중에게 다가서는 지름길은 그들에게 혀가 아니라 귀를 내미는 것이라고 한다. 대부분은 상대방에게 아물리 달콤한 말을 해도, 상대는 전혀 관심이 없다. 남을 설득하거나 공감을 얻기 위해서는 말하기보다 남의 얘기를 듣는 것이 더 효과적이라고 한다. 2천년 전 로마 정치가 키케로는 "침묵은 예술이다. 웅변도 예술이다. 그러나 경청은 잊혀져 가는 예술이다. 경청을 잘하는 사람은 매우 드물다"라고 경청의 중요성과 실천의 어려움을 역설했다. 남의 얘기를 듣기만 해도 타인의 마음을 얻는, 이청득심(以聽得心)의 지혜를 실행하기가 참으로 어려운 것이다. 공자 왈(曰) '군자는 제 잘못을 생각하고, 소인은 남을 탓한다'고 한다. 타인에 대한 잣대보다 자기 자신에 대한 잣대를 훨씬 더 엄격하게 적용해야 한다는 의미다. 즉 남을 존중하는 마음이 남의 말을 경청하는 첫걸음이며 가장 중요한 것이다. 실제로 뛰어난 리더일수록 당신이 맡은 분야에서 당신이 보여주는 실적과 기여, 해법 같은 것이 아니라, 다른 사람들의 애로 사항에 귀를 기울이고, 어떻게 도와주느냐에 좌우된다. 리더의 성공은 그 사람이 뭘 하느냐가 아니라 그가 이끄는 팀이 어떤 성과를 내느냐에 달려있다. 경영의 목적이 사람들이 성과를 내는 능력을 발휘하게 하는 데 있기 때문이다. 뻐꾸기 소리도 들을 줄 아는 사람이 지혜로운 사람이 아닐까? "뻐꾸기야 천둥 번개가 쳐도 나는 젓가락을 떨어뜨리지 않았다. 그런데 뻐꾸기 울음소리를 듣고 나는 젓가락을 떨어뜨렸다. 내 생각이 딴 데로 갔었나, 네가 노래를 멈추었나?" 듣는다는 것은 상대와의 경쟁에서뿐만 아니라, 자신과의 싸움에서도 이기는 것이다. 들을 줄 아는 것은 이길 줄 아는 사람이다.

## 나이가 들수록 꼭 필요한 친구

나이가 들어갈수록 사랑하는 사람보다는 좋은 친구가 더 필요할 때가 있다. 나이 좀 있는 여성은 자신을 아름답게 보이게 하려면 마음을 평온하게 만들어야 표정도 그윽하고 부드럽게 만들어지며,

성별을 막론하고 친구가 많아진다. 영화배우 재클린 비셋은 "젊은 시절에는 그저 용모로 평가되지만 나이 든 여자는 폭넓은 경험, 이해심, 포용력 등 자신을 어떻게 길들이고 주위에 어떤 영향을 미치느냐에 따라 아름다운 여자, 혹은 심술궂은 여자로 평가된다."라고 했다. 나이가 들어간다는 것은 젊음을 잃는 게 아니라 경험을 차곡차곡 쌓아 가는 것이고, 날마다 새로운 도전을 하는 것이기 때문이다. 어릴 때의 떡볶이도 좋지만 어른이 되어 먹는 청국장도 좋은 것이다. 좋아하지 않으면 쳐다 보지도 않던 수많은 것들도 어른이 되면서 좋은 면을 바라보고, 좋게 해석하게 된다. 시간이 흐르면서 지혜를 얻기 때문이다. 거울에 비친 자신만 바라보는 것이 아니라, 남에게 비친 나의 모습을 보는 눈도 나이가 들면서 생긴다. 그래서 얼굴의 주름은 찌들은 삶의 때가 아니라, 시간을 투자하여 쌓아온 자기 인생 작품이다. 진정한 친구란 만나기 전부터 벌써 가슴이 뛰고 바라보는 것에 만족해야 하는 그런 사람보다는 곁에 있다는 사실만으로 편안하게 느껴지는 그런 사람이 더 좋다. 길을 걸을 때 조심스러워 좀 떨어져 걸어야 하는 사람보다는 어깨에 손 하나 아무렇지 않게 걸치고 걸을 수 있는 사람이 더 소중한 것이다. 너무 대단한 사람이 되어버려 내가 한없이 작고 초라하게 느껴지는 사람보다는 흉금을 터고 부담 없이 만날 수 있는 사람이 더 소중한 친구다. 허물없이 농담을 주고받을 수 있는 사람이 더 편하고, 힘들 때 커피 한 잔을 앞에 놓고 마주할 수 있는 사람이나 밤새껏 투정 부려도 다음날 웃으며 편하게 다시 만날 수 있는 사람 이런 사람이 진정한 친구다. 나이가 들수록 비위 맞추지 않아도 속내를 맘 편히 털어놓고 받아 주는 친구는 평생 재산이라고 생각한다. 나는 지금까지 후회 없이 살아온 것이겠지?

## 참 재미있는 우리 몸의 신비

우리 몸의 피가 몸을 완전히 한 바퀴 도는 데에는 46초가 걸린다고 한다. 또 혀에 침이 묻어 있지 않으면 맛을 알 수 없고 코에 물기가 없으면 냄새를 맡을 수 없다는 것이다. 갓난아기는 305개의 뼈를 갖고 태어나는데 커 가면서 여러 개가 합쳐져서 206개 정도로 줄어든다는 것이다. 참 신비로운 우리의 몸이다. 두 개의 콧구멍은 3~4시간마다 그 활동을 교대한다. 한쪽 콧구멍이 냄새를 맡는 동안 다른 하나는 쉰다. 뇌는 몸무게의 2%만 차지하고 있지만 뇌가 사용하는 산소의 양은 전체 사용량의 20%라는 것이다. 뇌는 우리가 섭취한 음식물의 20%를 소모하고 전체 피의 15%를 사용하며, 피부는 끊임없이 벗겨지고, 4주마다 완전히 새 피부로 바뀐다고 한다. 우리는 부모님이 물려주신 이 천연의 완전 방수의 가죽옷을 한 달에 한 번씩 갈아입는 꼴이 된다. 한 사람이 평생 벗어버리는 피부의 무게는 48kg 정도로 1,000번 정도를 새로 갈아입고, 우리의 키는 저녁때보다 아침때의 키가 0.8cm 정도 크다고 하는

데 그것은 낮 동안 우리가 서 있거나 앉아있을 때 척추에 있는 물렁물렁한 디스크 뼈가 몸무게로 인해 납작해지기 때문이며, 밤에는 다시 늘어난다고 한다. 또 우리의 발은 저녁때 가장 커지는데 그것은 하루 종일 걸어 다니다 보면 모르는 새 발이 붓기 때문이다. 그러므로 신발을 사려면 저녁때 사는 것이 좋다는 것. 인간의 혈관을 한 줄로 이으면 112,000km로서 지구를 두 번 반이나 감을 수 있고, 인간의 뇌는 고통을 느끼지 못한다는 것이다. 가끔 머리가 아픈 것은 뇌를 싸고 있는 근육에서 오는 것이며, 남자의 몸은 60%가, 여자의 몸은 54%가 물로 되었기 때문에 통상 여자가 남자보다 술에 빨리 취한다고 한다. 아이들은 깨어있을 때보다 잘 때 더 많이 자라고, 지문이 같을 가능성은 64.000.000.000 대 1이어서 세상 사람들의 지문은 모두 다르다. 한 단어를 말하는데 650개의 근육 중 72개가 움직여야 하고, 남자는 모든 게 여자보다 무게가 많이 나가지만 여자가 지방을 더 많이 가지고 있어서 여자를 아름답게 만든다고 한다.

## 3초 공학의 삶

과학자들은 인간의 두뇌 신경회로가 그물망처럼 되어있어 관심이 있거나, 원하는 것만 받아들인다는 사실을 밝혔다고 한다. 예를 들어서 '부자는 착취자' '돈은 악의 근원'라고 하면, 두뇌는 부자가 될 수 있는 아이디어를 그냥 흘려버린다는 것이다. 두뇌가 몇 초 만에 관념으로 프레임이 씌워진다는 의미로 결국 인간은 뇌의 프레임의 노예가 된다는 거다. 언젠가 아는 분이 3초 공학을 설파한 것을 들었다. 엘리베이터를 탔을 때 정말 누군가 급하게 오고 있을지도 모르기 때문에 닫기 버튼을 누르기 전 3초만 기다리고, 출발신호가 떨어져 앞차가 서 있어도 사람은 인생의 중요한 기로에서 갈등하고 있는지 모르기 때문에 클랙슨을 누르지 말고 3초만 기다려 주고, 내 차 앞으로 끼어드는 차가 있으면, 그 사람에게 중요한 사정이 있을지도 모른다고 생각하고, 3초만 서서 기다리고, 길을 가다가, 아니면 뉴스에서 불행을 맞은 사람을 보면, 잠시 눈을 감고 3초만 그들을 위해 기도하고, 정말 화가 나서 참을 수 없는 때라도 3초만 고개를 들어 하늘을 보면 내가 화낼 일이 없어지지 않겠는가? 범죄자에게도 그 사람을 욕하기 전 3초만 생각해 주고, 아이가 실수해서 울상지어도 3초만 말없이 웃어 주라고 했다. 그러면 잘못을 뉘우치며 내 품으로 달려올지도 모르기 때문이라고 한다. 아내가 또는 남편이 화가 나서 소나기처럼 퍼부어도 3초만 조용히 공감하면 가정은 화목해진다고 한다. 나는 이것을 3초 공학이라고 정했다. 3초 공학이 세상을 밝고 건강하게 만드는 행복 비타민 발전소의 에너지원이라고 생각하기 때문이다. 개인 간에도, 가정에서도 회사에서도, 사회나 국가 간에도 "3초 공학"은 마르지 않는 행복 비타민 발전소의 에너지다.

## 변화와 도전이 필수인 시대

　우리 사회에는 늘 변화와 도전을 가로막는 말들이 많다. 경험 제일주의자들은 '누구는 안 해본 줄 아나?'라고 하면서 부정적으로 말하거나, '회사가 하는 일인데 별수 있겠어?' 또는 '또 바뀔 텐데, 뭘'이라며 비관적으로 말하는 사람들. 특히 '너나 잘해'라며 냉소를 보내거나, '중간만 가면 돼!'라고 하면서 복지부동하는 사람들. '우리 부서 일 맞아?'라고 하면서 책임 전가하고, '하라면 해!'라며 일방적인 지시를 하는 경우가 많다. 그 외에도 '구관이 명관이다'라며 구태의연한 생각을 하는 것은 물론, '돌다리도 두들겨 보고 건너'라고 하면서 고리타분한 보수의 늪에 빠지고, 어떤 때에는 '감히 누구 말씀인데'라면서 권위주의적이다. 그러나 이런 것들은 변화와 혁신, 창의와 발전을 가로막는 병폐다. 빌 게이츠는 실패한 기업에 몸담은 경력이 있는 간부들을 의도적으로 채용하기로 유명하다. 실패할 때 창조성이 자극되게 마련이기 때문이다. 또 실패라는 상황은 밤낮없이 생각에 생각을 거듭할 수밖에 없다. 빌 게이츠는 그런 경험이 있는 사람을 주위에 두고 싶어 하는 것이다. 앞으로 마이크로 소프트도 반드시 실패를 겪을 것이며, 난국을 타개할 능력이 있는 사람들은 실패를 경험한 사람이야말로 기업이 어려운 상황일수록 빛을 발할 것이기 때문이다. 사회생활과 인간관계에서도 늘 자신을 버리고, 상대를 존중하며, 아랫사람을 포용함으로

써 나이 듦이 얼마나 멋진지를 보여주어야 하고, 실패라는 주름살과 함께 품위가 갖추어지면 존경과 사랑을 받는다. '위고'의 말처럼 마음의 향기와 인품의 향기가 자연스럽게 우러나는 삶을 살아가기 위해서는 '실패'라는 중요한 경험과 그 실패의 과정이야말로 농작물의 비료와 같다고 생각한다. 목자에겐 양 떼 냄새가 나야 하듯 연설도, 강의도 준비된 원고를 읽으면 재미없다. 용서와 관용 협력을 통해 불의를 극복하고, 우리에게 도움을 간청하는 사람들을 밀쳐내지 말아야 한다. 동료와 이웃은 밟고 물리쳐야 하는 경쟁상대가 아니라, 서로 도우며 함께 손잡고 가야 할 '연대의 대상'이다. 계층 간의 반목과 대립을 극복하고 연민과 존중의 사회가 될 것이다. 하고 싶은 말을 하지 못했을 때 후회하는 것보다 하지 않아야 할 말을 했을때 더 후회하는 것이 많다고 하니, 우리는 도전과 배려의 중간 지점을 찾는 일이 얼마나 어려운가?

## 행복이라는 비타민

많은 사람이 행복이란 현재 삶과는 다른 뭔가 새롭고 특별한 것을 성취하는 것으로 생각한다. 그래서 지금이 늘 불만족스럽고 더 풍요로운 것 더 새로운 것 더 나아 보이는 것을 찾고 싶어서 마음이 바쁘다. 그런데 우리가 사랑하는 가족과 함께 여행을 해보면 알겠지만 정말로 소중한 것은 그리 멀리 있지 않다. 누군가 말했습니다. 좋아하는 일을 하는 것 아니라, 지금 하는 일을 좋아하는 것이다. 성공하기 위해 가장 어렵고도 가장 쉬운 것은 마음을 비우는 일이다. 가장 강력한 무기는 행복해하는 것이다. 불필요한 과도한 집착과 욕심을 버리고 무수한 이해타산의 싸움에 대항하지 않고 비켜 가는 일이다. 내 마음속에 삶의 복잡한 현상들에 대해 집착과 욕심을 놓으면 삶은 가벼워지고 자유를 얻게 된다. 마음을 비운다는 것은 섭리에 저항하지 않고 순응한다는 것이다. 인생사는 동안 섭리에 순응하는 연습을 많이 해야 한다. 고통과 시련에 굴하지 않고 오해와 억울함에 변명하지 않고 꿋꿋하고 의연하게 다시 제자리로 일어서야 한다. 말투란 말을 담는 그릇이다. 물을 어떤 모양의 그릇에 담느냐에 따라 세숫물로 보이기도 하고 먹는 물로 보이기도 하듯 말투는 그 나름대로 독립된 의미를 지닌다. 같은 말도 듣기 싫게 하는 사람이 있다. 어투가 퉁명스럽거나 거친 용어를 사용하거나 목소리가 유난히 공격적일때 그런 느낌을 준다. 그러나 말투가 좋지 않으면 말하는 사람의 의도와 전혀 다른 의미로 변질된다. 상사인 당신이 부하 직원을 아끼면서도 욕을 섞어 거칠게 말하면 부하 직원은 당신의 의도를 정확하게 해석하지 못할 가능성이 높다. 삶은 내가 살아가는 것이 아니라, 원리와 섭리에 따라 살아지는 거다. 다만 내가 할 수 있는 것은 성실히 최선을 다해야 하는 거다. 삶을 충실히 가꾸는 거다. 절약은 만일에 대비해서 모으는 거지만 인색함은 혼자만 잘살아 보겠다는 마음에서 나오는 행동이다. 희망이 있는 사람은 참을 줄도 안다. 거대한 나무들에 둘러 쌓인 작은 묘목일수록 생존하기 위해서는 불굴의 의지가 필요하다. 삶은 살아 볼 만한 가치가 있는 것이므로, 삶을 두려워 말고 믿어야 한다. 그 믿음이 가치 있는 삶을 창조하도록 도와줄 것이다. 모험은 안정보다 더 위대하며 삶은 아직도 개척해야 할 영토가 무궁무진하다. 이 세상에 내 것이 어디도 없다. 그냥 사용하다 놓고 갈 뿐이다. 용서와 관용 협력을 통해 불의를 극복해야 한다. 이웃은 밟고 올라서야 하는 경쟁상대가 아니라 서로 도우며 함께 손잡고 가야 할 연대의 대상일 뿐이다. 힘들 때와 궁핍할 때가 어려운 시절 같지만 그래도 참고 삶을 더 사노라면 그때의 힘듦과 눈물이 오늘의 행복이고, 그때의 열심과 아낌이 오늘의 넉넉함이라는 것을 알게 된다. 힘들고 어렵다고 다 버리고 살 수 없고, 편안하고 넉넉하다고 다 혼자 가질 수 없는 것은 우리네 사는 것 혼자만 사는 것이 아니라, 서로 소중한 시절을 가꾸며 함께 살아가기 때문이다. 오리는 오리알 껍질을 깨트리는 고통의 과정을 겪어야만 살아갈 힘을 얻는다. 누군가 알 깨는 것을 도와주면 그 오리는 몇 시간 못 가서 죽는다. 우리의 삶도 그렇다. 시련이 있어야 윤기가 나고 생동감이 있게 된다. 우리가 사는 세상이 만약 밝은 대낮만 계속된다면 사람들은 며칠 못 가서 다 쓰러지고 말 것이다. 그럼에도 우리는 어둠을 싫어한다. 하지만 밤이 있기에 우리는 건강하게 살아갈 수 있다. 낮도 밤도 모두 삶의 소중한 것이다. 다들 좋은 일만 가득하기를 기대하고 희망한다. 그러나 어둠이 있어야 빛이 더욱 빛나듯 시련이 있어야 삶은 더욱 풍요롭게 된다. 살아갈 동안 경험하는 수많은 시련 중에 내가 이겨내지 못할 것은 없다고 한다. 긍정적인 마음 자세는 자기 발전과 봉사를 위해 헌신하는 삶으로부터 얻어지는 것이다. 오늘 최선을 다하겠다고 결심한다면 당신은 내일 일에 대해서 걱정할 필요가 없다. 세상은 내가 존재하기 때문에 더 나은 곳이 될 수 있다.

## 관점의 변환은 가치의 변환

 속을 줄도 알고, 질 줄도 알자. 믿고 사는 세상을 살고 싶으면 내가 남을 속이지 않으면 되고, 어느 놈이 밉고 싫어지거든 나 또한 누군가에게 가슴 아픈 말 한적이 없나 돌아보며 살아가자. 늘 부서질 준비가 되어있는 파도처럼 내 마음도 더 낮아지고 깨지고 싶다. 그래야 넓고 아름다운 사람이 될 수 있음을 온몸으로 가르치는 바다여 파도여 사랑이여 늘 나는 파도가 있는 바다가 그립다. 엄밀한 의미에서 세상에 잡초는 없다. 감자밭에 밀이 나면 그 밀이 잡초가 되고, 보리밭에 녹두 나도 그 녹두는 잡초고, 콩밭에 수수 또한 잡초다. 아무리 잘 났어도, 아무리 대단해도 불필요한 곳에 있다면 잡초가 되는 것이다. 산삼도 원래 잡초였다고 한다. 사람도 같다. 꼭 필요한 곳, 있어야 할 곳에 있으면 귀인이 되고, 있어야 할 자리가 아닌데 뭉개고 있으면 잡초가 된다. 타고난 아름다운 자질이 있어도 잡초로 살아가는 사람들이 너무 많다. 보리밭에 난 녹두처럼 뽑혀 버려지는 삶이 얼마나 허무할까? 이 세상에 하나밖에 없는 소중한 존재인 우리도 명품도 될 수 있고, 잡초도 될 수 있다. 그래서 내가 언제, 어디서, 누구와 무엇을, 어떻게 하느냐에 따라 내 가치도, 내 대우도 달라지는 것이 아닐까? 오늘의 문제는 어제의 해법으로 해결할 수 없다. 진정한 발견은 새로운 것을 찾는 것이 아니라, 새로운 관점으로 보는 것이다. 관점을 변화시킴으로써 평범한 것을 특별하게 만들 수도 있고, 특별한 것을 평범하게 만들 수도 있으며, 새로운 가치와 새로운 기회를 창출하기도 한다. 관점의 변환은 프레임의 변환이고, 가치의 변환이며, 정체성의 변화다. 변화를 위해서는 의지를 바꾸기보다 환경을 바꾸는 게 쉽다. 그래서 우리는 '개명'(브랜드 네이밍)은 물론 공간이동과 상상력을 움직여야 한다.

◆ '찐~앤 롤링'의 찐 이사장님

"당신을 잘 알고 있는 중요한 사람들이 주는 사랑과 당신을 잘 알지도 못하는 중요하지 않은 사람들이 주는 상처는 결코 같은 무게일 수 없다. 그러니 상처는 깃털처럼 날려버리고 가슴에 사랑만을 남겨라." 이 글은 갓 30줄의 젊은 작가 김은주의 저서 '1cm+'에 나오는 말입니다. 짧지만 맘에 와닿는 좋은 글이지요. 책을 발간하는 것은 글재주도 좋아야겠지만 내 인생길에 펼쳐진 자기 삶을 돌아보는 기록이자 삶에 대한 책임이며 애정일 것입니다. 어렵다고 하지만 1cm만 다르게 생각하면 누구나 출간은 가능한 일일 수도 있겠지만 결코 쉬운 일이 아니지요. 그래서 김옥진 작가의 첫 수필집 '강처럼 누워 산처럼 서다'의 출간을 진심으로 축하하며, 작가의 오랜 수첩 12권 속 켜켜이 써 내려간 기록들이 이제 어엿이 책으로 우리가 엿볼 수 있음은 큰 행운입니다. '조~앤 롤링'보다 '찐~앤 롤링'의 찐 이사장님의 인생 속으로 스며들며 41년간 한 길을 걸어오신 김옥진 작가의 소중한 경험이 담긴 수필집 발간에 경의를 표합니다. 그녀는 늘 그랬듯이 오늘도 도움이 필요한 이웃으로 변함없이 뚜벅뚜벅 걷습니다. 다시 한번 출간을 진심으로 축하드립니다!

조서윤 꼬빌 브랜드 파운더/공인중개사

# 제6장 산(山)처럼 서다

  이 세상에는 이성적인 인간과 비이성적인 인간 두 종류가 있다고 한다. 비이성적인 사람은 세상을 자신에게 맞추려고 발버둥 치고, 이성적인 사람은 세상에 자신이 적응하려고 노력한다는 것이다. 알버트 아인슈타인은 '하루에도 백번씩 나는 나의 삶이 살아 있거나 혹은 죽은 사람의 노고에 의존하고 있다는 것을 되새긴다. 그리고 받은 것만큼 되돌려 주기 위해 얼마나 많이 노력해야만 하는가를 스스로 일깨운다.'라고 말했다. 나도 모르는 수없는 사람들에게 도움을 받으며 살아왔다. 이제 사람들에게 되돌려 주는 일을 할 때가 되겠지.

## 당신이 찾는 행복은 어디에 있을까?

감사하는 마음에서 행복은 찾아온다. 마음에 불평과 원망과 미움이 없을 때, 어떤 것을 사랑하는 마음으로 대할 때, 남이 가지고 있지 않은 것을 내가 남을 위해 베풀 때, 내가 내 자신을 위해서가 아닌 또 다른 사람을 위해 열심히 일하고 최선을 다할 때, 내가 누군가에 칭찬받고 인정을 받을 때, 남의 행복을 빌어줄 때, 행복은 강물처럼 흐른다. 행복은 나를 위해서는 오지 않는다. 내가 남에게 행복을 줄 때 그것이 진정한 행복이 아닐까? 젖과 꿀이 흐르는 강은 도대체 어디에 있을까? 수백 킬로를 가도 동네 하나 없는 이란의 사막에서는 강은 그야말로 삶의 생명줄이기 때문에 물은 절대, 절명의 존재다. 행복도 마찬가지라고 할 수 있다. 행복은 반드시 롯데 타워 팰리스 99층에만 있는 것도 아니며, 롤스로이스 뒷자리에만 있는 것도 아닐 것이다. 어쩌면 행복은 소나기를 피해 들어간 이름 모를 카페에서 마시는 한잔의 모카커피에 녹아 있을지도 모르고, 출근길 만원 지하철에서 운 좋게 당신 차지가 된 빈자리에 놓여있을지도 모르고, 밤새 작업을 마치고 집으로 돌아오는 길에 만나는 싸한 새벽공기에 스며있을지도 모른다. 행복은 그렇게 가까운 곳에 있을지 모른다. 행복해지고 싶다면 노력해야 한다. 집을 깔끔하게 정리하듯 내 마음에서 버릴 것은 버리고, 간직할 것은 간직해야 한다. 내게 소중하고 아름다운 기억과 칭찬의 말들은 간직해도 좋지만, 필요 없는 비난이나 고통은 쓰레기나 잡동사니 치우듯이 과감히 버리는 것이다. 에이브러햄 링컨이 말했다. "사람은 행복하기로 마음먹은 만큼 행복하다" 불자는 말한다. 움켜쥘수록 고통스럽고 베풂은 탐욕을 버리는 거라고. 또 "난 참 운이 좋다, 올해에도 모기에게 물리다니." 모기에게 물리고도 생각하기에 따라 행운이라고 생각하면 그것도 행복이다. 셰익스피어 말대로 세상에 절대적으로 좋고 나쁜 것은 없다. 우리의 생각이 그렇게 만들 뿐이다. 우리는 우리가 행복해지려고 마음먹은 만큼 행복해질 수 있으며, 행복과 불행을 결정하는 것은 외부 환경이 아니라 그 환경을 어떻게 바라보느냐에 따라 결과는 달라진다. 그것은 모두 자신의 시각과 선택이다.


## 멍때리며 살기

죽는 순간에는 용서하지 못할 사람도 없고, 움켜 질 욕망도 없는데 모두 다 운명에 맡기고 하루, 하루를 멍때리며 살자. 평범한 나를 위해 하늘은 아무 불평 없이 평범한 나를 안아주고, 받아주고, 위로해 준다. 삶이 별건가? 무엇을 움켜지고 그렇게 바둥거리는 것인지, 우주에서 지구를 바라보면 우리 인간들은 참 바보 같은 짓들을 많이 하는 것처럼 보일 것 같다. 푸르고 드높은 하늘, 가슴이 탁 트이는 하늘을 생각하면 삶은 넓고, 편하고, 선택의 길이 넓고 자유롭다. 그러나 좀 더 깊이 생각해 보면 내 마음 그 자체가 감옥이다. 그래서 그 마음의 감옥을 열어 보면 당장 마음이 편해진다. 굳게 잠겨진 감옥의 자물통을 열어 보자. 내 마음의 주인은 내 자신이기에 내 스스로 마음의 문을 열면 자유로움을 느낀다. 솔솔 부는 바람은 감옥에 들어가도 갇히지 않고, 그물에 걸리지도 않는다. 욕망은 늘 우리를 유혹하고 화를 자초하는 시작이자 불행을 잉태하게 된다. 욕망이 흉기이고 재난이니 욕망을 버리는 것이 답이다. 오래 다니던 직장에서 은퇴하는 것은 마치 감옥을 나오는 사람처럼 자유인이 되는 게 아닐까? 봄이 오기 직전이 가장 추운 법이고, 해뜨기 직전이 가장 어두운 법이라고 하니, 새로운 세상이 비록 캄캄한 암흑처럼 예측할 수 없는 두려움일 수도 있으나, 오히려 새로운 기회로 생각하면 새로운 자유를 얻지 않을까? 타성과 습관을 버리지 않으면 그 습관이 우리를 지배하게 된다. 남에게 속는 가장 확실한 방법은 자신이 남보다 영리하다고 굳게 믿는 거라고 한다. 사방이 다 막혀도 하늘은 언제나 뚫려있고 하늘을 바라보면 희망이 생기며, 젊음과 늙음은 마음의 상태이지 나이의 문제가 아니라는 것이다. 그리고 좋은 집을 짓기보다 좋은 가정을, 크게 되기 위해서는 먼저 작게 시작해야 한다고 말한다. 좋은 나무는 쉽게 크지 않으며, 바람이 강하면 나무도 강해지고 숲이 어두우면 나무는 하늘을 향해 높이 뻗어 가는 것이니, 햇빛과 추위와 비와 눈은 모두 나무를 좋은 재목으로 만들어 주는 최고급 영양소다. 인생의 시계는 단 한 번 멈추지만 언제 어느 시간에 멈출지는 아무도 모르는 것이니 그냥 멍때리며 살자.

## 탈무드 지혜로 노후생활 도전

　나이가 많아질수록 인간은 직장생활을 그만두게 되면서 사회 활동이 줄어들고 소외감을 느끼기 시작한다. 특히 경제적인 부분은 물론 도전할 목표가 사라지면서 열정을 불태울 일터도 놀이터도 사라지게 되면서 불안감과 외로움은 커져만 간다. 그러나 도전하는 사람들의 생각은 전혀 다르다. 그들은 정년은 새로운 무대의 출발점이니 삶의 새로운 각본, 새로운 무대, 새로운 목표에 도전하고, 새로운 사람들과 교류하며 의욕적이고 활동적이며 건강하다. 노후의 삶을 순조롭게 살아가기 위해서는 보편적으로 자신을 낮추고 버리는 것이 좋다. 특히 젊은 사람을 인정해 주고, 타인들의 의사에 공감하며, 늘 타인과 사회에 필요한 사람이 되어야 더 크게 인정받고, 존경받는 가장 지혜로운 삶이다. 젊은 시절도 마찬가지겠지만 은퇴 생활에서는 유대인의 탈무드에 나오는 명언들을 되새기며 지혜로운 삶이 가장 중요하다. "물고기가 입으로 낚싯바늘을 물어 잡히듯, 인간 또한 언제나 그 입이 문제다.", "두 개의 화살을 갖지 마라. 두 번째 화살이 있어서 첫 번째 화살에 집중하지 않게 된다.", "눈에 보이지 않는 것보다 마음이 보이지 않는 쪽이 더 두렵다.", "한 닢의 동전이 들어있는 항아리는 요란스러운 소리만 내지만 동전이 가득 찬 항아리는 조용하다.", "먼저 해야 할 일부터 손을 대고, 뒤로 미룰 수 있는 것은 마지막에 가서 하라.", "배운 것을 복습하는 것은 외우기 위함이 아니다. 몇 번이고 복습하면 새로운 발견이 있기 때문이다." 탈무드의 명언들처럼 지혜롭게 노후생활의 에너지와 즐거움을 얻고 싶다면 나이가 들수록 돈을 아끼지 말고, 상대 비난을 자제하며, 흐르는 물처럼 초연하게 사는 것이다. 물은 만물을 이롭게 하면서도 서로 다투지 않고, 낮은 곳으로 향한다. 물처럼 산다는 것 즉 물 흐르는 대로 산다는 것을 법(法)대로 산다는 것을 의미한다. 법(法)의 한자는 삼 수(水)변에 갈 거(去)의 합성어인데 이는 법이 '물처럼 흐른다'는 의미이다. 법대로 살면 모든 게 편하고, 행복하고, 순리적이라는 말이다. 순리란 오이 심은 데 오이가, 콩 심은 데 콩이 난다는 말처럼 원인이 있으면 반드시 그에 맞는 결과가 있다는 뜻이다. 망설이며 시간을 보내기보다는 즉시 실행하고 실패하는 것이 낫다는 의미일 것이다. 맹자도 사람들의 우둔함을 얘기했다. 길은 가까운 곳에 있는데도 사람들은 헛되이 먼 곳을 찾고 있다. 어려운 일도 일단 일을 시작해 보면 쉬운 것이다. 시작도 하지 않고 미리 어렵게만 생각하고 있기에 할 수 있는 일들을 놓쳐버리는 것이다. 그래도 도전은 인생 최고의 열정 에너지라고 생각한다.

## 줄수록 많이 받는다

　주면 줄수록 많이 받게 될 것이다. 왜냐하면 다른 사람들에게 나누어 줌으로써 우주의 풍요한 흐름을 당신의 삶 속에 순환시키기 때문이다. 사실 삶에서 가치 있는 것은 다른 사람에게 주었을 때만 돋보인다. 만일, 주는 행위를 통해 당신이 무언가를 잃었다고 느낀다면 그때는 선물을 주었어도 참으로 준 것이 아니다. 만일 당신이 마지못해서 준다면 그 주는 행위 속에 아무 에너지도 없다. 가장 중요한 것은 당신의 주고받는 행위 뒤에 숨은 의도다. 그 의도는 언제 주는 사람과 받는 사람에게나 행복을 만들어 주겠다는 것이어야 한다. 행복은 삶을 지탱하고 떠받치며, 따라서 결국은 더욱 크게 불어나서 돌아오기 때문이다. 무조건 주고, 진심에서 우러나서 주면, 준 것에 비례하여 보답이 온다. 주는 행위는 그래서 즐거워야 하는 것이다. 무엇을 줄 때 마음의 틀은 어떤 것이야 하는가? 그 안에서 당신이 주는 행위 자체로부터 기쁨을 느낄 수 있는 그런 틀이어야 한다. 그러면 주는 행위 뒤에 숨은 에너지가 몇 배나 불어난다. 기쁨을 원한다면 다른 사람에게 기쁨을 주고, 사랑받고 싶다면 다른 사람에게 사랑을 주고, 주목받고 인정받고 싶다면 다른 사람을 주목하고 인정하고, 물질적으로 풍요롭기를 바라거든 다른 사람을 물질적으로 풍부하게 도우라고 한다. 사실 당신이 원하는 것을 얻는 가장 쉬운 방법은 다른 사람들이 원하는 것을 얻도록 해야 한다는 것이다. 당신이 삶의 온갖 좋은 것으로 축복받고 싶거든 세상의 온갖 좋은 것으로 모든 이를 조용히 축복해 주라. 준다는 생각, 축복한다는 마음가짐 또는 간단한 기도만으로도 다른 사람에게 사랑을 전할 수 있다. 지혜로운 자는 모든 사람에게서 배우는 사람이고, 부자는 자기가 가진 것에 만족하는 사람이며, 강자는 자신과의 싸움에서 이기는 사람이므로, 마음만 먹으면 누구나 쉽게 이룰 수 있다 유명한 말이 생각난다. "물은 본디 소리가 없으나 물이 소리 냄은 곧 그 바닥이 고르지 못함이니 사람도 이와 같아 마음이 고요하면 시장통에서도 고요를 느낄 수 있고, 산이 높아도 구름은 거리낌이 없으니 구름은 본시 걸림 없는 까닭이라. 사람도 이와 같이 마음에 걸림이 없으면 삶의 고비에서도 여유로움을 가지리니." 우리 마음도 주면 줄수록 더 새로워지고 커지는 것이리라.

## 부자 되는 다양한 비결

재테크 관련 베스트 셀러 '부자 아빠 가난한 아빠'의 저자 로버트 기요사키와 미국의 대통령이었던 부동산 억만장자 도널드 트럼프는 부자가 되어야 하는 이유에 대하여 다음과 같이 말했다. "부자는 더욱 부유해지고, 빈자는 더욱 가난해지는 양극화가 세계적 추세다." 중산층이 몰락하면서 부자가 되지 못한 사람은 가난한 노후를 맞이하게 될 수밖에 없다는 것. 따라서 부자가 되어야 한다는 것이다. 베이비붐 세대의 은퇴가 현실이 되면 국가는 더 이상 부자가 아닌 이들을 돌볼 여력이 없어진다면서 "누군가에게 물고기 한 마리를 주면 그는 하루를 먹고 살 것이다. 하지만 고기 잡는 법을 가르쳐주면 그는 평생을 먹고 살 것이다"라고 말했다. 따라서 무엇보다 금융교육을 통해 '금융 IQ'를 높여야 하며, 금융 IQ가 낮은 사람은 "수중에 25만 달러가 있는데, 어디에 투자하면 좋을까"라고 질문하는 반면 금융 IQ가 높은 사람은 "나는 무엇을 좋아하고, 무엇에 강점이 있을까? 나는 어떤 투자 부문에서 통제력을 발휘할 수 있을까?"라고 질문한다고 한다. 나아가 레버리지(차입 자본 이용), 통제력, 예측력, 창의력, 확장력 등 부의 5가지 공식을 강조하고, 가장 대표적인 레버리지는 다른 사람의 돈, 즉 빚으로, 부자는 우량 채무자가 됨으로써 돈을 벌지만 부자가 아닌 사람은 불량 채무자가 됨으로써 돈을 잃는 사람들이라고 한다. "사람에게 소중한 것은 이 세상에서 몇 년을 살았느냐가 아니다. 이 세상에서 얼마만큼 가치 있는 일을 하느냐 하는 것이다." 미국의 작가 오 헨리가 한 말이다. "인생이란 여행과도 같고 여행이란 인생과 같다." 일본의 축구 선수가 남긴 말이다. 사람들의 사고방식에는 백만장자 사고방식과 종업원 사고방식 두 가지가 있다. 이들 중 어떤 방식을 선택하는가는 전적으로 자기 자신에게 달려있다. "일의 시시비비를 가리기 위해 개에게 물리기보다는 그 개에게 자리를 양보하는 것이 현명한 처사다. 왜냐하면 설사 그 개를 죽일지라도 개에게 물린 상처가 치유되는 것은 아니기 때문이다."라고 말한 미국 대통령 링컨은 더 큰 부자임에는 틀림이 없다. 화폐나 재산의 물적인 부자만이 아닌 다양한 영적, 신체적, 자연적, 감성적 부자도 진정한 부자이므로, 부자에는 다양한 비결이 있다.

## 인생 배낭

인생의 배낭 속에 즐길 낙(樂) 하나쯤 꼭 들어있어야 한다. 낙이 없는 인생은 사는 것이 아니라 생물학적인 연명일 뿐이다. 등산의 쾌감을 흔히들 '마운틴 오르가즘'이라고 한다. 등산이든 아니면 어떤 취미든 정점에 오른다는 것은 최고의 오르가즘이 아닌가? 보통 등산을 하면 대부분 배낭을 지고 간다. 물, 식량, 도구, 약품, 물, 의복 등 비상시에 필요한 물품들이다. 인생 등산도 마찬가지다. 살아 있는 동안에 오르가즘을 최대한으로 누리다가는 인생이 성공한 인생이라고 한다. 낙이 없는 인생은 권태의 연속일 뿐이다. 똑같은 소금도 대상에 따라서 효과가 달라진다. 소금은 미역에 뿌리면 팔팔하게 살아나지만, 배추에 뿌리면 시들시들 죽는다. 똑같은 물도 소가 먹으면 우유를 생산하고 뱀이 먹으면 독을 생산한다. 인생도 마찬가지다. 내 배낭 속에는 무엇을 담았을까? 앤드류 카네기는 "사람들에게 비웃음을 사고, 무시당하고, 외면까지 당할 수 있는 세

가지 방법은 절대 상대방의 이야기를 끝까지 들으면 안 되고, 계속 자기의 말만 해야 하고, 상대방의 이야기를 듣다가 자신이 할 이야기가 있으면 바로 끊고 자신의 말을 하면 된다."고 했다. 귀 기울여 듣는 것은 마음을 얻는 지혜임에 틀림이 없다. 그러나 남의 말을 듣는 것은 결코, 쉽지 않으며 이야기를 듣는 일은 말하는 것보다 3배 이상의 에너지가 필요하고, 주의해서 들어봐야 24초를 넘기지 못한다고 한다. 말을 배우는 데는 2년이 걸리지만 침묵을 배우는 데는 60년이 걸린다는 말도 있다. 어두운 밤 불빛에 뛰어드는 나방도 참 불쌍하다. '나방아, 미안하다 너한테 해줄 게 없구나. 그냥 불을 꺼 줄게.' 이 말은 우화이지만 공부하고 똑똑하다는 우리도 우둔하기 짝이 없기는 마찬가지가 아닐까. '마음이 고요한 그대여, 그래 세상 참 맑고 조용하도다. 보는 바 없으니 분별할 것이 없고, 듣는 바 없으니 시비 끊겼네. 앞뒤 놓아버린 이 고산은 말이 없고, 달빛은 맑다.' 읽어도 읽어도 선인들의 말이 하나도 틀림이 없다. 인간이 가진 것 중에서 가장 귀한 것은 바로 삶이며, 삶 속에서 가장 중요한 것은 시간이라고 한다. 왜냐하면 삶을 이루고 있는 것이 바로 시간이기 때문이다. 오늘이라는 시간을 하찮게 생각할 수 없는 이유이다. 막다른 골목에 다다르면 반드시 해결책을 찾을 수 있다니 오늘 일은 오늘 즐기자. 그리고 인생 배낭에 친구, 재미, 건강, 행복이라는 비상품을 소박하게 담고 든든하게 걷자.

# THINK DIFFERENT

　인생의 세 가지 여유로움은 사람은 평생을 살면서 하루는 저녁이 여유로워야 하고, 일 년은 겨울이 여유로워야 하고, 일생은 노년이 여유로워야 한다. 창의적인 것뿐만 아니라, 아무리 생각해도 기억나지 않던 것이 시간 여유가 있을 때나 딴 일할 때 쉽게 떠오른다. 즉 여유롭게 딴짓할 때 방법이 생긴다는 것이다. 인생이든 회사든 경영은 비슷하다고 생각한다. 경영대가로 알려진 개리 하멜(Gary Hamel)은 이렇게 말했다. "경영자에게 필요한 아이디어의 80%는 경영 테두리 밖에서 온다." 이것은 비단 경영학자의 견해만은 아니다. 모든 경계에는 꽃이 핀다고 한 사람도 있다. 애플의 캐치프레이즈가 "Think different"(다른 생각 즉 다른 생각을 하라)인 것도 같은 맥락이다. 인생도 사랑도. 늘 함께할 때는 그 소중함을 모르고 잃어버린 후에야 비로소 알게 되는데 그것은 탈피해야만 비로소 보이기 때문이다. 즉, 숲을 보려면 숲속에서 나와야 하는 것이다. 영화 '그래도 삶은 계속된다.' 중에는 이런 말이 있다. "늙기 전엔 아무도 젊음이, 삶이 좋은 줄을 몰라. 죽기 전엔 삶이 얼마나 고마운 건지 모르지. 무덤에서 살아 돌아온다면 사람들은 누구나 전보다는 훨씬 더 열심히 살아갈 거야." 우리 앞에 펼쳐진 삶은 백화점과 같다. 그럼에도 곧잘 삶이 아름답지도, 살아볼 가치도 없다고 느껴지는 것은 왜일까? 그건 빈약하거나 단조로운 백화점이기 때문이 아니라, 삶에 초대된 우리들이 그 백화점을 즐기려 하지 않기 때문이다. 아무리 좋은 음식과 재미있고 볼거리가 있다고 하더라도 자신이 흥미가 없다면 그 잔치는 결코 아름다울 수도, 재미있을 수도 없는 것이다. 자신의 삶을 소중히 여기는 사람이 되는 것이 최고의 삶이다. 삶은 줄줄 쉴 새 없이 흘러내리는 시냇물은 썩지 않듯이, 신선해야 하고, 날마다 새로운 것을 받아들이는 자세가 최선이다. 그런 사람은 언제나 활기에 넘치고, 열정으로 얼굴에 빛이 난다. 고여 있지 말고, 멈춰 있지 말고, 끊임없이 물갈이해야 하는 것이다. 혹자는 매일 아침 망치로 고정관념을 깨야 한다고 한다. 그래야 새로운 생각이 들어와 자신의 삶은 더 많이 담을 수 있다는 것이다. 고민은 어떤 일을 시작하였기 때문에 생기기보다는 일을 할까 말까 망설이는 데에서 더 많이 생긴다고 한다. 망설이기보다는 불완전한 채로 시작하는 것이 좋다. 골프에서도 볼을 칠까, 말까 망설이다 보면 볼이 잘못 맞는 수가 많은데, 잘못 맞더라도 어떻게 하든 방향과 클럽, 스윙 등을 결정하고, 그냥 자신 있게 치는 것이 가장 잘하는 것이다. 삶도 즐길 게 있어서가 아니라 즐길 것이 없어도 즐길 수 있는 능력이 있으면 모든 게 좋다.

제6장 산(山)처럼 서다

## 진정으로 자식을 위한다면

찰스 매튜슨 회장, "나는 자식들에게 지나치게 많은 도움을 주지 않기 위해 조심했다. 왜냐하면 자신의 힘으로 성공을 쟁취하는 권리를 아이들에게서 빼앗고 싶지 않았기 때문이다. 누구든 지나치게 많은 도움을 받으면 결국 제대로 성장하지 못하고 스스로 독립하는 방법을 배우지 못하게 되는 법이다." 자식을 사랑한다면 많은 재물을 주는 대신 역경을 선물할 수 있어야 한다. 현명한 부자들은 자식에게 유산을 많이 남기는 것은 독약을 주는 것과 같다고 말한다. 세계 1위 갑부를 오르내리는 빌 게이츠와 워렌 버핏은 1%의 재산만 자식에게 남기겠다고 공언해 왔다. 부자의 이 같은 인식 전환이 사회발전을 견인하고 후세도 건강하게 키우는 길이다. 그 이유는 명백하다. 자식에게 부모도 절대 도와주지 않는 자신이 책임지는 "위기의식"이 자식을 강하고, 건강하고, 똑똑하게 만들기 때문이다. 조직혁신을 시도하려 할 때 우리가 범하는 가장 큰 실수 역시 동료 경영진이나 직원들에게 충분한 위기의식을 불어넣기도 전에 혁신을 시작해 버리는 것이다. "위기의식"은 그만큼 인간을 긴장하게 만들고, 상황을 극복하게 만드는 원동력인데 이 위기의식을 심어주지 못한다면 치명적이다. 자만심과 무사안일이 팽배해 있는 조직에서 경영혁신의 목적을 달성하는 것은 거의 불가능하기 때문이다. 인간의 삶이건, 기업의 생존이건, 아니면 국가의 미래이건, 공짜가 생존에 가장 좋고, 쉬운 것처럼 보이지만 가장 위험하고, 단명하게 만드는 것이라고 한다. 공멸하는 것 아니냐는 우려 때문에 위기가 전파되는 것을 오히려 걱정하고 방해하는 경우가 있는데 변화와 혁신을 위한 첫 단계는 위기의식의 전파와 공유라고 한다. 위기의식이 없이는 변화하지 않으려고 저항하는 것은 인간의 기본 속성이기 때문이다. 사람들은 하루에 대략 5만에서 6만 가지의 많은 생각을 한다고 하는데 문제는 그 생각 중에서 85%는 부정적인 생각이며, 단 15%만이 긍정적인 생각이다. 우리는 하루 종일 부정적인 생각과 싸우면서 살아가고 있는데 이를 극복하려면 위기의식이 반전을 만들기 때문에 이순신 장군의 12척의 배처럼 더 물러설 수 없는 위기 상황이 더 위대한 반전을 만드는 계기가 된다는 게 신기하다. 진정으로 자식을 위한다면 아버지가 아무것도 해주지 않는다는 것을 확실히 인식하게 만드는 것이고, 그것이 가장 많이 물려주는 것이다.

## 계속 날씨가 맑으면 사막이 된다

사람들은 화창한 날씨를 고대하지만 매일 매일 날씨가 좋으면 땅은 사막으로 변한다. 지속적 평안보다는 거친 풍파가 사람과 조직을 강하게 만들고, 수많은 싸움과 셀 수 없는 패배 끝에 성공할 수 있다는 점에서 장애물은 필수적이다. 싸움과 패배는 실력과 힘을 키우고, 용기와 인내력을 키우며, 능력과 자신감을 높일 것이다. 한마디로, 모든 장애는 '발전의 친구'라는 것이다. 나폴레옹도 말했다. "모든 문제와 어려움은 그만큼의 기회나 더욱 큰 혜택과 닿아있다." 고통 없는 성공은 있을 수 없으며, 성공 속에는 수없이 작은 실패가 내재 되어 있다. 지금 삶이 불만족스럽거나 힘겹다고 삶 그 자체를 부정하기보다는 자신이 어떤 환경에 처한다 해도 행복해질 수 있는 능력과 마음가짐이 더 중요하다. 세계적인 성공학의 대가, 브라이언 트레이시는 캐나다 동부 프린스에드워드섬에서 태어났다. 불우한 가정환경과 학업 성적으로 고등학교를 중퇴했고, 젊은 시절 접시닦이·벌목공·주유소 점원·화물선 잡역부 등을 전전하며 낡은 중고차를 보금자리 삼아 추운 겨울을 보냈다. "시도한 모든 일에서 나는 실패와 실패, 실패를 경험했다. 좌절과 실망, 일시적 실패는 숨을 들이쉬고 내쉬는 것만큼 자연스러운 일이라는 걸 배웠다. 나는 학교에서 실패했고, 수많은 직업에서 적어도 처음에는 실패했다. 세일즈맨이 됐을 때 수백 번의 실패를 경험했고, 경영진이 되어서도 끝없는 실수를 저질렀다. 나는 성공하기 전에 내 인생의 모든 단계에서 실패하고 또 실패했다. 성공도 우연이 아니고, 실패도 우연이 아니다. 성공하는 사람은 성공에 이르는 일을 하는 사람이고, 실패한 사람은 그런 일을 하는 데 실패한 사람이다." 단순명료한 성공의 법칙은 없으며, 다만 성공한 사람들은 누구든지 엄청나게 많은 실수를 저질렀고, 그럼에도 그들이 성공할 수 있었던 비결은 포기하지 않는 '고집'이라는 것이다. 실제로 우리가 살아가면서 부딪히는 많은 문제 때문에 수많은 걱정을 하는 경우가 많은데 오히려 그 걱정을 분석하고, 걱정할 필요 없는 걱정을 하나씩 줄여 가면서 해결하는 것이 좋다. 인생의 75% 이상은 일어나지 않은 일들과 일어나지 않을 일로 인해 고민하며 헛되이 보내는 것인데 차라리 "고민 버리기"를 즐기는 편이 현명하지 않을까? 좋은 일만 있기를 바라지 말고 좋은 일로만 여기는 능력이 사막을 막고 성공하는 길이다.

## 걱정하는 게 힘들어 걱정 안 하기로

내가 남에게 줄 때 행복을 느낀다면 여유 있는 마음 때문이다. 행복은 만족할 때 크게 오는 것이고, 사랑할 때 마냥 오는 것이며, 이 세상에서 진실로 아름다운 사람은 언제나 환하게 웃는 사람이다. 이 세상에서 진실로 부유한 사람은 마음이 넉넉한 사람이며, 이 세상에서 진실로 용기 있는 사람은 용서할 줄 아는 사람이다. 이 세상에서 진실로 필요한 사람은 남을 도우며 사는 사람이며, 이 세상에서 진실로 지혜로운 사람은 자기를 낮출 줄 아는 사람이다. 이 세상에서 진실로 훌륭한 사람은 이들을 실천하기 위해 온전히 노력하는 사람이다. 삶의 강물이 그대를 싣고 흘러간다고 느껴보라. 삶의 바람이 그대를 싣고 데려간다고 느껴보라. 있는 그 자리에 앉아 그냥 느껴보라. 말하지도 말고 마음 쓰지도 말고 평하지도 말고 이쪽에도 가지 말고 저쪽에도 가지 말고 지나간 일을 생각하지도 말고 다가올 일은 찾지도 말고 그냥 지금 여기 존재하는 법을 배우고 지금 그대로가 축복인 것을 보게 된다. '잘했다, 고맙다, 예쁘구나, 아름답다, 좋아한다, 사랑한다, 보고싶다, 기다린다, 믿는다, 기대된다, 반갑구나, 건강해라.' 내 인생에 도움이 될 말은 의외로 소박하다. 너무 흔해서 인사치레가 되기 쉽지만, 진심을 담은 말은 가슴으로 느껴지는 법이다. '괜찮다, 지나간다, 다시 꽃 핀다.' 등 위로의 말에 사람들은 금방 위로받는 아이가 된다. 늘 언제 어디서나 누구에게도 항상 정말 싱그럽고 밝은 미소와 웃음으로 가득 차 있는 천사 같은 분이 있다고 한다. 만나는 그 누구에게도 그 용모와 자태가 행복으로 가득 차 있는 모습을 항상 주위 사람들에게 보여준다. 한번은 가정에 좋지 않은 일을 당한 적이 있는데 그때도 여느 때와 같이 긍정적이고 밝은 웃음을 짓는 것을 보고, '어려운 일로 힘들고 걱정 많으실 텐데'라고 말하자 바로 웃으며 '야, 그런 걱정 옛날에 많이 해 봤는데 아, 그 걱정, 힘들어서 더 이상 못하겠더라. 그래서 걱정하지 않기로 했다.'라고 말씀하셨다. 비벌리 엔젤이 말한 것처럼 "화를 안 내고 살 수 없다면 화의 주인이 되라."고 했다. 화에 끌려다니지 말라는 것이다. 건강은 최고의 선물이고 만족은 가장 큰 재산이다. 화내지 말고, 걱정하지 말고, 서로 사랑하는 것은 비교할 바 없는 기쁨이기 때문이다. 걱정하는 게 너무 힘들어 걱정하지 않기로 했다는 말을 들으니 '걱정하기보다 잊고 편하게 사는 게 낫다'는 생각에 공감한다.

## 경영자의 지혜와 시각

　골프 황제 타이거 우즈는 메이저 대회에서 우승하던 날 바로 연습장으로 달려가는 것으로 유명하다. 경영자를 포함한 조직의 리더들이 가장 많이 공부해야 하는 것이다. 미국 대통령이자 부동산 재벌 도널드 트럼프는 일주일에 순수하게 28시간을 독서에 투자한다고 한다. 피터 드러커가 말했다. "피아노 건반을 두드리는 것보다 더 지루한 일은 없다. 그러나 명성을 날리고 연주 활동이 많은 피아니스트일수록 더욱 더 열심히, 시간이 날 때마다, 매일 매일 한 주도 빠지지 않고 연습하지 않으면 안 된다. 마찬가지로 유능한 외과 의사일수록 더 충실하게, 틈나는 대로, 매일 그리고 매주, 봉합술을 연습해야 한다." 직원들은 불과 5%에서 10%의 능력밖에 발휘하지 않는다. 나머지 90%에서 95%의 미개발 능력을 매일 일터로 가져오게 하는 것, 그것이 바로 경영자가 하는 일이기 때문이다. 갤럽이 수천 명의 직장인을 대상으로 조사한 결과, 29%는 회사 일에 몰두해서 열정적으로 일하지만 54%는 활력 없이 마지못해 일하고, 17%는 다른 사람들의 성과를 손상 시킬 정도로 이미 이탈되었다고 한다. 자기보다 더 현명하고 유능한 인재를 모아서, 그들의 잠재 능력을 발휘하게 하는 것, 그것이 바로 경영이자 리더십이다. '리더는 희망을 파는 사람'이라는 나폴레옹의 말을 인용하면서 만족하는 고객은 불평하지도 않고, 제때 돈을 내기 때문에 회사 발전의 적이라고 한다. 만족하는 고객에 집착, 지금 상태를 그대로 유지하려고 하는 경향이 문제라고 한다. 진정한 성장 원동력은 다름이 아닌 불만족스러워하는 고객 혹은 덜 만족스러워하는 고객에게서 나오는 것이라고 한다. 그들은 해결책을 발견하기만 하면 즉시 지갑을 열게 되는 것이다. 그리고 잘못에 대해 솔직하게 시인하면 서로를 자각으로 이끈다. 세상에서 가장 어려운 하나는 스스로 잘못했다는 것을 인정하는 것이다. 어려운 상황에 빠졌을 때 솔직히 잘못을 인정하는 게 가장 큰 도움이 된다. 자신을 위해, 세 과시를 위해, 이름을 얻기 위해 권력을 사용하면, 그 칼날이 자신을 향하게 된다. 반대로 다른 사람을 돕기 위해 힘을 사용하게 되면, 결과적으로 다른 것을 얻게 된다. 버림으로써 얻는 지혜라 할 수 있다. 어떤 사안에 대한 관점은 경영자(리더)와 종업원(팔로워)의 시각은 다르다. 그리고 문제 해결 방법도 당연히 다르다. 리더나 경영자가 되겠다면 리더나 경영자의 자질이 훨씬 중요하다.

## 감옥과 수도원, 지구와 태양의 관점

"감옥과 수도원의 공통점은 세상과 고립되어 있다는 점이다. 그러나 차이가 있다면, 불평하느냐, 감사하느냐 그 차이뿐이다. 감옥이라도 감사를 하면 수도원이 될 수 있다" 이 말은 긍정적 사고와 매사에 감사할 줄 아는 자세의 중요성을 역설하고 있다. 80이 넘어서도 '스스로 청춘'이라 생각하던 마스시타 고노스케의 적극적, 긍정적 사고방식이다. 매사는 마음먹기에 달려있다. 환경이 바뀌길 기다리느니, 자기 마음을 먼저 바꾸는 게 더 쉽다는 것이다. 바다는 태풍이 불어야 깨끗해지고 하늘은 비바람이 세차게 몰아쳐야 깨끗해지듯이 사람들은 고난을 통해 깨끗함과 순결함을 얻을 수 있다는 것이다. 그런데 우리가 생각하고 있는 대부분의 고통은 진정한 고통이 아니라, 정말 마음에 깊은 갈등과 아픔이 있었다면 그 사람의 마음은 비 온 뒤에 하늘같이 맑고 깨끗해져 있을 것이다. 겨울이 추울수록 이듬해 봄에 피어나는 꽃이 더 밝고 맑고 아름답다. 김연아 좌우명으로 유명한 말이 있다. 'No pain, no gain.' 즉, '고통 없이 얻는 것 없다'는 말이다. 정말 큰 고통을 참으면서 맡은 바 직무에 최선을 다해야만 겨우 앞으로 나갈 수 있으며, 그렇지 않으면 낙오될 수 있다. 상대방을 설득하려면 호감을 줘야 하고, 호감을 주려면 인문학적 지식과 소양이 필요하다. 그리고 미소와 웃음은 늘 고객의 지갑을 열게 한다는 믿음으로, 어렵고 힘들어도 긍정의 힘으로 많이 웃으면서, 슬기롭게 어려움을 극복해야 한다. 불자의 끝없는 사유(思惟)를 소환해 본다. 소리도 없고 냄새도 없는 이것은 무엇이며, 하늘과 땅 사이의 근본이 되는 것이 무엇일까? 불교의 가르침처럼 내가 있고 내가 없는 이것이 과연 무엇일까? 사유와 사유를 통해 깨우치고, 성숙 된 인간의 모습이 구현되는 끝없는 반성의 시간이 아닐까? 갈릴레이 갈릴레오에 의해 인정되고 옹호된 코페르니쿠스의 이론 지동설은 태양계의 중심이 지구가 아니라 태양이다. 그전까지만 해도 지구는 평평하다고 생각해 왔었다. 우리는 우리의 관점, 또는 관념에 따라 얼마나 커다란 오류를 범할 수 있는가를 아주 적나라하게 보여 주는 것인데 사실은 이런 관점의 차이로 인하여 발생하는 수많은 사례가 인류의 역사가 생긴 이래 존재해 왔다.

## 꿈이 열정을 만들고, 열정이 성취를 만든다

맨 산을 그냥 10km 걸어가라고 하면 돈 줘도 피하지만 산과 계곡, 언덕 곳곳에 흥미를 유발하는 연못과 모래와 러프를 만들고, 딱 지루하지 않을 정도의 장소에 그린을 만들어 구멍을 내고, 깃발을 꽂아 두니 사람들이 돈 내고 서로 달려가는 것이 골프다. 그것은 그린과 홀의 깃발(꿈)이 있기 때문이다. 노래를 잘 부르는 사람보다 노래를 잘할 수 있다는 꿈을 가진 이가 더 아름답다. 지금 공부를 잘하는 사람보다 공부를 더 잘할 수 있다는 꿈을 간직한 이가 더 아름답다. 숱한 역경 속에서 아름다운 삶을 꽃피우는 사람들은 한결같이 원대한 꿈을 가졌다. 암울의 시대에 문지기를 자청했던 김구 선생도 대한민국의 독립을 꿈꾸었다. 젊고 나약하기만 했던 간디도 인도 독립의 꿈을 버리지 않았다. 두 귀가 먼 절망의 늪에서도 베토벤은 위대한 교향곡을 꿈꾸었다. 꿈이 있는 사람은 아름답다. 돈을 많이 가진 사람보다 돈을 많이 벌 수 있다는 꿈을 가진 이가 더 행복하다. 글을 잘 쓰는 작가보다도 글을 잘 쓸 수 있다는 꿈을 안고 사는 이가 더 아름답다. 꿈은 인간의 생각을 평범한 것들 위로 끌어올려 주는 날개다. 내일에 대한 꿈이 있으면 오늘의 좌절과 절망은 아무런 문제가 되지 않는다. 꿈을 가진 사람이 아름다운 것은 자신의 삶을 긍정적으로 바라보기 때문이다. 인생의 비극은 꿈을 실현하지 못한 것에 있는 것이 아니라 실현하고자 하는 꿈이 없다는 데 있다. 절망과 고독이 자신을 에워쌀지라도 원대한 꿈을 포기하지 않는다면 인생은 아름답다. 꿈은 막연한 바람이 아니라 자신의 무한한 노력을 담은 그릇이다. 노력은 자신의 원대한 꿈을 현실에서 열매 맺게 하는 자양분이며, 지금부터 자신의 삶을 원대한 꿈과 희망으로 넘쳐나게 만들어 보고 싶다. 다른 사람들이 내 꿈을 먼저 차지할 때까지 기다리지 말자. 세상은 원대한 꿈을 가진 사람들을 필요로 한다. 친구도, 가족도, 사랑하는 이도 원대한 꿈을 가진 사람을 원한다. 내 아름답고 소중한 꿈을 잘 가꾸고 사랑하면 언젠가는 그 꿈이 현실로 나타난다. 나는 꿈이 있어 늘 아름다운 사람이다. 꿈은 열정을 만들고, 열정은 성취를 가져온다.

## 마을, 마을, 마을

마을금고는 내 삶의 시작이고, 내 뿌리이자, 가지이며, 열매다. 거의 평생을 금고에 헌신하면서 외형적 실적보다 지향 가치에 더 중점을 두며, 이익사회가 아니라 공동체 이익을 지향해 왔다. 이익 극대화가 아니라 고객과의 장기적 관계를 우선하는 고객가치 극대화와 지역사회와의 밀착을 통해 지역의 존경받는 서민금융기관으로 자리매김해 왔다. 경제적으로 더 어렵고 소외된 사람들과 함께 호흡하고 고민하여 자립 기반을 제공함으로써 외연의 확장과 더불어 질적인 성장의 선순환 구조를 만들 수 있다. 그것은 지역의 새마을금고이기에 가능하다. 새마을금고가 만들어 가는 이미지는 신협, 농, 수협도 만들어 낼 수 없는 지역 밀착형 서민금융기관의 위상 확립을 위한 새마을금고의 자발적 이미지 창조하는 것만이 생존과 성장의 가장 기본적 과업이었다. 건전하고 튼튼한 새마을금고의 길은 우리의 아이들과 이웃들이 더 큰 세상으로, 더 발전된 미래로 가도록 하는 것이 그 방향이다. 세상에 처음부터 존재하는 길은 없으며 사람들이 자주 다니면서 비로소 길이 만들어지는 것이다. 그러나 새마을금고의 외형적 성장에도 불구하고 시장의 평가는 냉정하다는 것이 현실이며, 금고로서도 현실에 만족하고 안주할 수 없는 이유다. '고객 속으로', '함께 미래로'(Future together)라는 캐치프레이즈로, 새마을금고의 길이 대한민국 지역경제와 서민경제를 지지하는 중추적인 대표 브랜드로 자리매김하는데 나와 임직원들은 그동안 최선의 노력을 쏟아왔다. 먼저 웃고 먼저 사랑하고 먼저 감사하는 정신은 삶을 아름답고 풍요롭게 가꾸어 주는 소중한 밑거름이기 때문에 살아가면서 가장 아름다운 일은 누군가에게 감사하는 일이 먼저다. 지역별 직원 전담제를 통해 양적인 경쟁보다는 지역별로 영업 기반을 철저하게 다져나가는 질적인 성장으로 고객 확대를 도모하고, 빠른 성장과 함께 조금 천천히 가더라도 멀리 가려면 더불어 가는 상생의 동반성장이 더 중요하다고 생각한다. 어제, 오늘이 다른 게 우리가 사는 세상이므로, 안주하기보다는 현상을 깨고, 끝없는 도전정신과 승부 근성 그리고 입체적 사고로 자만하지 않고 포기하지 않는 것이다. 앞으로 10년의 변화는 과거 10년보다 훨씬 빠르게 진행될 것이므로, 이들의 중요성은 더 말할 필요가 없으며, 확실한 성과와 보상으로 굳건히 다져나가야 한다. 단 하루라도 지속적인 일이나 사회봉사 활동을 통한 세상과의 연결고리를 찾아 취미생활을 통한 자아실현도 중요하고, 가족과 친구와의 끈끈한 관계를 유지하는 것도 매우 중요한 일이다. 지난 10년이 다산새마을금고의 기반과 안정화를 위한 시기였다면 이제는 향후 10년을 위한 새로운 도전의 해로 새롭게 목표를 정하고, 외형을 키우기보다는 고객들의 만족도를 최고로 높여 고객 삶의 질 상승에 이바지해야 한다고 생각한다. 금융업에 대한 식견을 넓히고, 새 출발, 새 각오로 열심히 조직을 위해 바른 소리를 하며, 세상을 보는 관점이나 사고의 틀을 깨고, 냉철하게 변화의 물결에 미리미리 대처해야 하며 돈이 목적이기 전에 고객의 풍요로운 삶이 목적이 되어야 한다.

## 이제는 인생 다모작

지금은 직장생활에 있어서 '인생 이모작'이라는 말은 이제 옛말이 되어가고 있다. 초고령화 사회에 진입하는 지금은 '인생 다모작' 시대가 되었으며, 은퇴 후 인생 제2막 이후의 삶이 본무대의 삶이 되는 것이다. 은퇴 후 새로운 인생 무대는 내가 하고 싶은 일, 내가 잘하는 강점에 집중하고, 삶의 주도적 역할자가 되어야 한다. 내가 사는 내 인생이기 때문이다. 진정한 성공과 행복은 타인과의 관계와 신뢰 속에 이루어진다. 내 발로 다른 사람의 신발을 신어보고, 신뢰에 기반을 둔 경쟁과 협력을 통해 변화와 혁신을 꾀하며, 보이는 것과 보이지 않는 가치도 중요하다. 생활 운명을 같이하는 집단으로, 지역을 중심으로 형성된 지역 공동체를 커뮤니티(Community)라고 한다. 은퇴하게 되면 기존의 생활에서 활동하던 커뮤니티가 있지만, 은퇴하고 난 후, 활동 무대가 달라지면서 커뮤니티도 현재 상황에 맞게 이동해야 한다. 필연적으로 환승을 해야 하는 것이다. 지역 공동체는 자연발생적으로 형성된 공동사회로 통상 공통의 사회 관념, 생활방식, 전통, 공동체 의식을 가지게 된다. 은퇴는 새로운 환경의 위기이자 도전이므로 그 도전의 역경 속에서도 중심을 잃지 않고 꿋꿋하게 살아가는 그런 사람이야말로 인간 승리의 표본이 될 수 있다. 제2의 무대 역시 무작정 뛰어드는 나방처럼 하기보다는 새로운 도전과 새로운 생활의 창조는 모방에서부터 출발하는 것이니 선배들이나 먼저 출발한 동료들을 벤치마킹하거나 또는 모방(이미테이션)을 적극 활용해야 한다. 그것이 인생의 교과서이자 지혜이기 때문이다. 내가 은퇴하는 것도 이유가 있는 것이며, 내가 사랑하는 것도 이유가 있는 것이다. 내가 그리워하는 것 역시 이유가 있다. 그러나 우리의 생존과 우리의 죽음에는 이유를 붙이지 말아야 한다. 은퇴 역시 '은퇴의 이유'는 없다. 그저 삶의 과정일 뿐이고, 삶의 무대를 옮기는 과정이기 때문이다. 은퇴는 종말이 아니라 새로운 시작이므로, 그동안의 경험과 경륜, 인적 네트워크와 자산, 지혜와 혜안으로 작고 가치 있는 생활을 찾아내고, 공감하는 능력을 발전시키면서 더 좋은 정보를 받아들이고, 무슨 일이든 열심히 꾸준히 하는 사람이 되면 가장 성공하게 된다. 돋아나는 새싹처럼 하얀 목련 꽃망울이 맺히면 삶은 더욱 커피처럼 향기롭고, 삶의 질도 기대 이상의 좋은 결과를 만들 수 있다. 인생 이모작은 옛말이다. 이제는 인생 다모작이니 언제, 어디서, 누구와 무엇이든 즐기는 능력이 답입니다.

## 리더는 통제를 풀어주는 것

사람들 대부분은 어떤 문제에 부딪히게 되면 문제 그 자체를 놓고 고민한다. 그러나 그 문제를 벗어나기 위해서는 문제 그 자체가 아니라 그 문제의 해법에 초점을 맞추어야 한다. 이것은 그동안 내 직무수행에 있어 매우 중요한 원칙이다. 누구든지 언제 어디서나 문제를 발견할 수 있다. 그렇지만 내가 집중해야 하는 것은 문제의 노예가 되기보다는 그 문제를 푸는 방안에 즉 그 문제의 해법에 초점을 맞추며 살아왔다. 문제는 부정적이지만, 해법은 긍정적이기 때문이다. 직무를 수행하면서 부딪히게 되는 수많은 문제를 해결하기 위해서도 문제 자체보다는 그 해법에 매달리는 것이 필요한 것이다. 따라서 문제보다 문제 해결 지향적인 사람이 되어야 한다. 비평가가 세상을 바꾸지는 못한다는 것은 이미 우리가 알고 있다. 토마스 에디슨은 "세상을 바꾸는 사람들은 파괴와 함께 창조하는 사람들이다."라고 했다. 그리고 집중이란 일의 효율 극대화와 시간을 단축하는 가장 중요한 것이다. 제대로 집중하면 3시간 걸릴 일을 1시간에 끝낼 수 있으며, 그렇지 못하면 1시간이면 끝낼 일을 3시간 이상 해도 끝내지 못하는 경우가 생기는 것이다. 집중해서 몰입할 때와 마지못해 일할 때의 생산성 차이는 하늘과 땅 차이만큼 크기 때문에 집중은 문제 해결이나 일의 성취와 완성에 중요한 에너지다. 또 진정한 진보 높은 정상에 오르고 난 후에라도 만족하지 않고 더욱 더 그 이상의 것을 생각해야 하는 것이다. 우리의 뇌는 우리가 믿고 기대하는 방향으로 작동하고, 뇌가 작동하기 시작하면 신체는 그 믿음이 사실인 것처럼 반응한다고 한다. 즉, 인간은 뇌의 지배를 받는 것을 부인할 수 없다. 나폴레옹의 말처럼 말과 행동으로 자신이 어디로 가고 있는지 알고 있음을 보여줄 때, 세상은 그를 위해 길을 비킨다는 것이다. 자신의 꿈을 향해 당당하게 나아간다면, 그리고 상상해 온 삶을 위해 노력한다면 평소에 예기치 못했던 성공을 만나게 될 것이다. 또 사회생활과 인간관계에서 발생하는 대부분의 분노와 좌절과 절망은 현재의 문제에서 발생하지 않는다. 과거의 상처와 문제에 집착하면 인생이 괴로워진다. 과거의 아픔과 싸우려 들지 말고 내버려 두자. 과거에 집착하지 않는 것이 인간관계에서 중요한 것이기 때문에 우리는 앞으로, 미래로 나아가야 한다. 또한 훌륭한 리더는 최대한 통제를 줄여야 한다. 기업을 이끌어가는 데 제1의 장애 요인은 '통제를 포기하는 것'이었다고 경영자들은 말한다. 항상 누군가를 통제하기 바쁜 사람은 훌륭한 리더가 아니라는 것이다. 리더는 새로운 기회 탐색에 초점을 맞추고, 통제와 문제 해결은 직원 스스로 권한과 책임으로 하도록 해야 한다.

## 지도자는 길을 비추는 사람

칭기즈칸이 말했다. "지도력의 첫 번째 열쇠는 자기 절제다. 자만심을 삼키지 못하면 남을 지도할 수 없다. 자만심을 누르는 것은 들판의 사자를 이기는 것보다 어려우며, 분노를 이기는 것은 가장 힘센 씨름꾼을 이기는 것보다 어렵다." 현미경을 들여다보면 각종 세균, 먼지, 바이러스 등 보기 싫은 것, 봐 서는 안될 것들이 잔뜩 꼬인다. 반대로 망원경으로 들여다보면 저 푸른 수평선, 저 넓은 지평선이 한눈에 쏙 들어온다. 똑같은 상황에서도 낙천적인 사람은 세상을 파랗게 긍정적으로 바라보지만, 비관적인 사람은 세상을 새카만 어둠만 바라보며 걱정만 한다. 바로 이 망원경이 미래를 탁 트이게 해주는 희망찬 생각들을 바라보고 우리를 앞으로 나아가게 만드는 우리들의 비전 낙천적인 정신이다. 징키스칸의 말대로 지도력을 발휘하기 위해서는 가끔은 세상을 현미경으로 분석해야겠지만 큰일을 하거나 먼 길을 가는 사람에게 있어 자꾸 현미경처럼 작은 일에 신경 쓰고 싶은 충동을 참지 못하거나, 자만심을 버리지 못한다면 먼 곳을 보고, 전체를 판단할 수 있는 망원경을 잃은 것과 같다고 했다. 지도자, 즉 리더의 가장 중요한 일은 방향성과 목표다. 지도자가 디테일한 일을 하는 역할을 맡은 사람이 아니라 팔로워들이 어느 방향으로 가야 할지 빛을 비춰주는 사람이어야 한다. 그 빛이 방향이자 목표다. 아무리 뛰어난 사람도, 또 아무리 재능있는 사람도 방향과 목표를 모르고 날뛰면 가만히 있는 것보다 못하다는 걸 의미한다. 지도자의 통찰력이 인류의 역사와 한 나라의 역사를 바꾼 많은 사례를 보며 우리는 많은 교훈을 얻는다. 지도자가 조직원들이 믿고 따라 올 수 있게 빛을 비춰주는 것은 조직원들을 한 방향으로 응집시키고 결속시키는 최고의 에너지다. 그러려면 지도자야말로 자기 절제가 가장 기본적인 덕목이 인 것이다. 그리고 지도자는 대중이 가야할 방향을 알려주고 빛을 비춰주는 것이 가장 중요하다.

## 자신을 지혜롭다고 생각하는 사람은 바보다

 패러다임이란 '어떤 한 시대 사람들의 견해나 사고를 지배하고 있는 이론적 틀이나 개념의 집합체'로 동시대에 일반적으로 통용되는 지배적 이데올로기/개념 등을 일컫는 말이다. 예를 들면 옛날 사람들은 태양이 지구 주위를 돈다고 생각했었으나(천동설), 코페르니쿠스 이후 지구가 태양 주위를 회전한다(지동설)고 믿게 되었는데 이때 '천동설에서 지동설'로의 변화를 paradigm shift라고 한다. 너무 빨리 변하는 오늘날의 기술과 과학의 발전은 물론 사회적인 라이프스타일의 급변, 기후와 환경의 발전 속도에 맞게 경영이나 인생에서도 세상을 보는 관점의 변화와 변모를 추구해야 한다는 것을 의미한다. 수고 없는 휴식은 달콤하지 않다. 힘들수록 넉넉한 마음을 갖고 힘차게 웃을 수 있다면 모든 일에도 능률이 오를 수 있다. 오늘도 웃을 수 있는 일들이 많이 있으면 더 좋을 것이다. 하지만 스스로 만들어 가는 것이 중요하다. 어렵고 힘든 시간이 큰 보람으로 다가올 그 달콤한 시간을 위해 힘내는 노력이 필요하다. 말 잘하는 사람은 스피치 관련 교육을 받거나 좋은 기법만을 알아서 되는 것은 아니다. 정말 말 잘하고 통하는 사람, 그리고 매너가 있어서 언행일치가 되는 바로 좋은 이미지를 가진 사람이 되려면, 생활에서부터 준비해야 한다. 대화에서 자신의 표현을 적극적으로 하는 방법은 어떻게 말하느냐가 아니라 상대방의 얘기를 얼마나 들었느냐가 더 좋은 방법이 된다. 인간의 귀가 둘이고 입이 하나인 이유도 바로 그런 것이다. 듣기는 이제 기본이며 말 잘하고 못하고를 떠나서 상대방의 입장 이해와 상대방을 고려하는 마음가짐이 우선이다. 플라톤도 그런 뜻으로 "다른 사람에게 친절하고 관대한 것이 마음의 평화를 유지하는 길이다. 남을 행복하게 할 수 있는 사람만이 행복을 얻을 수 있다."라고 말했다. 그러나 찰스 칼렙 콜튼은 행복과 지혜 사이에는 다음과 같은 차이가 있다고 말했다. "자기 자신을 가장 행복한 사람이라고 생각하면 정말 그대로 되지만 자신을 이 세상에서 가장 지혜로운 사람으로 본다면 가장 큰 바보가 된다는 것이 바로 둘 간의 차이다." 행복과 지혜가 우리 삶에 모두 중요하지만 각기 다른 의미를 갖는 것이 흥미롭다. 행복은 주관적이고, 지혜는 이타적이며, 행복은 자기가 느끼면 되는 가질 수 있고, 지혜는 자기를 낮추고, 버리며 생기는 선물이라고 할까?

## 말하기와 듣기, 보는 것과 보이는 것

모든 오해는 이해의 부족이거나 관점이 다르기 때문이라고 한다. 사안을 그대로 보지 못하면 바보다. 보는 것과 보이는 것이 둘이 아닌데 어째서 본다고 하며, 무엇이 보인다고 할 수 있을까? 그러나 더 깊이 생각해 보면 같은 사안과 같은 사물, 같은 사람이어도

다 다르게 보이거나 다 다르게 이해하게 되는 것은 어쩌면 당연한 거다. 어떤 사물이나 사안 또는 현상에 관해서 바라보는 관점은 보는 것도 보이는 것도 자신의 의지와 의도에 따라 다르게 보고, 보인다는 것이다. 즉 주관적인 관점이 다분한 것으로 단순히 내가 보고, 내게 보이는 것이 상대 또는 타인들의 관점과 일치하지 않는다고 해서 문제는 없다. 그만큼 보는 것과 보이는 것도 다르며, 또 같은 사물과 사안에 대해서도 사람에 따라, 시점에 따라, 필요에 따라, 의도에 따라 모두 다르게 나타난다는 것이다. 그러니 우리 가족은 물론 조직과 사회 또는 국가와 국가 간에도 서로 다른 관점과 이견으로 갈등과 분쟁이 비일비재하다. 이런 현상들에 대하여 우리는 어떻게 그 갈등과 충돌을 극복하며 살아갈 수 있을까? 피할 수 없다면 즐기라는 말이 있다. 부부생활에서도 다툼과 갈등을 피할 수 없다면 즐겨야 한다. 즐기기 위해서는 사실 즐거워야 한다. 사람들은 갈등이나 다툼이 있게 되면 어떻게든지 서둘러서 끝내려고 한다. 그러나 성급한 마음을 먹지 말아야 문제를 풀 수 있다. 무엇이 문제이고, 상대방의 감정과 생각은 어떠하며, 해결이 필요한 문제라면 어떻게 해결할 수 있는지를 결정해야 한다. 이것은 시간이 오래 걸리는 작업이다. 그래서 다툼과 갈등을 빨리 끝내려고만 하지 말고, 좋게 끝내려고 해야 한다. 하지만 이것을 어렵게 하는 것이 있다. 바로 감정이다. 화가 난 감정은 사람을 성급하게 하고, 무조건 상대방을 억누르려는 마음을 갖다준다. 따라서 자신의 감정이 통제가 안 된다면, time-out을 부르는 것이 좋다. 휴전하는 것이다. 서로가 차분해질 때까지 기다리는 것이 좋다. 그다음으로는 상대방의 얘기를 우선 들어야 한다. 사실 우리는 말하고 싶어 하고, 자신의 억울함을 전달하고 싶어 하기 때문이다. 벽을 보고 말할 수 없으니, 누군가 들어줘야 한다. 내가 말하는 것보다 어려운 것은 말을 듣는 것이다. 듣기 위해서는 내 생각이나 판단을 잠시 내려놓는 것이 필요하다. 상대방의 이야기는 내 생각으로 판단해서 듣게 되면, 상대방이 말하고자 하는 것은 놓치고, 내가 듣고자 하는 것만 들을 수 있기 때문이다. 듣는 건 단순히 어렵지만, 들어 주는 건 더욱 어렵고, 더 중요하다. 들은 다음에는 말해야 하며, 말하는 것보다 어려운 것이 듣는 것이라면, 듣는 것보다 어려운 것은 잘 말하는 것이다. 그냥 '말하는 것'과 '잘 말하는 것'은 다르다. 부부들이 싸울 때 대화를 녹음해서 들어보면, 인신 공격적인 대화이거나 과거를 들추는 대화, 그리고 '항상', '전혀' 등의 극단적 표현을 사용하는 대화, 상대방의 마음을 단정 짓는 대화, 비판적이거나 평가적인 대화, 상대방과의 시선을 피하는 대화, 책임을 전가하는 대화 등이다. 이러한 말하기는 그냥 '말하는 것'이다. 결국엔 서로에게 상처만 남겨서 갈등을 키우는 대화이다. 그보다 더 중요한 것은 우리가 같은 걸 보고도 다르게 보거나 느낄 수 있다는 것을 인정하는 일일 것이다.

## 오늘 지금, 이 순간

　오늘도 나는 이른 아침 출근해서 집무실에서 천상병의 시 〈귀천〉을 되새겨 보며 하루를 설계한다. '나 하늘로 돌아가리라. 새벽빛와 닿으면 스러지는 이슬 더불어 손에 손을 잡고, 나 하늘로 돌아가리라. 노을빛 함께 단둘이서 기슭에서 놀다가 구름 손짓하면은, 나 하늘로 돌아가리라. 아름다운 이 세상 소풍 끝내는 날, 가서, 아름다웠더라고 말하리라.' 이 시를 읊조리면 나도 모르게 새삼 오늘 주어진 하루가 내게 주어진 가장 소중한 시간이라는 생각에 옷깃을 여미게 된다. 내가 태어나서 죽을 때까지 유일명유일생(唯一命唯一生)즉 오직 하나밖에 없고 오직 하나뿐인 인생이니, 인간의 생명을 아끼고 사랑하고 보호하고 존중해야 한다는 것을 절감한다. 하나의 어려움이 가면 다른 어려움이 또 오겠지만 오늘의 시간을 즐기며 맞이하는 것은 행복을 준비하는 가장 중요한 일인 것이다. 어느 새해 대의원들에게 해드릴 인사말을 고민하며 이렇게 적어 봤다. "활기 넘치고, 생동감 넘치는 천마의 기운으로 새롭게 도약하는 희망의 갑오년 새해가 여러분의 삶에 펼쳐지기를 기원합니다. 국민을 지키고, 대한민국의 변화를 이끌 수 있다는 확신과 열정으로 더 낮은 자세로 새로운 희망의 싹을 틔우겠습니다. 청마의 해 주마가편(走馬加鞭)의 애정으로 더 많은 관심과 성원을 부탁드리며 대의원 여러분 가정 모두에 평안과 행복을 기원합니다." 내 직장생활은 늘 대의원들이 있었기에 그 높은 파고를 넘을 수 있었기에 인사말 하나하나에 나는 정성을 기울일 수밖에 없었다. 어느 이야기 하나를 소개한다. 한평생 시계만을 만들어 온 사람이 있었다. 그리고 그는 늙어 있었다. 그는 자신의 일생에 마지막 작업으로 온 정성을 기울여 시계 하나를 만들었다. 자신의 경험을 쏟아부은 눈부신 작업이었다. 그리고 완성된 그 시계를 자기 아들에게 주었다. 아들이 시계를 받아보니 이상스러운 게 있었다. 초침은 금으로, 분침은 은으로, 시침은 구리로 되어 있었다. "아버지, 초침보다 시침이 금으로 되어야 하지 않을까요?" 아들의 질문은 당연하였다. 그러나 아버지의 대답은 아들을 감동케 하였다. "초침이 없는 시간이 어디에 있겠느냐? 작은 것이 바로 되어 있어야 큰 것이 바로 가지 않겠느냐? 초침의 길이야말로 황금의 길이란다." 그리고 아버지는 아들의 손목에 시계를 걸어주면서 말했다. "1초 1초를 아껴 살아야 1초가 세상을 변화시킨단다." 세상에는 살인(殺人)'이란 말이 있다. 그렇다면 '살시(殺時)'라는 말은 어떨까? 사람을 죽이는 것은 법적 문제지만, 시간을 죽이는 일은 양심의 법으로 다루는 일이 될 것이다. 우리는 자주 이 양심을 외면한다. 작은 것을 소홀하게, 작은 것은 아무렇게나 해도 상관없다고 생각할 때가 많다. 시계를 만드는 아버지의 말처럼 작은 것 없는 큰 것은 존재하지도 않는다. 벽돌 하나도 10층 건물에서 소중한 역할을 하며, 벼 한 포기가 식량의 중심이 되는 것이다. 작은 걸 사랑하지 않는 사람은 결국 큰길로 가는 길을 놓치고 마는 것이다. 1초가 세상을 변화시키는 이치만 알아도 아름다운 인생이 보인다. 젊은 시절의 직장생활은 상명하복식의 무조건적 복종이 미덕이었지만 점점 사회가 진화하면서 직장에서도 상하 관계가 아닌 상하 간 보고 체계 유연화와 평등 관계로의 조직문화가 일반화되었고, 특히 유머가 강력한 비즈니스 도구가 된 시대를 살고 있다. 재미, 즐거움, 웃음의 Fun 경영이 도입되고, 직원들이 격식에 얽매이지 않고 자유롭게 일할 수 있도록 세상은 끊임없이 변화하고 있다는 것이다. 긍정적 사고라는 씨앗에다 자신감이라는 물을 싹이 돋아날 때까지 매일 매일 뿌리도록 해야 한다. 잘하는 사람에게는 꾸중을 더 많이 하고, 못하는 사람에게는 칭찬을 더 많이 하는 것이 좋다. 인간은 독립된 감정의 동물이면서 동시에 더불어 살아야 하는 사회적 동물이라고 믿기 때문이다. 특히 일과 휴식은 인간의 삶을 지탱해 가는 두 산맥이므로, 일을 열심히 하는 사람만이 아니라, 휴식을 멋지게 취할 수 있어야 하는 시대로 바뀐 것이다. 오늘만큼은 계획을 세우자. 매시간의 예정을 만들고, 조급함과 망설임이라는 두 가지 해충을 없애도록 마음을 다져보자. 그리고 할 수 있는 데까지 최선을 다해 보자는 생각으로 이 기나긴 세월을 지내왔다. 이 세상에서 가장 중요한 시기는 '오늘 지금, 이 순간'인 것이며, 그래서 가장 중요한 사람은 지금 내 곁에 있는 사람 가까이에 있고 편하게 대해주는 사람이다.

## 추(秋)한 상념의 편견

'새파란 잔디 위에 누워, 드높은 하늘을 보면, 두둥실 떠가는 구름 한 점은 내 작은 마음이어라, 아무도 찾아오지 않는 산기슭 외딴 그늘에 이름도 없이 피어 있는 꽃, 내 작은 기쁨이어라~' 이 노랫말처럼 가을은, 가을은 언제나 상쾌한 바람이 기분 좋게 얼굴을 스친다. 그럴 때 나는 크게 숨을 폐부로 들이킨다. 고개를 들어 하늘을 바라보면 빛깔이 바다처럼 푸르다. 천고마비의 계절, 아~ 가을이구나! 가을은 추수의 계절, 어느새 내 삶도 수확의 계절이 되었구나! 나의 그 뜨거운 여름은 참으로 길었었지. 아련하게 수많은 추억의 파편들이 KTX 차창의 풍경처럼 지나간다. 나에게 있어서 수확의 의미는 무엇일까? 많고 풍성하게 수확하기보다 그냥 뿌린 대로 거두어 소박하게 나누는 게 더 아름답게 생각된다. 아, 그래 이제는 나누는 시간이 되었구나. 인류의 역사에서 변화는 상수다. 그렇지만 이 시대, 특히 우리나라에서 그 변화는 참으로 급격하고 급박해 왔다. 나는 한국이 철저하게 농경 국가이던 50년대에 태어나서 산업화의 변화를 몸으로 느끼며 자랐다. 60년대 시작한 한국의 산업 혁명의 성공이 없다면 지금의 나는 없을 것이다. 아니 대부분 한국인의 오늘은 크게 다른 모습일 것이다. 우리는 그렇게 가파른 변화를 온몸으로 맞으며 자라왔고, 이 나라도 급격히 고도 성장해 왔다. 필자의 세대는 시대적으로는 반세기 만에 농경 국가에서 제

조업의 산업 혁명과 정보혁명 그리고 디지털 혁명을 관통하면서 살고 있다. 사회적으로는 서울 변방의 금융인으로 출발하여 오랜 세월 그 울타리에서 셀 수 없을 만큼의 편견과 질곡을 벗 삼으며 살아온 시간, 이제 참으로 아름다운 삶의 가을 추(秋)한 계절을 맞아 상념에 잠겨 지나간 시간의 파편들을 이어본다. 늘 삶은 시간의 레일 위를 미끄러지듯 앞으로만 달린다. 나는 그 인생 기차를 타고, 변화하는 차창 밖의 풍경을 즐기며, 삶이 부여한 가치를 극대화한 시간의 의미를 읊조린 시를 쓴다. 가을아, 가을아! 밤새 내린 비로 가지는 더 앙상하게 변하고, 만추의 잎새는 더욱더 아름다워라! 만추를 밀어내고, 가을이 가면 시간은 추억을 싣고 열차처럼 간다. 그래서 시간은 아무것도 아닐 수도 있고, 또 전부일 수도 있겠지. 한 걸음씩 확신으로 걸어가다 보면 누구나 긴 질곡의 장애물도 "시간"이 있어 건너갈 수 있다. 시간이야말로 내 영원한 동행인 것이다. 가을을 버리기로 마음먹으니, 가을이 더욱 소중해지는 아침! 나는 나이를 셀 겨를도 없이 살아온 것일까? 겨울아 좀 더 기다려 주려무나. 그리고 추적추적 겨울비가 종일 스산하게 내리면 너무 빠른 세상에서 내리고 싶다. 역시 갑자기 생긴 시간은 보너스! 삶은 매 순간이 의미를 읊조린 詩다. 그리고 찬찬히 다시 보면 모든 순간순간이 금쪽같은 내 인생이다. 이 겨울이 지나면 내게 또 다른 봄이 기다리고 있겠지. 내 처녀 수필집에 내 추억과 철학을 담아본다.

## 소소한 일상의 소중함

　살면서 가장 존경받은 사람은 덕을 베풀고 남을 생각하는 사람이며, 살면서 가장 아름다운 사람은 세상을 욕심 없이 바라보는 마음의 눈과 맑은 샘물처럼 깨끗하고 아랫목처럼 따뜻한 가슴을 지닌 사람이라고 하는데 이 역시 내게는 늘 목표만 하며 살아왔던 게 아닌가 하는 생각이 든다. 행복은 목적지가 아니라 여행길이고, 행복의 범위는 처음부터 끝까지 자신이 만들어 가는 것이며, 상황을 어떻게 받아들이느냐가 중요하다고 한다. 물론 이러한 상황도 언젠가는 바뀌겠지만 그래도 나는 활동적인 삶을 살기 위해 끊임없이 달려왔다. 그래서 우리는 마음먹은 만큼 행복해진다고 한다. 내 마음은 그렇게 하기로 하고 살아왔는데도 마음먹은 대로 되지 않는 것은 나 역시 나약한 인간일 뿐이기 때문이리라. 나를 배려하는 것이 타인을 배려하는 것이고, 타인을 배려하는 것이 나를 배려하는 것이다. 특히 잘난 체도, 있는 체도, 아는 체도 하지 말고 겸손하게 처신하면서도, 없어도 없는 티를 내지 않고, 힘든 일이 있어도 의연하게 대처하는 것이며, 매사에 넓은 마음으로 너그럽게 임하며 웬만한 일에는 화를 내지 않는 것이라고 한다. 과연 나는 이렇게 할 수 있을까? 그리고 다른 사람을 배려하며 신중하게 행동하고, 나의 이야기를 늘어놓기보다는 남의 말을 경청하는 것이 더 필요한 것이다. 또 소원이 이루어지지 않았다고 불평하기보다는 오히려 삶이 이끄는 대로, 일이 일어나는 대로 받아들이며 사는 것이 나를 배려하고, 타인을 배려하는 것이리라. 그러면 너는 어떤 상황에서도 행복하게 살 수 있는 현실 수용의 지혜가 있는 사람이 되지 않을까? 뜻을 품고 달리는 만 리 길에는 산과 물이 벗이 되어주고, 해와 달이 벗이 되어 주리라 믿기 때문이다. 덕을 온 천하에 베풀면 해와 달도 내 벗이 되고, 온 천지 바람은 내 가슴을 시원하게 씻어 주며, 용기와 기운을 얻게 된다고 한다. 물이 맑으면 달이 와서 쉬고, 나무를 심으면 새가 날아와서 둥지를 튼다. 나무는 그늘을 만들고, 구름은 비를 만들고, 청초하게 피어 있는 들꽃은 온갖 꿀벌에게 아름다움과 꿀을 선물한다. 지금 내 삶을 이루고 있는 건강과 어디든 걸어 다닐 수 있는 튼튼한 두 다리, 아침 햇살 아래 마시는 향긋한 모닝커피, 전화기를 타고 흐르는 그리운 사람의 목소리, 이렇게 당연하고 사소한 것들이 커다란 행복을 만들어 내는 소소한 일상들이 이 얼마나 소중한 것인가? 내 마음속에 모든 문제의 답이 있다는 것으로 늘 나는 내가 내게 묻고, 묻고, 또 묻는다. 그리고 말은 적게 하고 행동은 크게 해서 자신만의 탑을 높이 세워두고, 조금은 겸손한 마음으로 살아갈 수 있었으면 좋겠다.

## 혼들리지 않고 피는 꽃이 없듯이

그 어떤 아름다운 꽃도 다 흔들리며 피어난다. 시련 없이 사는 삶은 흔들리지 않고 핀 조화와 같은 것이고, 사람의 마음은 늘 자신이 처한 환경과 자신의 심경에 따라 촛불처럼 흔들린다. 내 마음이 흔들린다고 타박하지도 말 것이며, 동시에 그런 흔들림을 통해 궁극적으로 안정감을 찾게 되므로, 마음이 흔들린다는 것은 마음의 안정을 찾는 프로세스이므로, 꼭 필요한 과정이다. 공자는 말했다. "무릇 사람의 마음은 험하기가 산천보다 더하고, 알기는 하늘보다 더 어려운 것이다. 하늘에는 그래도 봄, 여름, 가을, 겨울의 사계절과 아침, 저녁의 구별이 있지만, 사람은 꾸미는 얼굴과 깊은 감정 때문에 알기가 어렵다. 외모는 진실한 듯하면서도 마음은 교활한 사람이 있고, 겉은 어른다운 듯하면서도 속 좁은 못된 사람이 있으며, 겉은 부드러운 듯하면서도 속은 강직한 사람이 있고, 겉은 건실한 듯하면서도 속은 텅빈 사람이 있으며, 겉은 너그러운 듯하면서도 속은 조급한 사람이 있다. 의(義)를 주창하면서 쉽게 의를 버리거나 피하기도 한다. 그러므로 군자는 사람을 쓸 때 먼 곳에 심부름시켜 그 충성을 보고, 가까이 두고 그 공경을 보며, 번거로운 일을 시켜 그 재능을 보고, 뜻밖의 질문을 던져 그 지혜를 보며, 급한 약속을 하여 그 신용을 보고, 재물을 맡겨 그 어짊을 보며, 위급한 일을 알리어 그 절개를 보고, 술에 취하게 하여 그 절도를 보며, 남녀를 섞여 있게 하여 그 이성에 대한 자제를 보는 것이니, 이 아홉 가지 결과를 종합해서 놓고 보면 사람을 알아볼 수 있게 되는 것이라 한다. 사람의 마음은 남자와 여자 사이에도 너무나 다르다. 이 세상에 존재하는 모든 인간은 단지 남, 여밖에 없고, 남성과 여성은 너무 다르다는 점에서 서로에게 매력을 느끼기도 하지만, 한편으로는 모든 갈등의 씨앗이 되기도 한다. 인류의 역사와 현재의 결혼을 살펴봐도 남, 여의 만남이 자연스럽다는 것은 두말할 나위가 없다. 따라서 결혼 전에, 인생을 함께 보낼 상대자에 대해서 알아야 하는 것은 당연한 일이다. 그러나 아무리 잘 알아보아도 여전히 사람을 다 알 수는 없고, 사람의 마음이 다 다르며, 자주 변하고 흔들리기 때문에 특히 이성 간에는 더욱 서로 잘 이해해야 한다. 행복도 재물도 모두 다 자신이 갖고 있는데 자기 마음과 자기 집에 행복과 황금 보화를 버려두고 남의 집 문전에서 또 엉뚱한 곳에서 행복과 금은보화를 찾는 인간은 참 어리석지 않은가? 사람의 마음은 늘 갈대와 같이 흔들리는 것이니 그럴 때는 그냥 안정을 찾아가는 과정이라고 생각하고, 흔들리는 마음을 즐기도록 하자. 흔들리는 추가 시간이 지나며 서서히 정지하고 있다고 생각하자. 지치고 힘든 날, 아무리 힘들고 마음이 흔들려도 내가 내게 해주고 싶은 이야기, 어쩌면 내가 듣고 싶은 말과 치유해 줄 인생 글귀가 독자들에게 큰 힘이 되면 좋겠다.

◆ 사무치면 꽃이 피듯이

 좋은 사람과 함께 있으면 좋은 사람이 되고 싶고, 감동할 줄 알고 행복을 느낄 줄 아는 사람과 함께 있으면 나도 모르게 행복해지죠. 그것은 댕댕이라고 다를 바가 아니고, 사람의 인연도 같습니다. 봄을 시기하는 비바람이 아무리 방해해도 계절과 자연의 좋은 인연을 맞이한 을왕리 해변 꽃에서는 행복이 움트기 시작하는 것은 '마음이 사무치면 꽃이 피기 때문'입니다. 분홍빛이든, 보랏빛이든 감성은 욕이 되고, 노래가 되고, 시가 됩니다. 이제 김옥진 이사장님 자신만의 감성 이야기가 글로서 엮어져 수필집으로 발간되었습니다. 꽃샘추위가 아무리 몰려와도 계절을 부르는 신호들이 신의 섭리대로 여기저기서 꽃피고 있으며, 살아가면서 아무리 멀어져도 사랑은 결국 품으로 돌아온다는 사실에 우리는 열정을 지피게 됩니다. 그것이 바로 사무치게 피어난 꽃처럼 사무치게 발간된 필자의 수필집이라고 생각합니다. 다시 한번 玉山 김옥진 작가의 첫 수필집 출간을 진심으로 축하합니다. 〈들풀 작가〉

김성규 인천공항애견호텔 독독대표

## 에필로그

　말은 향기롭지만 쉽게 잊히고 의도하지 않게 변질되기도 하며, 비수가 되어 마음에 상처를 주기도 한다. 분명 말의 힘을 부정할 순 없지만 오랜 세월 왜곡되지 않고 향기로운 말을 간직할 수 있었던 것은 글로 기록했기 때문이다. 좋은 글을 우연히 마주친 내게 기쁨을 주기도 하고 위로를 건네기도 하며 문제를 극복하고 해결할 수 있도록 긍정적으로 유지하게 해주었다. 이 수필집은 오늘 내게 해주고 싶은 이야기부터 기록해 왔던 12권의 수첩으로 나만의 수필집을 엮은 것이다. 하찮아 보이지만 그 메모가 쌓이다 보면 어느새 나만의 지침서가 될 수 있기 때문이다. 오랜 세월 직장생활에서 제가 위로받았던 제 글에 독자들께서 얼마나 공감을 해주셨는지 걱정도 되고 기대도 되지만 예쁘게 봐주셨으면 좋겠다. 독자들이 이 책을 읽고 나서 삶의 지표가 되고 조금이라도 위로를 받기를 바라며, 끝으로 습관처럼 기록했던 내 개인 수첩들에 가치를 알아봐 주고 10여 년의 세월이 담긴 '수첩 장군'의 기록을 높이 평가해 책으로 내보는 건 어떻겠냐며 제안해 주신 편집자님께 깊은 감사의 말씀을 전하며 이 책을 내기까지 많은 도움과 용기를 준 출판사 관계자에게도 감사의 말씀을 올린다.

〈탈고의 아침 김옥진〉

◆ 엄마 소나타

  40여 년 동안을 새마을금고라는 지역 서민금융권에 몸담아 직장생활을 하는 엄마의 모습을 어릴 때부터 지켜보며, 항상 더 잘 운영하기 위해 고민하는 모습을 보아왔다. 그러면서 작은 수첩에 늘 메모하는 습관을 지켜보았지만, 그냥 무심코 지나쳤는데 이것을 토대로 수필집을 출간하신다고 하니 놀랍기도 하고 또 대단한 감동이 몰려왔다. 엄마 생애 처녀작임에도 한줄 한줄 써 내려간 문장들을 접하며 마치 엄마와 대화하는 느낌이 들었고, 신중하고 예리한 텍스트 안에 담긴 힘 있는 언어로 인하여 무한한 감동과 격려를 온전히 받는 느낌이다. 보이기 위한 삶이 아닌 늘 최선을 다하는 모습이 내게는 사랑하는 엄마이자 존경하는 엄마인데, 이제 작가로서의 첫 번째 수필집 출간을 하게 된 것을 진심으로 축하드린다.

김주희 딸

◆ 편집실_12척의 배

  동, 서양 현인들은 "결혼하고, 아이 낳고, 책 발간하면 인생은 완성된다"고 말했다. 자신이 쓴 책을 발간하는 것은 완벽이 아닌 과정의 시작이며, 출간의 과정을 통해서 삶이 완성된다. 그러나 작가는 처음에는 시간과 내공이 부족하다는 이유로 몇 차례 거절하였으나, 결국 나의 의견에 공감하고 발간을 결정했다. 마침 작가에게는 12척의 배(메모 수첩)가 있었다. 이렇게 해서 탄생하게 된 것이 "강처럼 누워 산처럼 서다"라는 제목의 수필집이다. 첫술에 배부를 수는 없겠지만 인생 최고의 결정이라고 생각한다. 그녀의 삶에서 추수의 계절이 시작되는 것이다. 자신만의 이야기를 책으로 발간하는 것은 참으로 아름답다. 작가는 직장생활의 생존경쟁에서 성공한 여성 금융인이자 경제인이다. 특히 한 번만 만나봐도 작가의 삶에 스며든 내공이 꽃향기처럼 피어나는 것을 알 수 있으며, 작가를 만난 것은 내게 행운이다. 한강은 유유히 흐르고, 멀리서 보이는 산봉우리는 옥처럼 곱다. 강물은 열정과 고요를 반복하며 긴장의 산기슭을 만든다. 작가의 글이 당당함을 진솔하게 말하는 건지, 진솔함을 당당하게 말하는 건지 모르지만 그녀의 철학은 고스란히 행간에 스며있다. 독자들에게 이 책이 삶의 가치를 발견하는 황금 같은 기회가 될 것으로 생각한다.

海汐 신해곤

◆ 지혜와 용기를 주는 수필집

'인생은 항상 산처럼 고비가 있기 마련이지만 그 고비를 넘기면 반드시 새로운 풍경이 있다'라는 말이 떠오릅니다. 인생 등산길에는 '오를 수 있을까?' 하는 걱정과 불안, 올라가면서 부딪히는 난관과 시련, 나보다 먼저 올라가는 사람들을 보며 느끼는 초조함과 패배감 등 포기하고 싶은 순간들을 수없이 겪게 되지만 좋은 사람들과 함께 오르며, 고비고비를 잘 극복하고 끝까지 포기하지 않으면 '잘 왔다'고 느낄 만큼 멋진 풍경을 볼 수 있겠지요. 이 책은 독자들에게 모진 비, 바람이 불어도 강처럼 단단하게 누워 산처럼 높은 정상에 올라서면 결국 멋진 풍경을 볼 수 있도록 지혜롭게 삶을 살아가는 법을 알게 해줍니다. 그것은 인생을 먼저 등반해 본 작가의 경험과 관록을 행간에서 발견하게 되기 때문이라고 생각합니다. 수많은 생각과 고민을 잠시 멈추고 이 책을 읽어보십시오. 글 속에 담긴 위로와 조언이 여러분을 다독이고, 내면의 힘을 발견하도록 이끌어 줄 것입니다. 좋은 글귀와 문장들을 수첩에 적어 온 지 10여 년이 넘었다는 작가의 기록을 책 한 권으로 압축해 출간하기까지 수많은 도전의 연속이었지만 경험을 공유하고자 용기를 냈다는 작가에게 무한한 감사와 존경을 드립니다. 다시 한번 김옥진 작가의 첫 수필집 "강처럼 누워 산처럼 서다"의 출간을 진심으로 축하합니다.

다산새마을금고 직원

에필로그

"강처럼 누워 산처럼 서다"

초 판 1쇄 2024년 5월 1일
**지은이** 김옥진(수필가)
**펴낸이** 신해곤
**펴낸곳** (꼬빌) 알까기출판사
등 록 2016년 1월 12일
주 소 서울시 중랑구 신내동 255-1
발 행 2024년 5월 1일 초판 발행
정 가 15,000원

※ 계좌번호 : 우리은행 신해곤 1005-003-374710
※ 책 구매, 출판 문의 010-4459-5960(문자로 주세요)
Copyright ⓒ. All Rights Reserved by 알까기 출판사